趙爾巽等撰

清史稿

第三四册

卷二七九至卷三〇〇（傳）

中華書局

清史稿卷二百七十九

列傳六十六

楊方興　朱之錫 崔維雅　靳輔 陳潢　宋文運　董訥　熊一瀟
于成龍 孫在豐　開音布　張鵬翮

楊方興，字浡然，漢軍鑲白旗人。初爲廣寧諸生。天命七年，太祖取廣寧，方興來歸。太宗命直內院，與修太祖實錄。崇德元年，試中舉人，授牛彔額眞銜，擢內秘書院學士。性嗜酒，嘗醉後犯蹕，論死，上貰之，命斷酒。

順治元年，從入關。七月，授河道總督。李自成決河灌開封，其後屢決屢塞，賊勢寖張，土寇羣起，兩岸防守久廢。伏秋汛發，北岸小宋口、曹家寨隄潰，河水漫曹、單、金鄉、魚臺四縣，自蘭陽入運河，田產盡沒。方興至官，遣兵捕治土寇，掃穴擒渠，乃疏請修築。二年七月，河決流通集，分兩道入運河，運河受河水澱濁淤塞，下流徐、邳、淮、揚亦多衝決。方興以防護無功自劾，上諭以殫力河防，不必引咎。旋疏薦補管河道方大猷等。四年，流通集決口將合，河下注湍激，又決汶上入獨山湖。方興請修築通濟閘上下隄岸，並淮安東北蘇淤、馬羅等隄，又築江都、高郵諸石隄，流通集合口。進兵部尚書銜。

七年，加太子少保。八月，河決荊隆口，南岸出單家寨，北岸出朱源寨。南岸先合，河全注北岸，張秋以下隄盡潰，自大清河東入海。方興用大猷議，於上游築長縷隄遏其勢，復築小長隄塞決口，期半年蕆事。九年，方興復乞休，不許。大猷擢江南按察使，方興請以新銜管河務。九年，荊隆口工竟，方興疏言：「清口，淮、黃交匯，黃強淮弱，歲需疏濬。請於清江、通濟二閘適中處修復福興閘，啓一閉二，以時蓄洩。」從之。

給事中許作梅，御史楊世學、陳棐交章請勘九河故道，導河北流入海。方興言：「河古今同患，而治河古今異宜。宋以前治河，但令赴海有路，可南亦可北。元、明迄我清，東南漕運，自清口迄董家口二百餘里，藉河爲轉輸，河可南必不可北。若欲尋禹舊蹟，導河北行，無論漕運不通，恐決出之水東西奔蕩，不可收拾。勢須別築數千里長隄，較之增卑培薄，難易顯然。且河挾沙以行，束之爲一，則水急沙流；播之爲九，則水緩沙壅。數年後河仍他徙，何以濟運？臣愚以爲河不能無決，決而不築，司河者之罪；河不能無淤，淤而不濬，亦司河者之罪。若欲保其不決不淤，誰敢任之？請敕下廷議，定畫一之規，屏二三之說，俾有所遵守。」疏入，上嘉納焉。

十年，河決大王廟，距朱源寨口不遠。給事中周體觀劾方興治河罔效，方興疏辨，因請罷斥，溫詔慰留。十一年，給事中林起龍復劾方興侵蝕工需，累民捐費至六十餘萬；並劾大猷等奸貪不法。上解方興任，命入都質對，起龍以誣譖，方興復任。既，直隸總督李蔭祖復劾大猷貪婪誤工，方興亦劾大猷，上以其不先舉發，切責之。給事中董篤行又劾方興徇庇，降級留任。

十四年，乞休，上念其勞，以原官加太子太保致仕。方興還京師，所居僅蔽風雨，布衣蔬食，四壁蕭然。康熙四年，卒，賜祭葬。

朱之錫，字孟九，浙江義烏人。順治三年進士，改庶吉士，授編修。十一年七月，擢弘文院侍讀學士，四遷至吏部侍郎。十四年，楊方興乞休，上特擢之錫，以兵部尚書銜，總督河道，駐濟寧。十五年十月，河決山陽柴溝，建義、馬邏諸隄並溢。之錫馳赴淸江浦築餞隄，塞決口。宿遷董家口爲沙所淤，就舊渠迤東別開河四百丈通運道。十六年，條上治河諸事，言：「河南歲修夫役，近屢經奏減，宜存舊額。明制，淮工兼用民修，宜復舊例。揚屬運道與高、寶諸湖相通，淮屬運道爲黃、淮交會，舊有各隄閘，宜擇要修葺。應用柳料，宜令瀕河州縣預爲籌備。奸豪包占夫役，賣富僉貧，工需各物，私弊百出，宜責司、道、府、廳查報，徇隱者以溺職論。額設水夫，陰雨不赴工，所扣工食，謂之曠盡，宜令管河廳道嚴覈。河員升調降用，宜令候代始行離任。河員有專責，不宜別有差委。歲終察覈舉劾，並宜復舊例。」皆下部議行。之錫丁母憂，命在任守制，疏請歸葬，優詔給假治喪。十七年，還任。以捐金賑淮、揚、徐三府災，加太子少保。

康熙元年，河決原武、祥符、蘭陽縣境，東溢曹縣，復決石香爐村。之錫檄濟寧道方兆及董曹縣役，而赴河南督塞西閻寨、單家寨、時利驛、蔡家樓、策家寨諸決口。四年二月，疏言：「南旺爲運河之脊，北至臨清，南至台莊，四十餘閘，全賴啓閉得宜。瀕河春常少雨，伏秋雨多，東省久旱，山泉小者多枯，大者已弱。若官船經閘，應閉者强之使開，洩水下注，則重運之在上者阻；應開者强之使閉，留水待船，則重運之在下者又阻。乞飭各遵例禁。」得旨，非奉極要差遣，擅行啓閉者，准參奏。八月，疏言：「部議停差北河、中河、南河、南旺、夏鎭、通惠諸分司，歸併地方官。臣維河勢變幻，工料紛繁，天時不齊，非水則旱，或綢繆幾先，或補葺事後，或張皇於風雨倉遽之際，或調劑於左右方圓之間。北河所轄三千餘里，其間三十餘閘；中河所轄黃、運兩河，董口尤運道咽喉，淸黃交接，濁流易灌；南河所轄在淮、黃、江、湖之間，相距窵遠；南旺、泉源三百餘處，近者或出道隅，遠者偏藏僻壤；夏鎭地屬兩省，鑿石通漕，形勢陡絕，節宣閘座，尤費經營；通惠浮沙易淺，峻水易衝，塞決之役，歲歲有之。若云歸併府佐，則職微權輕，上下掣肘。至於地方監司，責以終年累月奔馳駐守，揆之事勢，萬萬不能。分司與各道界壤迥不相同，應合而分：一閘座也，上流以爲應閉，下流以爲應開；一額夫也，在此則欲求多，在彼又復患少。不但紛競日多，必致牽制誤事。應請仍循舊制。」得旨允行。五年二月，卒。

直隸山東河南總督朱昌祚疏言：「之錫治河十載，綢繆旱溢，則盡瘁昕宵；疏濬隄渠，則馳驅南北。受事之初，河庫貯銀十餘萬；頻年撙節，現今貯庫四十六萬有奇。覈其官守，可謂公忠。及至積勞攖疾，以河事孔亟，不敢請告。北往臨清，南至邳、宿，夙病日增，遂以不起。年止四十有四，未有子嗣。籲請恩卹，賜祭葬。」徐、兗、淮、揚間頌之錫惠政，相傳死爲河神。十二年，河道總督王光裕請錫封號，部議不行。乾隆四十五年，高宗南巡視河工，始允大學士阿桂等請，封助順永寧侯，春秋祠祭。嗣加號曰「佑安」，民稱之曰朱大王。

崔維雅，字大醇，直隸大名人。順治三年舉人，授濬縣教諭，遷河南儀封知縣。儀封瀕河，歲苦泛濫，北岸三家莊當水衝，十四年，水勢北注，岸崩五里餘。維雅於上游故流疏使東行，北岸得安。復與塞封丘大王廟決口，之錫疏薦，擢開封南河同知。

康熙元年五月，曹縣石香爐村河決，士民求速塞，維雅持不可。工將成復潰，至冬乃塞，如維雅言。遷浙江寧波知府，光裕疏薦，擢河南河道副使。時沿河千餘里，險工迭出，維雅常預爲之備，得無事。陽武潭口寺隄直河衝，水勢迅急，下埽輒蟄。維雅預於上流疏引河，埽定，隄得固。虞城距河隄僅數里，隄沒入河，北岸引河衝刷不利。維雅預迎河溜挑濬，及秋水歸新河，舊河爲平陸。桃源七里溝河屢塞屢決，光裕檄維雅往勘，維雅言引河淺狹，流緩沙停，激盪無力，宜令河頭加寬闊，使足翕受全河；又待河水突漲，乃使開放，建瓴直下。又言下游數十里已成平陸，而引河僅百丈，節短勢蹙，力不能刷淤，當接挑二百丈闊，損十之八而深半之。又言開放當在河頭西北，留近埽五丈勿開，則河流入口有倒瀉之勢，埽亦迎流下。光裕悉用其議。復遷河南按察使，湖南、廣西布政使，內召爲大理寺卿。卒。

維雅治河主疏導引河，使水有所歸，故屢有功而後不爲患。當靳輔興大工時，維雅奏上所著河防芻議、兩河治略，並詆諆輔所行諸法，列二十四事難之。輔疏辨，謂維雅說不可行，寢其議。

靳輔，字紫垣，漢軍鑲黃旗人。順治九年，以官學生考授國史館編修，改內閣中書，遷兵部員外郎。康熙初，自郎中四遷內閣學士。十年，授安徽巡撫。疏請行溝田法，以十畝爲一晌，二十晌爲一溝。溝土累爲道，道高溝低，澇則洩水，旱以灌田。會三藩亂起，不果行。

部議裁驛站經費，輔疏請禁差員橫索、騷擾驛遞，歲終節存驛站、摃脚等項二十四萬有奇。上奬輔實心任事，加兵部尚書銜。

十六年，授河道總督。時河道久不治，歸仁隄、王家營、邢家口、古溝、翟家壩等處先後潰溢，高家堰決三十餘處，淮水全入運河，黃水逆上至清水潭，浸淫四出。碭山以東兩岸決口數十處，下河七州縣淹爲大澤，淸口涸爲陸地。輔到官，周度形勢，博採輿論，爲八疏同日上之：首議疏下流，自淸江浦至雲梯關，於河身兩旁離水三丈，各挑引河一道，俟黃、淮下注，新舊河合爲一，卽以所挑土築兩岸大隄，南始白洋河，北始淸河縣，並東至雲梯關。雲梯關至海口百里，近海二十里，潮大土濕，不能施工；餘八十里亦宜量加疏濬，築隄以東之，限二百日畢工，日用夫十二萬三千有奇。次議治上流淤墊，洪澤湖下流自高家堰西至淸口，爲全淮會黃之所。當於小河兩旁離水二十丈，各挑引河一道，分頭衝洗。次議培修七里墩、武家墩、高家墩、高良澗至周橋閘臨湖殘缺隄岸，下築坦坡，使水至平漫而上，順縮而下，不至怒激崩衝。隄一尺，坦坡五尺，夯杵堅實，種草其上。次議塞黃、淮各處決口，例用埽，費鉅且不耐久；求築土禦水之法，宜密下排樁，多加板纜，用蒲包裹土，麻繩縛而塡之，費省而工固。次議閉通濟閘壩，濬淸口至淸水潭運河二百三十里，以所挑之土傾東西兩隄之外，西隄築爲坦坡，東隄加培堅厚。次議規畫經費，都計需銀二百十四萬八千有奇。宜令直隸、江南、浙江、山東、江西、湖北各州縣預徵康熙二十年錢糧十之一，約二百萬。工成後，令淮、揚被水田畝納三錢至一錢；運河經過，商貨米豆石納二分，他貨物斤四分；並開武生納監事例，如數補還。次議裁併冗員，明定職守，并嚴河工處分，諱決視諱盜；兼請調用官吏，工成，與原屬河廳官吏並得優敍。次議工竣後，設河兵守隄，里設兵六名至二名，都計五千八百六十名。疏入，下廷議，以方軍興，復舉大工，役夫每日至十二萬餘，召募擾民，應先擇要修築。上命輔熟籌。

十七年，輔疏言：「以驢運土，可減募夫之半；初擬二百日畢工，今改爲四百日，又可減募夫之半。」河工故事，大隄謂之「遙隄」，隄內復爲隄逼水，謂之「縷隄」，兩隄間爲橫隄，謂之「格隄」。輔疏請就原估土方加築縷隄，有餘量增格隄，南自白洋河，北自清河，上至徐州，視此興築。餘並如前議。疏入，復下廷議，允行。

上諭以治河大事，當動正項錢糧。輔疏言：「前議黃河兩岸分築遙、縷二隄，勘有舊隄貼近河身，擬作爲縷隄，其外更築遙隄。前議用驢運土，今議改車運。前議離隄三十丈內不許取土，今因宿遷、桃源等縣人弱工多，改令二十丈外取土。前議河身兩旁各挑引河一道，今以工費浩繁，除清河北岸淺工必須挑濬。餘俱用鐵掃帚濬深河底。」下部議，從之。

是歲吳三桂死，上趣諸將帥進兵，輔欲節帑佐軍，又以興工後需費溢出原估，均頗改前議，先開清口引河四道，塞高家堰、王家岡、武家墩諸決口，築隄束水。如所議施行。顧下流未大治，伏秋盛漲，水溢出隄上，復決碭山石將軍廟、蕭縣九里溝。輔乃議設減水壩，於蕭、碭、宿遷、桃源、淸河諸縣河南北兩岸爲壩十三，壩七洞，水盛藉以宣洩。輔復察淸口淮、黃交會，黃漲侵灌運河，乃自新莊閘西南開新河至太平壩；又自文華寺開新河至七里閘，復折向西南，亦至太平壩；改以七里閘爲運口，由武家墩爛泥淺轉入黃河。運口距黃、淮交會處約十里，自此無淤墊之患。疏報，並議行。輔勘淸水潭決口屢塞屢衝，乃棄深就淺，築東西長隄二道，並挑新河八百四十丈，疏積水。山陽、高郵等七州縣民田，至是皆出水可耕。

十八年，輔疏報，並請名新河曰永安河，報聞。翟家壩淮河決口成支河九道，輔飭淮揚道副使劉國靖等督堵塞，至是工竟，輔詣勘疏報，並言：「山陽、寶應、高郵、江都四州縣瀦水諸湖，逐漸涸出。臣今廣爲招墾，俾增賦足民，上下均利。」屯田之議自此起。

漕船自七里閘出口，行駱馬湖達窯灣。夏秋盛漲，冬春水涸，重運多阻。輔議濬湖旁阜河故道，上接泇河通運。疏入，下廷議，上問諸臣意若何，左都御史魏象樞曰：「輔請大修黃河，上發帑二百五十一萬，計一勞永逸。前奏隄壩已築十之七，今又欲別開河道，所謂一勞永逸者安在？臣等慮漕運有阻，故議從其請。」上曰：「象樞言良是。河雖開，必上流浩瀚，方免淤滯。今雨少水涸，恐未必有濟。即已成諸工，亦以旱易修，豈得恃爲永固耶？」十九年五月，輔丁憂，命在任守制。秋，河復決，輔疏請處分，上趣輔修築。二十年三月，輔疏言：「臣前請大修黃河，限三年水歸故道。今限滿，水未歸故道，請處分。」下部議，當奪官，上命戴罪督修。

二十一年五月，上遣尙書伊桑阿、侍郞宋文運、給事中王曰溫、御史伊喇喀勘工。候補布政使崔維雅奏上所著書，議盡罷輔所行減水壩諸法，大興工，日役夫四十萬，築隄以十二丈爲率。上命從伊桑阿等往與輔議之。伊桑阿等遍勘諸工，至徐州，令輔與維雅議，輔疏言：「河道全局已成十八九。蕭家渡雖有決口，而海口大闢，下流疏通，腹心之害已除。斷不宜有所更張，隳成功，釀後患。」伊桑阿等還京師，下廷議，工部尙書薩穆哈等請以蕭家渡決口責輔賠修，上以賠修非輔所能任，未允；又議維雅條奏，伊桑阿請召輔詢之。十一月，輔入對，言蕭家渡工來歲正月當竟，維雅所議日用夫四十萬、築隄以十二丈爲率，皆不可行。維雅議乃寢。上命塞決口，仍動正項錢糧。二十二年四月，輔疏報蕭家渡合龍，河歸故道，大溜直下，七里溝等四十餘處險汛日加，並天妃壩、王公隄及運河閘座，均應修築。別疏請飭河南巡撫修築開封、歸德兩府境河隄，防上流疎失。上均如所請。十二月，命復輔官。

二十三年十月，上南巡，閱河北岸諸工，諭輔曰：「蕭家渡隄壩當培薄增卑，隨時修築。

減水壩原用以洩水，遇泛溢橫流，安知今日減水壩不爲他年之決口？且減水旁流，浸灌民田，朕心深不忍。當籌畫措置。」上見隄夫作苦，駐蹕慰勞久之，諭輔戒官役侵蝕工食。復視天妃閘，諭輔宜改草壩，並另設七里、太平二閘殺水勢。舟過高郵，見田廬在水中，惻然愍念。遣尚書伊桑阿、薩穆哈察視海口。還蹕，復閱高家堰，至清口，閱黃河南岸諸工，諭輔運口當添建閘座，防黃水倒灌；復召輔入行宮慰諭，書閱河隄詩賜之。

輔以上念減水淹民，因議於宿遷、桃源、清河三縣黃河北岸隄內開新河，謂之中河。於清河西仲家莊建閘，引攔馬河減水壩所洩水入中河。漕船初出清口浮於河，至張莊運口，中河成，得自清口截流，逕渡北岸，度仲家莊閘，免黃河一百八十里之險。伊桑阿等還奏，議疏濬車路、串場諸河至白駒、丁溪、草堰諸口，引高郵等處減水壩所洩水入海。上命安徽按察使于成龍董其事，仍受輔節制，奏事由輔疏報。

二十四年正月，輔疏請徐州迤上毛城舖、王家山諸處增建減水閘，下廷議。上諭減水閘益河工無益百姓，不可不熟計，命遣官與輔詳議，若分水不致多損民田，即令興工。九月，輔疏報赴河南勘黃河兩岸，請築考城、儀封、封丘、滎澤隄埽，下部議行。成龍議疏海口洩積水，輔謂下河地卑於海五尺，疏海口引潮內侵，害滋大；議自高郵東車邏鎮築隄，歷興化白駒場，東所洩水入海，隄內涸出田畝，丈量還民，餘招民屯墾，取田價償工費。疏聞，上謂取田價恐累民，未卽許。

尋召輔、成龍馳驛詣京師廷議，成龍議開海口故道，輔仍主築長隄高一丈五尺，束水敵海潮。大學士、九卿從輔議，通政使參議成其範、給事中王又旦、御史錢珏從成龍議，議不決。上命宣問下河諸州縣人官京師者，侍讀寶應喬萊等乃言：「從成龍議，工易成，百姓有利無害；從輔議，工難成，百姓田廬墳墓多傷損，且隄高一丈五尺，束水至一丈，高於民居，伏秋潰決，爲害不可勝言。」上頗右成龍，遣尙書薩穆哈、學士穆稱額詣淮安會漕督徐旭齡、巡撫湯斌詳勘。二十五年正月，薩穆哈等還奏，謂民間皆言濬海口無益。尋授成龍直隸巡撫，罷濬海口議。四月，召斌爲尙書，入對，上復舉其事以問，斌言濬海口必有益於民。上責薩穆哈、穆稱額還京時不以實奏，奪官。召大學士九卿及萊等定議濬海口，發帑二十萬，命侍郎孫在豐董其役。

工部劾輔治河已九年，無成功。上曰：「河務甚難，而輔易視之。若遽議處，後任者益難爲力，今姑寬之，仍責令督修。」二十六年，輔疏言：「運隄減水以下河爲壑，東卽大海，濬海口似可紓水患；惟泰州安豐、東臺、鹽城諸縣地勢甚卑，形如釜底，若止就此挑濬，徒增其深。淮流甚漲，高家堰洩水洶湧而來，仍不能救民田之淹沒。臣以爲杜患於流，不若杜患於源。高家堰隄外直東爲下河，東北爲淸口，當自翟家壩起至高家堰築重隄萬六千丈，束減水北出清口，則洪澤湖不復東淹下河。下河十餘萬頃皆成沃產，而高、寶諸湖涸出田畝，可招民屯墾，以裕河庫。」上使以輔疏示成龍，成龍仍言下河宜開，重隄不宜築。上遣尚書佛倫、侍郎熊一瀟、給事中達奇納、趙吉士與總督董訥、總漕慕天顏會勘。佛倫等皆欲用輔議，天顏、在豐與相左。佛倫等還奏，下廷議，會太皇太后崩，議未上。

二十七年春，給事中劉楷、御史郭琇、陸祖修交章論輔，琇辭連輔幕客陳潢，祖修請罷輔，至以舜殛鯀爲比；天顏、在豐亦疏論屯田累民，及輔阻撓開濬下河狀。琇旋劾大學士明珠等，語復及輔。輔入覲，亦疏訐成龍、天顏、在豐等朋比謀陷害。上曰：「輔爲總河，挑河築隄，漕運無誤，不可謂無功；但屯田、下河二事，亦難逃罪。近因被劾，論其過者甚多。人窮則呼天，輔若不陳辨朕前，復何所控告耶？」三月，上御乾清門，召輔與成龍、琇等廷辨，輔、成龍各持所見不相下。琇言輔屯田害民，輔言屬吏奉行不善致民怨，因引咎，坐罷，以王新命代，佛倫、訥、在豐、達奇納皆左遷，天顏、吉士並奪官，陳潢亦坐譴。

時中河工初竣，上遣學士開音布、侍衞馬武往勘，還奏中河商賈舟楫不絕。上諭廷臣曰：「前者于成龍奏河道爲靳輔所壞，今開音布等還奏，數年未嘗衝決，漕運亦不誤。若謂輔治河全無所裨，微特輔不服，卽朕亦不愜。」因遣尚書張玉書、圖納，左都御史馬齊，侍郎成其範、徐廷璽閱工，遍察輔所繕治，孰爲當改，孰爲不當改，詳勘具奏。玉書等還言河身漸次刷深，黃水汎溜入海，兩岸閘壩有應循舊者，有應移改者，多守輔舊規。

十一月，上遣尚書蘇赫等閱通州運河，命輔偕往，請於沙河建閘蓄水，通州下流築隄束水，從之。二十八年正月，上南巡閱河，輔扈行。閱中河，上慮逼近黃河，水漲隄潰，輔對若加築遙隄卽無患。還京師，諭獎輔所繕治河深隄固，命還舊秩。二十九年，漕運總督董訥以北運河水淺，擬盡引南旺河水北流；倉場侍郎開音布復疏請濬北運河。上諮輔，言南旺河水盡北流，南河必水淺，惟從北河兩旁下埽束水，自可濟運。上命偕開音布董理。

三十一年，王新命坐事罷，上曰：「朕聽政後，以三藩及河務、漕運爲三大事，書宮中柱上。河務不得其人，必誤漕運。及輔未甚老而用之，亦得紓數年之慮。」令仍爲河道總督，輔以衰弱辭，命順天府丞徐廷璽爲協理。會陝西西安、鳳翔災，上命留江北漕糧二十萬石，自黃河運蒲州。輔疏言水道止可至孟津，親詣督運，上嘉之。輔疏請就高家堰運料小河培隄使高廣，中河加築遙隄，並增建四閘，堵塞張莊舊運口，皆前此繕治所未竟者。別疏請復陳潢官，並起用熊一瀟、達奇納、趙吉士。輔病劇，再疏乞解任，命內大臣明珠往視，傳諭調治。十一月，卒，賜祭葬，謚文襄。三十五年，允江南士民請，建祠河干。四十六年，追贈太子太保，予拜他喇布勒哈番世職。雍正五年，復加工部尚書。

子治豫，襲職。世宗以其侍父在官，知河務，命自副參領加工部侍郎銜，協理江南河工。

陳潢，字天一，浙江錢塘人。負才久不遇，過邯鄲呂祖祠，題詩壁間，語豪邁。輔見而異焉，蹤跡得之，引爲幕客，甚相得。凡輔所建白，多自潢發之。康熙二十三年，上巡河，問輔：「孰爲汝佐？」以潢對。二十六年，輔疏言潢十年佐治勤勞，下部議，授潢僉事道銜。二十七年，郭琇劾輔，辭連潢。輔罷，潢削職銜，逮京師，未入獄，以病卒。輔復起，疏請復潢官，部議以潢已卒，寢其奏。

潢佐治河，主順河性而利導之，有所患必推其致患之由；工主覈實，料主豫備，而估計不當過省，省則速敗，所費較所省尤大；愼固隄防，主潘季馴束水刷沙之說，尤以減水壩爲要務；有潰決，先固兩旁，不使日擴，乃修復故道，而疏引河以注之；河流今昔形勢不同，無一勞永逸之策，在時時謹小愼微，而尤重在河員之久任。張靄生採潢所論，次爲治河述言十二篇。高宗以靄生河圖能得眞源，命採其書入四庫，與輔治河奏績並列。

宋文運，字開之，直隸南宮人。順治六年進士，授山東滋陽知縣，行取刑部主事。再遷吏部郎中，掌選政，淸直守正。以魏象樞薦，擢鴻臚寺少卿，累擢刑部侍郎。命佐伊桑阿行河，上特諭之曰：「爾有所見，當堅持詳議，毋以伊桑阿爲尙書而阿其意也。」以病乞休，加太子少保，致仕。卒，謚端慤。久之，上猶謂文選司事要，文運操守聲名，無能及之者。

董訥，字茲重，山東平原人。康熙六年一甲三名進士，授編修。累擢至江南總督。爲政持大體，有惠於民。左遷去，江南民爲立生祠。二十八年，上南巡，民執香跪訥生祠前，求復官訥江南。上還蹕，笑謂訥曰：「汝官江南惠及民，民爲汝建小廟。」旋以侍讀學士復出爲漕運總督。卒。

熊一瀟，字蔚懷，江西南昌人。康熙三年進士，改庶吉士，授浙江道監察御史。請罷投誠武官改授文官例，並議裁併各關，皆下部議行。累官工部尙書，坐奪官。以輔遺疏薦，起太常寺卿，復至工部尙書。致仕，卒。孫學鵬，進士，官廣東巡撫。

于成龍，字振甲，漢軍鑲黃旗人。康熙七年，自廕生授直隸樂亭知縣。八年，署灤州知州。以逸囚當降調，樂亭民列善政，兩叩閽籲留，下巡撫金世德勘實，得復任。十三年，以緝盜逾限未獲，又當降調，世德疏請留，上特許之。十八年，遷通州知州。二十年，直隸巡撫于成龍遷兩江總督，疏薦可大用；會江寧府缺員，疏請敕廷臣推清操久著與相類者，上即以命成龍。二十三年，上南巡至江寧，嘉成龍廉潔，親書手卷賜之。超擢安徽按察使。上還京師，賜其父參領得水貂裘，並諭八旗諸大臣有子弟爲外吏者，各貽書訓勉，視得水之教成龍。上以江南下河諸州縣久被水，敕議疏濬，命成龍分理，仍聽河道總督靳輔節制。輔請於上流築隄束水；成龍擬疏海口，濬下河水道，持異議。上遣尙書薩穆哈、學士穆稱額往諮於民，薩穆哈等還奏，言衆謂濬海無益，乃命緩興工。

二十五年二月，授成龍直隸巡撫。入對，上問：「治畿輔利弊應興革者宜何先？」成龍對：「弭盜爲先。姦宄倚旗下爲淵藪，有司莫敢誰何，臣當執法治之。」瀕行，賜白金千、表裏二十端。上官，疏言：「弭盜當力行保甲，旗下莊屯不屬於州縣，本旗統領遠在京師，僅有撥什庫在屯，未能約束。應令旗人與民戶同編保甲，撥什庫、鄉長互相稽察，盜發，無問所劫爲旗爲民，協力救護。得盜，賞；藏盜、縱盜，罰。」又疏言：「燕山六衞，所轄遼闊，與州縣不相統屬，盜發止責汛弁捕治，而衞官置不問。請以衞地屬所近州縣同編保甲，並於通州、盧溝橋、黃村、沙河各設捕盜同知，守備以下分汛、墩、臺及旗下莊屯，悉歸稽察。」並下部議行。先後捕治旗丁沈顚、太監張進昇及大盜司九、張破樓子等，置於法。二十六年，上奬成龍廉能，加太子少保。幸霸州，成龍朝行在，賜白金千、馬具黃鞍轡。湖廣巡撫張汧以貪被劾，命與副都御史開音布、山西巡撫馬齊往按，得實，論如律。

初，成龍分理下河，未興工而罷。上又以湯斌言，復命濬治，以侍郎孫在豐董其役。輔仍主重隄束水，並議開中河，疏攔馬河減水壩所洩水。上命學士禪布以疏示成龍，成龍力主濬下河，罷築重隄，並謂中河雖開無益。輔詣京師，疏言在豐及總漕慕天顏附和成龍，朋謀陷害。成龍自湖廣還，上命諸臣廷辨之。輔言濬海口慮倒灌，成龍言高家堰築隄，縱上流水不來，而秋雨時至，天長、六合諸水洩歸何處，故海口仍當濬。上罷輔，代以王新命。及中河工竟，遣學士開音布、侍衞馬武閱視，還奏天顏令漕船退出中河。上逮問天顏，天顏發成龍私書，囑毋附輔。下廷臣議，削太子少保，降調，命留任。二十九年，遷左都御史，兼鑲黃旗漢軍都統。

三十一年，新命罷，輔復爲河督，旋卒，上以命成龍。輔領帑購柳束，工部駁減，成龍覈無虛冒。輔築高家堰重隄，募夫遠方，預給銀安家，工中止，未扣抵。新命題銷，格部議，成龍復以請，上並與豁免。三十三年，召詣京師，疏言運河自通州至嶧縣，黃河自滎澤至碭山，隄卑薄者皆宜加築高厚，並高家堰諸處改石工，毛城鋪諸處疏引河，及淸江浦迤下並江都、高郵諸隄工，策大舉修治。別疏請設道員以下各官，又計工費，請開捐例，減成核收；並推廣休革各員，上至布政使，皆得捐復。上召成龍入，問：「開捐例得無累民？」成龍言：「無累。」請益力，上廷折之，成龍乃請罪。上因問：「爾嘗短靳輔，謂減水壩不宜開，今果何如？」成龍曰：「臣彼時妄言，今亦視輔而行。」廷臣議成龍懷私妄奏，當奪官，上命留任。仍輿舉簡要各工，乃請先將高家堰土隄改築石工。

三十四年，命復官。旋丁父憂，還京師，以董安國代。上親征噶爾丹，再出塞，命成龍以左都御史銜督餉，噶爾丹竄死，予拜他喇布勒哈番世職。三十七年，命以總督銜管直隸巡撫，請修永清、固安渾河隄，並加以濬治，上爲改河名曰永定。旋疏請設南北岸分司。董安國罷，復授河道總督。三十八年，上南巡，臨閱高家堰、歸仁隄諸處，諭以增築疏濬諸事。尋以病乞假，命在任調治，遣醫往視。三十九年，卒，賜祭葬，謚襄勤。

孫在豐，字屺瞻，浙江德清人。康熙九年一甲二名進士，授編修。直起居注，充日講官，進講屢稱旨。累遷工部侍郎，仍兼翰林院學士。二十六年，命率郎中鄂素等赴淮、揚濬海口，鑄監修下河工部印授之。在豐疏言開新不如循舊，築高不如就低，迤遠不如取近。施工以岡門鎭爲最先，次白駒場，次丁溪場，次草堰。上悉從之，並以在豐請，令輔閉高家堰及高郵諸減水壩。輔仍主築隄束水。上令輔會總督董訥、總漕慕天顏及在豐集議，遂會疏用輔議。在豐監修海口岡門鎭、白駒工已畢，丁溪、草堰工俱停。上以諮成龍，成龍言：「上遣在豐監修下河，萬民歡頌。今岡門、白駒諸工將竣，而輔又以爲無益，欲於高家堰等處築隄。在豐先經履勘，始行興工；若果無益，何待開濬年餘又會議請停？此實臣所不能解也。」二十七年，在豐疏劾輔阻撓下河，輔亦劾在豐與天顏結婚姻，附和成龍。下廷臣議，輔罷，成龍坐鐫秩，責在豐前後言不讐，降調。上命仍以翰林官用，俄授侍讀學士。二十八年，遷內閣學士。卒。

開音布，西林覺羅氏，滿洲正白旗人。自筆帖式授內閣中書，累遷至左副都御史。康熙二十六年，偕成龍按湖廣巡撫張汧，論罪如律。二十七年，擢戶部侍郎，命監理高郵、寶應下河工程。二十八年，上南巡，成龍扈行，命與侍郎徐廷璽閱視下河，還奏丁溪至白駒，水三道入海，上流馮家壩引河當仍開濬，餘工悉可停。乃召開音布還，授正白旗滿洲副都統。尋擢步軍統領，遷兵部尚書，授鑲白旗滿洲都統。三十八年，命專管步軍統領。四十一年，卒，謚肅敏。

張鵬翮，字運青，四川遂寧人。康熙九年進士，選庶吉士。改刑部主事，累遷禮部郎中。十九年，授江南蘇州知府，丁母憂。除山東兗州知府，舉卓異，擢河東鹽運使，內遷通政司參議，轉兵部督捕副理事官。從內大臣索額圖等勘定俄羅斯界，還擢大理寺少卿。二十八年，授浙江巡撫。疏言紳民願畝捐穀四合，力不能者聽。旋以杭州、嘉興等府秋收歉薄，請暫免輸穀。上曰：「昨歲浙江被災，循例蠲賦，並豁免錢糧，豈可強令捐輸？鵬翮原題力不能者聽，自相矛盾。」下部議，奪官，上寬之。尋授兵部侍郎，督江南學政。三十六年，遷左都御史。三十七年，遷刑部尚書，授江南江西總督。三十八年，上南巡，命鵬翮扈從入京，賜朝服、鞍馬、弓矢。

初，陝西巡撫布喀劾四川陝西總督吳赫等侵蝕貧民籽粒銀兩，命鵬翮與傅臘塔往按。

還奏未稱旨，命鵬翮與傅臘塔復往陝西詳審。三十九年春，還奏布喀、吳赫及知州蘭佳選、知縣張鳴遠等侵蝕挪用，各擬罪如律。上諭大學士曰：「鵬翮往陝西，朕留心訪察，一介不取，天下廉吏無出其右。」

尋授河道總督，入辭，上諭令毀攔黃壩通下流，濬芒稻河、人字河引湖入江。鵬翮到官，請撤協理徐廷璽及河工隨帶人員，並乞敕工部毋以不應查駁之事阻撓，並從之。尋疏言：「臣過雲梯關，見攔黃壩巍然如山，下流不暢，無怪上流之潰決。應拆攔黃壩，挑濬河身，與上流一律寬深。」又言清口淤墊，應於張福口開引河，引清水入運敵黃，建閘以時啓閉。又言人字河至芒稻山分二派，又名芒稻河，應濬使暢流；並濬鳳凰橋引河及雙橋、灣頭二河，皆匯芒稻河入江。俱下部議行。尋以攔黃壩旣撤，河身開濬深通，暢流入海，疏請賜名大通口。上嘉鵬翮章奏詞簡意明，治事精詳，遣員外郎拖抗拖和、中書張古禮馳驛令鵬翮舉所規畫入奏。鵬翮疏陳開濬引河、運口，培修河岸隄壩諸事，並下部速議行。尋又疏陳河工諸弊，並請河員承挑引河，偶致淤墊，免其賠修；夫役勞苦，工成日請給印票免雜徭。上嘉其陳奏切要周備。尋又請於歸仁隄五堡建磯心石閘，並於三義壩舊中河築隄，改入新中河，合爲一河，便糧艘通行。上謂所議甚當，並如所請。

上倚鵬翮治河，謂鵬翮得治河秘要，諭大學士曰：「鵬翮自到河工，日乘馬巡視隄岸，不憚勞苦。居官如鵬翮，更有何議？」鵬翮以修治事狀遣郎中王進楫入奏，上諭進楫歸語鵬翮，加意防守高家堰。鵬翮乃增築月隄及旁近諸隄壩。洪澤湖溢，泗州、盱眙被災，上詢修治策，鵬翮言：「泗州、盱眙屢被災，卽開六壩亦不能免。」上怒曰：「塞六壩乃于成龍題請，不自鵬翮始。頃因泗州、盱眙災，令與阿山議修治，非欲開六壩救泗州、盱眙而令淮、揚罹水患也。鵬翮何昏憒乃爾！」四十一年，鵬翮疏請加築清河縣黃河南北岸戧隄，天妃閘改築運口，草壩建石壩，改卞家莊土隄爲石隄，皆議行。又以桃源城西烟墩黃水大漲，請加築衞城月隄，並於邵家莊、顏家莊開引河，上慮部議遲延，特允之。四十二年，上南巡視河，製河臣箴、淮黃告成詩以賜，並書榜賚鵬翮父烺。

山東泰安、沂州等州饑，上命截漕二萬石交鵬翮往賑。鵬翮令河員動常平倉穀二十八萬餘石散賑，疏請以山東各官俸工補還。上責鵬翮河員發倉穀邀譽，乃令山東各官補還，鵬翮謝罪，仍以「殫心宣力、淸潔自持」，加太子太保。

河決時家馬頭，數年未堵塞。鵬翮以淮安道王謙言劾山安同知佟世祿冒帑誤工，奪官追償。世祿再叩閽，上令尚書徐潮按治，鵬翮、謙坐誣劾當譴，上特寬鵬翮。工部侍郎趙世芳又劾鵬翮浮銷十三萬有奇，請逮治。上曰：「河工錢糧原不限數，水大所需多，水小所需少。如謂鵬翮以十三萬入己，必無之事。河工恃用人，鵬翮用人不勝事，故至此耳。」因還世芳疏。上南巡，閱淸口，見黃水倒灌，詰鵬翮，鵬翮不能對。上曰：「汝爲王謙輩所欺，流於刻薄。大儒持身如光風霽月，況大臣爲國，若徒自表廉潔，於事何益？」上舟渡河閱九里岡，嘉鵬翮修治如法，御製詩書扇以賜。及秋，淮、黃並漲，古溝、淸水溝、韓家莊並溢，廷臣議奪官，上命仍留任。尋督塞諸處漫口。

四十五年，疏請開鮑家營引河，尋用通判徐光啓言，擬開引河出張福口，分洪澤湖異漲，卽爲高家堰保障，謂爲溜淮套。鵬翮與總督阿山、總漕桑額合疏請上莅視。四十六年，上南巡，閱所擬引河道，諭曰：「朕自淸口至曹家廟，見地勢甚高，標竿錯雜。依此開河，不惟壞田產，抑且毀塚墓。鵬翮讀書人，乃爲此殘忍事，讀書何爲？」詰責鵬翮，鵬翮謝罪。上以議爲阿山所主，非鵬翮意，削太子太保，奪官，仍留任。四十七年，以黃、運、湖、河修防平穩，命復官，並免應追帑銀。尋遷刑部尚書。四十八年，調戶部。

五十一年，江南總督噶禮與巡撫張伯行互劾，命鵬翮與總漕赫壽往按。鵬翮等右噶禮，請罷伯行。五十二年，調吏部。伯行劾布政使牟欽元，赫壽時爲總督，與異議。五十三年，命鵬翮與副都御史阿錫鼐往按，復請雪欽元，議伯行罪斬。事互詳伯行傳。尋丁父憂，以原官回籍守制，服闋還朝。

六十年，汶水旱涸阻運，命往勘。請疏濬坎河、雞爪諸泉分注南旺，而於彭口築隄，障沙水入微山湖。河決開州，橫流至山東張秋，阻運，命往勘。請築南旺、馬場等湖隄，蓄水濟運；並陳引沁入運利害，謂地勢西北高於東南，若沁水從高直下，而河躡其後，害且叵測。

六十一年，世宗即位，加太子太傅。雍正元年，授武英殿大學士。河決馬營口，久未塞，命往勘。議幷塞詹家店四口，濬治黃、沁合流處積沙，從之。三年，卒，加少保，命於定例外加祭，漢堂上官、科道皆會賜葬，謚文端。

論曰：明治河諸臣，推潘季馴爲最，蓋借黃以濟運，又借淮以刷黃，固非束水攻沙不可也。方興、之錫皆守其成法，而輔尤以是底績。輔八疏以濬下流爲第一，節費不得已而議減水。成龍主治海口，及躬其任，仍不廢減水策。鵬翮承上指，大通口工成，入海道始暢。然終不能用輔初議，大舉濬治。世以開中河、培高家堰爲輔功，孰知輔言固未盡用也。

清史稿卷二百八十

列傳六十七

郎坦　朋春　薩布素　瑪拉

郎坦，瓜爾佳氏，滿洲正白旗人，內大臣吳拜子。年十四，授三等侍衞。順治六年，進二等。從端重親王博洛討叛將姜瓖，次渾源，圍城。賊渡濠來犯，郎坦射其酋，貫心，殪，遂敗賊。師還，進一等。八年，以吳拜附和內大臣洛什等獲罪，並奪郎坦官。尋復之。康熙二年，代吳拜管佐領，遷護軍參領。從定西將軍圖海討李自成餘黨李來亨等於茅麓山，深入賊巢，獲所置官十一。四年，襲一等精奇尼哈番。十二年，京師有陳三道者，設壇以邪教惑衆，命郎坦與諸侍衞捕治。十三年，命行邊，獲逋盜張飛腿等。擢正白旗蒙古副都統，調本旗滿洲。

順治中，俄羅斯東部人犯黑龍江邊境，時稱爲羅剎。九年，駐防寧古塔章京海塞遣捕牲翼長希福率兵與戰，師敗績。世祖命誅海塞，鞭希福百，仍駐寧古塔。十一年，固山額眞明安達里率師討之，敗敵黑龍江。羅刹未大創，復侵入精奇里江諸處。上命大理寺卿明愛等諭令撤回，遷延不卽去，據雅克薩城，於其旁耕種漁獵；又過牛滿、恆滾，侵擾索倫、赫哲、飛牙喀、奇勒爾諸部。

二十一年秋，遣郎坦及副都統朋春等率兵往索倫。比行，諭曰：「羅刹犯我境，恃雅克薩城爲巢穴，歷年已久，殺掠不已。爾等至達呼爾、索倫，遣人往諭以來捕鹿。因詳視陸路遠近，沿黑龍江行圍，逕薄雅克薩城，勘其形勢。度羅刹不敢出戰，如出戰，姑勿交鋒，但率衆引退。朕別有區畫。」賜御用裘服、弓矢以行。及冬，郎坦等還京師，疏言：「羅刹久踞雅克薩，恃有木城。若發兵三千，與紅衣礮二十，卽可攻取。陸行自興安嶺以往，林木叢雜，冬雪堅冰，夏雨泥淖，惟輕裝可行。自雅克薩還至愛滹城，於黑龍江順流行船，僅須半月，逆流行船，約須三月，倍於陸行，期於運糧餉、軍器、輜重爲便。現有大船四十、小船二十六，宜增造小船五十餘應用。」上諭曰：「郎坦等奏攻取羅刹甚易，朕亦以爲然。第兵非善事，宜暫停攻取。調烏拉、寧古塔兵千五百人，並製造船艦，發紅衣礮、鳥槍教之演習。於愛琿、呼瑪爾二地建木城，與之對壘，相機舉行。所需軍糧，取諸科爾沁十旗及錫伯、烏拉官屯，約得一萬二千石，可支三年。愛琿城距索倫五宿可至，其間設一驛。俟我兵將至精奇里烏拉，令索倫供牛羊。如此，則羅刹不得納我逋逃，而彼之逋逃且絡繹來歸，自不能久存矣。」尋擢郎坦前鋒統領。

二十二年，命與黑龍江將軍薩布素會議，駐兵額蘇哩。事還，奏額蘇哩七月卽經霜雪，宜乘春和，以寧古塔兵分爲三班，更番戍守。上以更番戍守非久長策，不允。二十三年，甄別八旗管兵官，罷郎坦前鋒統領，以世職隨旗行走。二十四年，命都統朋春率師征羅刹，郎坦以副都統銜隨征。師薄雅克薩城，羅刹酋額里克舍請降，郎坦宣詔宥其罪，引衆徙去，毁木城。是冬羅刹復來，踞雅克薩築城。二十五年，命郎坦偕副都統班達爾沙攜紅衣礮，率籐牌兵百人，往會將軍薩布素進兵。上以郎坦諳悉地勢，卽令參贊軍務。六月，薄其城，鑿壕築壘，賊出拒，擊敗之，斬額里克舍。尋，俄羅斯察罕汗上書請釋雅克薩圍，上許之，令郎坦撤軍，還駐寧古塔。尋擢正白旗蒙古都統。二十八年，上遣內大臣索額圖等與俄羅斯使人費耀多囉等會於尼布楚，立約定界，命郎坦與議，乃毁所築城徙去。

二十九年，古北口外盜起，命郎坦偕侍衞赫濟爾亨等督兵捕剿，盡殲之。三十一年，噶爾丹侵喀爾喀部，擾及邊境，授郎坦安北將軍，率師駐大同。疏請出邊駐喀喇穆倫偵寇，詔暫駐歸化城。尋擢領侍衞內大臣，兼火器營總管，列議政大臣。三十二年，授昭武將軍，率師駐甘州。三十三年，移駐寧夏，與甘肅提督孫思克分道偵寇。上聞噶爾丹將逼圖拉，命郎坦移兵禦剿，以圖拉無警，引還。仍任領侍衞內大臣，列議政如故。三十四年，往盛京巡閱邊隘，還入塞，疾劇，遣太醫馳驛往視。尋卒，賜祭葬。

朋春，棟鄂氏，滿洲正紅旗人，何和禮四世孫。何和禮子和碩圖，進爵三等公；子何爾本、哲爾本、蘇布遞襲，至袞布，以恩詔進一等。朋春，哲爾本子也，順治九年，襲封。康熙十五年，加太子太保，授正紅旗蒙古副都統，調本旗滿洲。

二十一年，偕郎坦率兵至黑龍江覘羅剎形勢，賜御用裘服、弓矢。與郎坦還奏，上命寧古塔將軍巴海、副都統薩布素，建木城於黑龍江、呼瑪爾，調取所部兵一千五百人往駐焉。又命尚書伊桑阿赴寧古塔督造戰船。尋擢朋春正紅旗滿洲副都統。二十四年，詔選八旗及安置山東、河南、山西三省福建投誠籐牌兵，付左都督何祐率赴盛京，命朋春統之，進剿羅剎，以副都統班達爾沙、副都統銜瑪拉、鑾儀使建義侯林興珠、護軍統領佟寶參贊軍務，祐、興珠皆鄭氏將來降者也。師既行，上遣侍衞關保至黑龍江傳諭曰：「兵凶戰危，朕以仁治天下，素不嗜殺。以我兵馬精强，器械堅利，羅剎勢不能敵，必獻地歸誠。爾時勿殺一人，俾還故土，宣朕柔遠至意。」五月，師薄雅克薩城，遣人諭降，不從。分水陸兵爲兩路，列營夾攻，復移紅衣礮於前，積薪城下，示將焚焉。羅剎頭目額里克舍詣軍前乞降，乃宥其罪，釋還俘虜，額里克舍引六百餘人徙去，毀木城，以歸附巴什里等四十五戶及被掠索倫、達呼爾百餘戶安插內地。

二十九年，厄魯特與喀爾喀搆釁，命裕親王福全爲撫遠大將軍，出邊剿噶爾丹，以朋春與都統蘇努參贊軍務。蘇努率左翼，朋春率右翼，至烏闌布通。噶爾丹依山列陣，朋春所部爲泥淖所阻，蘇努督兵衝擊，大破之。噶爾丹僞乞和，夜自大磧山遁走。部議朋春坐奪官，上命寬之，降級留任。三十一年，命解職赴西路軍前管隊。三十五年，復授正紅旗蒙古都統。旋以費揚古爲撫遠大將軍，朋春仍參贊軍務，出西路，破噶爾丹於昭莫多。師還，以本隊護軍驍騎十八人戰死未收其骸，下部議。以師有功，免罪，仍錄戰績，增注敕書。三十八年，因病解職。尋卒。子增壽，改襲三等公。

薩布素，富察氏，滿洲鑲黃旗人。四世祖充順巴本，以勇力聞，世爲岳克通鄂城長。太祖時，其後人哈木都率所部來歸，屯吉林，遂家焉。薩布素自領催授驍騎校，遷協領。康熙十六年，聖祖遣內大臣覺羅武默訥等瞻禮長白山，至吉林，欲得識路者導引。寧古塔將軍巴海令薩布素率兵二百，攜三月糧以從。水陸行，至長白山麓，成禮而還，事具武默訥傳。十七年，授薩布素寧古塔副都統。羅刹據雅克薩，二十一年，詔率兵偕郎坦等勘視雅克薩城形勢，並往視自額蘇哩至黑龍江及通寧古塔水陸道。尋郎坦還奏羅刹可圖狀，命建木城於黑龍江、呼瑪爾兩地，以巴海與薩布素統寧古塔兵千五百人往駐，造船備礮。二十二年，疏言：「黑龍江、呼瑪爾距雅克薩尙遠，若駐兵兩處，則勢分道阻，且過雅克薩有尼布楚等城。羅刹倘水陸運糧，增兵救援，更難爲計。宜乘其積貯未備，速行征剿。俟造船畢，度七月初旬能抵雅克薩，卽統兵直薄城下。」疏下王大臣議，如所請，上不許。尋命巴海留守吉林，以薩布素偕寧古塔副都統瓦禮祜率兵駐額蘇哩。額蘇哩在黑龍江、呼瑪爾之間，爲進攻雅克薩要地，有田隴舊迹。薩布素因移達呼爾防兵五百人赴其地耕種，並請調寧古塔兵三千更番戍守。上念兵丁更戍勞苦，命在黑龍江建城，備攻具，設斥堠，計程置驛，運糧積貯，設將軍、副都統領之。擢薩布素爲黑龍江將軍，招撫羅刹降人，授以官職，更令轉相招撫。

上命都統瓦山、侍郎果丕與薩布素議師期，薩布素請以來年四月水陸幷進，攻雅克薩城，不克，則刈其田禾。上謂攻羅刹當期必克，倘謀事草率，將益肆猖狂。二十四年，以朋春等統兵進攻，薩布素會師，克雅克薩城，乃命薩布素移駐墨爾根，建城防禦。二十五年，疏言羅刹復踞雅克薩，請督修戰艦，俟冰泮進剿。上遣郎中滿丕往詗得實，乃命薩布素暫停墨爾根兵丁遷移家口，速修戰艦，率寧古塔兵二千人往攻。又命郎坦、班達爾沙會師，抵雅克薩城。城西瀕江，薩布素令於城三面掘壕築壘爲長圍，對江駐水師，未冰時泊舟東西岸，截尼布楚援兵，冰時藏舟上流汊港內；馬有疲羸者，分發墨爾根、黑龍江飼秣，計持久。上因荷蘭貢使以書諭俄羅斯察罕汗，答書請遣使畫界，先釋雅克薩圍，上允之，命撤圍。二十八年，俄羅斯使臣費耀多囉等至尼布楚，命內大臣索額圖等往會，令發黑龍江兵千五百人爲衞。尋議以大興安嶺及格爾必齊河爲界，毀雅克薩城，徙其人去。二十九年，薩布素入覲，賜賚優渥，命坐內大臣班。尋命總管索倫等部貢物，疏陳各部生計土俗採捕之事，擬爲則例以上，上悉允行。

三十一年，奏建齊齊哈爾及白都訥城，以科爾沁部獻進錫伯、卦爾察、達呼爾壯丁萬四千有奇分駐二城，編佐領，隸上三旗，並設防守尉、防禦等官。噶爾丹入犯，疏陳進兵事宜，略言：「興安嶺北形勝地，以索約爾濟山爲最。已遣識路官兵自盛京、吉林、墨爾根審度至山遠近，分置驛站，其無水處，掘井以待。山之東北呼倫貝爾等處有警，與臣駐軍地近，卽率墨爾根兵先進，吉林、盛京繼之；山之西烏勒輝等處有警，則盛京兵先進，臣率部下及吉林兵繼之：皆會於索約爾濟山。」上可其奏。三十五年，上親征噶爾丹，自獨石口出中路，大將軍費揚古自歸化城出西路，命薩布素扼其東路，督盛京、寧古塔、科爾沁兵，自索約爾濟山剋期進剿。四月，上次克魯倫河，噶爾丹西竄，爲費揚古所敗。詔分薩布素所部兵五百人隸費揚古軍。三十六年，召至京師，尋命回任。

初，邊境有墨爾哲勒屯長，累世輸貢。康熙初，屯長扎努喀布克托請率衆內移，寧古塔將軍巴海安輯於墨爾根，編四十佐領，號新滿洲。薩布素奏於墨爾根兩翼立學，設助教，選新滿洲及錫伯、索倫、達呼爾每佐領下幼童一，教習書義。是爲黑龍江建學之始。三十七年，上幸吉林，褒其勤勞，予一等阿達哈哈番世職，并御用冠服，於衆前宣諭賜之。尋疏言黑龍江屯堡因災荒積欠米石，請俟年豐交倉。上以薩布素曾奏革任總督蔡毓榮經理十二堡，著有成效；嗣因官堡荒棄，請停止屯種，將壯丁改歸驛站，存貯倉米，支放無餘，致駐防兵餉匱乏，責令回奏。薩布素具疏引罪，請以齊齊哈爾、墨爾根駐防兵每年輪派五百人往錫伯等處耕種官田，穫穀運齊齊哈爾交倉。詔侍郎滿丕等往按，以薩布素將荒廢地妄報成效，並浮支穀石，應斬，命罷任，奪世職，在佐領上行走。尋授散秩大臣。

三十九年，卒。乾隆間，敕修盛京通志，列名宦，且稱薩布素諳練明敏，得軍民心，其平羅刹及黑龍江興學，有文武幹濟才云。

瑪拉，那喇氏，滿洲鑲白旗人，尚書尼堪從子。尼堪卒，無子，瑪拉與叔阿穆爾圖、阿錫圖及弟兆資分襲尼堪世職，瑪拉襲三等阿達哈哈番。初任理藩院筆帖式。順治五年，英親王阿濟格征叛將姜瓖，圍大同，令瑪拉調蒙古兵以從。累遷理藩院副理事官。康熙十四年，察哈爾布爾尼叛，聖祖命信郡王鄂扎帥師討之。瑪拉自陳久任理藩院習知蒙古狀，願赴軍前效力，遂命與員外郎色棱赴科爾沁諸部調選兵馬協剿。師還，擢通政使，遷禮部侍郎。十六年，擢工部尚書。偕內大臣喀岱往科爾沁諸外藩宣諭禁令。瑪拉初受任，上誡以工部積弊，宜殫心釐剔。十九年，坐不能淸積弊，議降五秩，詔從寬留任。復以饗殿器用修造疏忽，奪尚書，仍留世職。

二十二年，上以俄羅斯數犯邊，擾及索倫、飛牙喀諸部，命集兵黑龍江，將進討，遣瑪拉往索倫儲軍實。尋疏言：「索倫總管博克所獲俄羅斯人及軍前招降者，皆迫於軍威，不宜久留索倫，應移之內地。」詔允行。復言：「雅克薩、尼布楚二城久爲羅刹所據，臣密訶雅克薩惟耕種自給，尼布楚歲捕貂與喀爾喀貿易資養贍。請飭喀爾喀車臣汗禁所部與尼布楚貿易，並飭黑龍江將軍水陸並進，示將攻取雅克薩，因刈其田禾，則俄羅斯將不戰自困。」上然之，卽以瑪拉所奏檄示喀爾喀。二十四年，遣都統朋春等帥師往黑龍江議進兵，授瑪拉副都統銜，參贊軍務。遣蒙古兵三十詗雅克薩城，生擒羅刹七人，得城中設備及乞援各部狀。是年夏，朋春等攻羅刹克之，逐其人。瑪拉在事有功。二十五年，黑龍江佐領鄂色以耕牛多斃，農器損壞，奏請儲備，命瑪拉往黑龍江督理農務。諭曰：「農事關軍餉，令嚴督合力播種。」值歲豐，收穫甚稔。二十七年，授護軍統領。

二十九年，噶爾丹侵掠喀爾喀，命瑪拉偕都統額赫納、前鋒統領碩鼐等率兵往討之，賜內廄馬以行。未幾，噶爾丹掠烏珠穆沁，命裕親王福全等分統大軍出塞擊之，噶爾丹敗遁。師旋，三十年，復來犯，至阿爾哈賚，無所掠而遁。時土謝圖汗、車臣汗率所部來歸，上幸塞外撫輯，瑪拉扈從。旋命偕都統瓦岱等率兵赴圖拉偵噶爾丹，抵克魯倫河，聞其遠竄，乃還。授西安將軍。

三十二年，準噶爾和碩特部台吉巴圖爾額爾克濟農來降，上以其人未可信，命瑪拉從入內地，毋令復逸。瑪拉疏言：「巴圖爾額爾克濟農率所屬二千餘口，窮乏來歸，揆其情狀，當不復逸。」遂遣官護送，并其子台吉雲木春來朝，優賚遣之。未幾，瑪拉卒於官，賜祭葬，謚敏恪。

論曰：俄羅斯之爲羅剎，譯言緩急異耳，非必東部別有是名也。初遣兵詗敵，郎坦主其事；取雅克薩城，朋春、薩布素迭爲將，而郎坦與瑪拉實佐之。尼布楚盟定，開市庫倫，是爲我國與他國定約互市之始。用兵當期必克，我苟草率，彼益猖狂，聖祖諭薩布素數言，得馭夷之要矣。

清史稿卷二百八十一

列傳六十八

費揚古 滿丕 碩岱 素丹 馬斯喀 佟國綱 邁圖 格斯泰
阿南達 子阿喇納 吉勒塔布 殷化行
潘育龍 孫紹周 從孫之善 額倫特 康泰 泰弟海

費揚古，棟鄂氏，滿洲正白旗人，內大臣三等伯鄂碩子。狀貌魁異。年十四，襲爵。康熙十三年，從安親王岳樂率兵徇江西討吳三桂。三桂將黃乃忠糾衆萬餘自長沙犯袁州，費揚古與副都統沃赫、總兵趙應奎擊敗之，克萬載。十五年，擊走夏國相於萍鄉，進圍長沙，累戰皆捷。十八年，復敗吳國貴於武岡。師還，擢領侍衞內大臣，列議政大臣。噶爾丹劫掠喀爾喀，遣使諭罷兵，不從，數擾邊境。二十九年，授裕親王福全爲撫遠大將軍，率師討之，命費揚古往科爾沁徵兵，參贊軍事。秋，擊敗噶爾丹於烏闌布通。三十二年，歸化城增戍兵，以費揚古爲安北將軍駐焉。三十三年，噶爾丹遣使至，請入貢。費揚古發兵迎護，偵其衆男婦千五百有奇，留之歸化城。疏聞，上察噶爾丹意叵測，陽爲修好，潛遣入內地窺探，命侍郎滿丕諭責其使，遣之還。七月，聞噶爾丹將窺圖拉，詔費揚古偕右衞將軍希福率軍往禦。希福請益兵，上責其疑沮，令勿偕往。尋以圖拉無警，慮噶爾丹將趨歸化城，詔費揚古旋師。三十四年，噶爾丹至哈密，費揚古往禦，乃自圖拉河西竄。尋授右衞將軍，仍兼攝歸化城將軍事。疏言：「聞噶爾丹據巴顏烏蘭，距歸化城約二千里，宜集兵運糧，於來年二月進剿。」詔授費揚古撫遠大將軍，以都統伊勒愼，護軍統領宗室費揚固、瓦爾達，副都統碩岱，將軍舒恕參贊軍事。尋召入覲，授以方略。

三十五年二月，詔親征，三路出師，以黑龍江將軍薩布素出東路，費揚古出西路，振武將軍孫思克、西安將軍博霽自陝西出鎭彝並進，上親督諸軍自獨石口出中路。上與費揚古期四月會師圖拉。費揚古師自翁金口進次烏闌厄爾幾，再進次察罕河朔，與孫思克師會，而上已循克魯倫河深入。五月，費揚古師至圖拉，疏言：「西路有草之地爲賊所焚，我軍每迂道秣馬，又遇雨，糧運遲滯，師行七十餘日，人馬疲困，乞上緩軍以待。」上進次西巴爾台，再進次額爾德尼拖洛海。噶爾丹屯克魯倫河，聞上親督師至，升孟納爾山遙望，見御營，大驚，盡棄其廬帳、器械遁去。上命馬思喀爲平北大將軍，逐噶爾丹，並密諭費揚古要擊，親督大軍躡其後。次中拖陵，費揚古偵知噶爾丹走特勒爾濟，遣前鋒統領碩岱、副都統阿南達、阿廸等率兵先往挑戰，且戰且却，誘至昭莫多。昭莫多者，蒙古語「大林」也，在肯特嶺之南、土臘河之北。費揚古分兵三隊，東則京城、西安諸軍及察哈爾蒙古兵，屯山上；西則右衞、大同諸軍及喀爾喀蒙古兵，沿河列陣；孫思克率綠旗兵居其中。並遵上方略，令官兵皆步戰，俟敵卻，乃上馬衝擊。噶爾丹衆猶有萬餘人，冒死鏖鬬，自未至酉，戰甚力。費揚古遙望噶爾丹後陣不動，知爲婦女、駝畜所在，麾精騎襲其輜重，敵大亂，乘夜逐北三十餘里，至特勒爾濟口，斬級三千餘，俘數百人，獲駝馬、牛羊、廬帳、器械無算。噶爾丹妻阿奴喀屯素悍，能戰，亦殪於陣。噶爾丹引數騎遠竄，費揚古令阿南達詣御營奏捷。上乃班師，令費揚古駐守科圖。

尋命移駐喀爾喀郡王善巴游牧地，詗噶爾丹所往。甫至，噶爾丹潛使台吉丹濟拉率千五百人入掠喀爾喀牲畜、糗糧，遣副都統祖良璧禦却之，追至翁金河，丹濟拉敗遁。尋以馬疲，請移軍駐喀喇穆倫。會噶爾丹使其宰桑格壘沽英等來請納款，上再幸塞外，駐蹕東斯垓。召費揚古至行在入對，上褒其功，奏曰：「軍中機務，皆遵皇上指授，並未有所効力。況西路糧匱馬乏，不能前進。及聞駕至克魯倫，官兵無不奮發，不俟督責，力戰破敵。奈臣庸劣，皇上窮追困蹙之寇，臣不能生擒以獻，實臣罪也。」上曰：「噶爾丹窮蹙，朕不忍悉加誅戮，不如撫而活之。」對曰：「此天地好生之仁，非臣等所能測也。」賜御佩櫜鞬、弓矢，命還軍。

三十六年春正月，阿南達自肅州奏哈密回人擒獻噶爾丹子塞卜騰巴爾珠爾等，上以其疏錄示費揚古，並賜胙肉、鹿尾、關東魚，諭曰：「時當上元令節，衆蒙古及投誠厄魯特等齊集暢春園，適阿南達疏至，衆皆喜悅。爾獨居邊塞，不得在朕左右，故以疏示，並問爾無恙，卽如與爾相見也。」

二月，上復親征，自榆林出塞，詔費揚古密籌進剿。費揚古以去歲未生擒噶爾丹，請解大將軍任，上不允，令便宜調遣軍馬。費揚古進次薩奇爾巴爾哈孫，丹濟拉使來，言噶爾丹至阿察阿穆塔台飲藥自殺，欲攜其尸及其女鍾齊海率三百戶來歸。費揚古以聞，上乃班師，令費揚古駐察罕諾爾以待。六月，丹濟拉至哈密。費揚古有疾，詔昭武將軍馬思喀代領其軍。還京師，仍領侍衞內大臣，進一等公，仍以未生擒噶爾丹疏辭，不允，因諭曰：「昔朕欲親征噶爾丹，衆皆諫止，惟費揚古與朕意合，遂統兵西進。道路遼遠，兼乏水草，乃全無顧慮，直抵昭莫多，俾奸狡積寇挫衄大敗。累年統兵諸將，未有能過之者。」又曰：「屢出征，知爲將甚難。費揚古相機調遣，緩急得宜，是以濟事。」

四十年，從幸索約勒濟，中途疾作，上駐蹕一日，親臨視疾，賜御帳、蟒緞、鞍馬、帑銀五千，遣大臣護之還京師。尋卒，賜祭葬，謚襄壯。以子辰泰襲一等侯、兼拖沙喇哈番。

費揚古樸直有遠慮。昭莫多破賊，費揚古令幕府具疏滅斬馘之數，備言「師行迷道絕糧，皆臣失算，賴聖主威福，徼幸成功，非意料所及」。幕府或咎其失體，費揚古曰：「今天子親御六師，如見策勳，易啓窮兵黷武之漸，非國家福也。」及還京師，上嘗命大臣校射，費揚古以臂痛辭。出語人云：「我嘗爲大將軍，一矢不中，爲外藩笑，損國家威重，故不敢與角耳。」

滿丕，伊爾根覺羅氏，滿洲正藍旗人。世管佐領，自贊禮郎累遷御史，兼管佐領。以事奪官。從都統郎坦赴尼布楚與俄羅斯使臣議界，還授理藩院郎中。

二十九年，偕員外郎鄂齊爾賫敕宣示噶爾丹。時大將軍裕親王福全統師往烏闌布通，上親臨邊指授方略，滿丕以噶爾丹奏書至，因言賊距大軍僅百里，請往擊之。上許之，遂赴烏闌布通督火器營，擊敗噶爾丹，得頭等功牌。累擢理藩院侍郎。三十三年，費揚古進軍圖拉，尚書阿喇尼率蒙古兵爲前哨，命滿丕協同經理驛站。三十四年，命往歸化城協理軍務。三十五年，上親征，命將兩藍旗兵赴費揚古軍，自翁金趨圖拉，破賊昭莫多。奉詔還歸化城，察視凱旋官兵行糧，及撫輯降人。旋仍赴費揚古軍，移駐喀爾喀游牧界外塔拉布拉克，偵防噶爾丹，收降其部人札木素等。未幾，噶爾丹竄死，召還京，列議政大臣，予拖沙喇哈番世職。

三十九年，命往四川勘撫番、蠻，同提督唐希順攻復打箭鑪。於是雅隴江濱瞻對、喇袞、革布什咱、綽斯甲布諸土目各率所屬戶口投誠。奏請授五品安撫司，其副爲六品土百戶，從之。擢正藍旗蒙古都統，以疾乞罷，尋卒。

碩岱，喜塔喇氏，滿洲正白旗人。先世居尼雅滿山，有昂郭都哩巴顏者，歸太祖，碩岱其五世孫也。初授二等侍衞，兼甲喇額眞。世祖幸南苑，碩岱與一等伯巴什泰及蒙古侍衞素尼並從。素尼猝拔刀殺巴什泰，碩岱卽舉所執長槍擊素尼，立仆，擒之，置諸法。上嘉其勇敢，予世職拜他喇布勒哈番兼拖沙喇哈番。授巴牙喇甲喇章京。

從將軍卓布泰南征，渡盤江，擊敗李成蛟。復進攻李定國，度磨盤山遇伏，力戰破之。又從將軍濟席哈討定山東土寇于七。康熙初，擢前鋒統領。吳三桂反，命率兵先諸軍發，駐守荆州。尋命參贊順承郡王勒爾錦軍務。未幾，罷參贊，從將軍穆占等攻長沙。三桂將馬寶、胡國柱等犯永興，碩岱往援失利，棄營入城。穆占劾之，還京師，罷官，奪世職。

二十九年，起爲正白旗滿洲副都統，從定北將軍瓦岱征噶爾丹，至克魯倫河，偵賊遠遁，遂還。尋偕都統噶爾瑪率兵駐大同。三十五年，大將軍費揚古出師西路，命碩岱署前鋒統領，率大同護軍二百八十人爲前鋒。噶爾丹遁往西路，命費揚古要擊，偵賊至特勒爾濟口，令碩岱率前鋒挑戰，誘至昭莫多，合圍奮擊，斬獲無算。師還，擢內大臣，復世職，進三等阿達哈哈番。五十一年，卒。子海綬，於雍正七年以護軍校隨大將軍傅爾丹征準噶爾，擊賊和通呼爾哈諾爾，陣沒，議卹，予世職拖沙喇哈番。

素丹，富察氏，滿洲正黃旗人，費雅思哈子。襲世職，授護軍參領。從裕親王擊噶爾丹，戰烏闌布通，中箭傷。擢護軍統領，命帥師駐大同。康熙三十五年，上親征噶爾丹，命素丹發兵與費揚古刻期並進。尋召赴行在，統前鋒兵爲導。上次克魯倫河，素丹請俟費揚古軍至夾擊。師還，賜內廄馬，改授前鋒統領。以疾解任。

雍正初，命大將軍年羹堯征青海，起素丹參贊軍務。西寧郭隆寺喇嘛助亂，素丹與提督岳鍾琪討平之。授正黃旗蒙古都統，署固原提督。尋改正紅旗滿洲都統，列議政大臣，仍駐守陝西。七年，師征準噶爾，命素丹將西安滿洲兵出涼州，卒於軍，賜祭葬，謚勤僖。

馬斯喀，富察氏，滿洲鑲黃旗人，米思翰長子。初授侍衞兼佐領。康熙二十七年，自護軍參領授武備院卿。二十八年，遷鑲黃旗滿洲副都統。尋擢內務府總管、領侍衞內大臣，兼管火器營。

三十五年，上親征噶爾丹，馬斯喀率鑲黃旗鳥槍兵以從，先期命與諸大臣議定出征營陣隊伍序次。上駐郭和蘇臺，命閱留牧馬羣，議分馬羣爲七，擇水草佳處爲牧地。上進駐西巴爾台，距克魯倫河已近，而費揚古軍未至圖拉，諭王大臣集行營議。信郡王鄂扎請駐師以待，馬斯喀與內大臣蘇勒達、明珠請進薄敵營，上從之。復進次克魯倫河，噶爾丹望見御營嚴整，遂驚遁。上親統師逐之，至拖諾山。授馬斯喀平北大將軍，率師進至巴顏烏蘭。噶爾丹敗於昭莫多，北走，所部丹巴哈什哈等詣馬斯喀軍降。馬斯喀與費揚古師會，收集降人，遣兵衞送至張家口外，乃還師。列議政大臣。復從上出塞，率師駐大同。

三十六年春，授昭武將軍，移師駐寧夏，都統巴渾德、齊世，將軍薩布素，都統兼前鋒統領碩鼐，護軍統領嵩祝，總兵王化行並參贊軍務。尋命與費揚古會師，馬斯喀以將軍參贊費揚古軍務。初，伊拉古克三胡圖克圖盜馬歸噶爾丹，及噶爾丹死，復投策妄阿拉布坦。費揚古令馬斯喀率師追之，次摩該圖，不能及，引師還。上遣侍郎常綬等諭策妄阿拉布坦，得伊拉古克三胡圖克圖以歸，誅之。馬斯喀坐追剿遲緩，當奪官，上命留內務府總管及佐領。

四十一年，授鑲白旗蒙古都統。四十三年，卒，賜白金千，遣內大臣奠茶酒；發引，命皇子往送。賜祭葬，謚襄貞。

佟國綱，佟佳氏，滿洲鑲黃旗人，佟圖賴子。初隸漢軍，領牛彔額眞，授侍衞。康熙元年，襲三等精奇尼哈番，授內大臣。十四年，察哈爾布爾尼爲亂，授安北將軍，率師駐宣府。

布爾尼亂定，引還。十六年，推孝康章皇后外家恩，贈佟圖賴一等公，仍以國綱襲。二十年，授鑲黃旗漢軍都統。疏陳世系，請改入滿洲，下部議，許以本支改入滿洲。二十八年，命與內大臣索額圖等如尼布楚，與俄羅斯使臣費耀多羅等議立約定界。

二十九年，大將軍裕親王福全率師討噶爾丹，以國綱參贊軍務。八月己未朔，師次烏闌布通，噶爾丹屯林中，臥駝於前，而兵伏其後。國綱奮勇督兵進擊，中鳥槍，沒於陣。喪還，命皇子迎奠。將葬，上欲親臨，國綱弟國維及諸大臣力阻，乃命諸皇子及諸大臣皆會，賜祭四壇，謚忠勇。上以翰林院撰進碑文不當意，乃自爲製文，有曰：「爾以肺腑之親，心膂之寄，乃義存奮激，甘蹈艱危。人盡如斯，寇奚足殄？惟忠生勇，爾實兼之！」雍正初，加贈太傅。

邁圖，亦佟佳氏，滿洲正白旗人。父烏進，國初自哈達來歸。邁圖初授侍衞，從信郡王多尼下貴州，破明桂王將李成蛟於涼水井，李定國於雙河口、於魯噶。從康親王傑書徇福建，討耿精忠，授行營總兵，戰黃巖，克建陽。從將軍拉哈達破鄭錦將何祐於太平山，復興化，拔泉州。從將軍賚塔破錦將劉國軒、吳淑於蜈蚣山，復長泰。皆有功。康熙二十五年，授正白旗蒙古副都統兼佐領。尋署前鋒統領，從征厄魯特，戰烏闌布通，陣沒，謚忠毅，進世職三等阿達哈哈番。

格斯泰，瓜爾佳氏，滿洲鑲白旗人，先世居瓦爾喀。父赫勒，歸太祖。從伐明，攻獻縣，先登。入關，西討李自成，破潼關。下江南，徇浙江，破明兵嘉興城下。以牛彔額眞授拜他喇布勒哈番。

格斯泰初爲睿親王護衞，從大將軍伊爾德克舟山；從都統瑪奇下雲南，破賊石門坎、黃草壩，克雲南會城：皆有功。累擢前鋒參領兼管佐領。從國綱戰烏闌布通，國綱戰沒，格斯泰直入賊營，左右衝擊，出而復入者再。乘勝追賊至河岸，阻於淖，賊麕集，格斯泰力戰，與邁圖等皆歿於陣。師將發，上賜之馬，格斯泰請自選，得白鼻。或言白鼻古所忌，格斯泰曰：「效命疆場，吾夙願也！何忌？」師還，裕親王奏：「方戰時，親見一將乘白鼻馬三入敵陣，衆皆識爲格斯泰也。」賜祭葬，視副都統，予世職拜他喇布勒哈番。

阿南達，烏彌氏，蒙古正黃旗人。祖巴賴都爾莽奈，初事察哈爾林丹汗。林丹汗敗走，率所部二百三十餘戶保哈屯河。逾歲，歸太宗，授一等梅勒章京。從攻寧遠，敗明兵。復從攻錦州，戰死，贈三等昂邦章京。

父哈岱，年十七，從父攻寧遠，敵矢殪父馬且踣，哈岱不遑甲，馳入陣，下馬掖其父超乘，步從擊敵，與俱還。太宗嘉其勇，厚賚之。父死，襲世職。屢從伐明，敗明兵。入關定江南，徇浙江，擊騰機思，討姜瓖，取舟山，皆在行間。康熙間，授內大臣。討吳三桂，命與侍衞阿喇尼徵喀喇沁、翁牛特、蘇尼特諸部兵，分駐大同、河南、兗州，備調發。卒，謚勤壯。

阿南達，哈岱次子也，以一等侍衞兼佐領。康熙八年，鰲拜敗，坐黨附罪斬，聖祖特寬之。

二十七年，噶爾丹侵掠喀爾喀諸部，命偕喇嘛商南多爾濟齎敕諭罷兵。噶爾丹遣使入朝，而侵掠如故。二十九年，命往會喀爾喀諸部兵討噶爾丹，以尚書阿喇尼、都統額赫訥等先後率師出塞。阿南達還奏，言：「噶爾丹爲拖多額爾德尼擊敗，偵卒還報，有二人共一騎者，有削木爲兵者，狀至窮蹙。請發兵討之。」上命選察哈爾兵六百，率以赴圖拉，益額赫訥軍。尋阿喇尼請移西路軍會勦，阿南達率兵渡瀚海，會大將軍裕親王福全，敗賊於烏闌布通。三十一年，命赴寧夏招和碩特部台吉巴圖爾額爾克濟農來降，擢正黃旗蒙古都統。三十二年，聞噶爾丹將取糧哈密，授郎坦爲昭武將軍，召阿南達還。

三十五年，上親征噶爾丹，命阿南達如喀爾喀諸部求習塞外途逕者二十人爲導。上次克魯倫河，噶爾丹將走還特勒爾濟，阿南達方從費揚古自圖拉向昭莫多。費揚古令阿南達等先擊噶爾丹，僞敗以致敵，至昭莫多，縱擊敗敵，事具費揚古傳。阿南達赴行在奏捷，上召詢戰狀，對曰：「噶爾丹聞上親征，惶駭竄走。不虞我兵絕其歸路，突然交戰，擒斬過半，死傷枕藉。屬下人多怨懟，降者甚衆，噶爾丹深以爲悔。費揚古慮涉矜張，疏報捷，特約略言之。」上乃班師，命阿南達駐守肅州。尋移軍邊境，詗噶爾丹蹤跡。阿南達遣兵分駐昆都倫、額濟內諸處。復與提督李林隆移礮赴布隆吉爾，度要隘留軍策應，乃還肅州。上以其章示議政諸臣，獎阿南達防邊能稱職也。

噶爾丹自昭莫多敗後，部衆多離散。噶爾丹多爾濟者，其妻弟也，陰持兩端。阿南達至布隆吉爾，獲其邏卒，縱歸招之降，遂遣使通款。阿南達因其使檄哈密回部：「噶爾丹且至，當擒獻。」卽傳語噶爾丹多爾濟：「噶爾丹至哈密，哈密且擒獻，當爲哈密助。」未幾，噶爾丹遣族子顧孟多爾濟等與達賴喇嘛、青海諸台吉通聲聞。阿南達復至布隆吉爾偵知之，率兵追及於素爾河，擒其使人，以其書十四函馳奏。

三十六年，哈密回部擒噶爾丹子色卜騰巴爾珠爾及其從者徽特和碩齊等，送阿南達。繼又獲厄魯特土克齊哈什哈。土克齊哈什哈實戕我使臣馬迪，至是始就擒。先後檻送京師。尋復疏言厄魯特晉巴徹爾貝來降，詢知噶爾丹窮促狀。是歲上復親征，命與林隆率甘州兵二千出布隆吉爾。次塔爾河，聞噶爾丹已死，所部台吉丹濟拉將竄巴里坤依噶爾丹從子策妄阿喇布坦，因往追之，未及，上命還駐布隆吉爾。丹濟拉詣哈密乞降，阿南達護使謁上行在。敍昭莫多功，予拖沙喇哈番世職。尋奉命率兵駐西寧。四十年，卒，賜祭葬。

雍正二年，追謚恪敏。

阿喇納，阿南達長子。少襲其祖哈岱世職，授三等侍衞，累進散秩大臣。策妄阿喇布坦繼噶爾丹爲寇，侵哈密。康熙五十四年，上命尙書富寧安視師，屯巴爾庫爾。五十五年，授阿喇納參贊大臣，選八旗察哈爾勁卒及嘗從阿南達出塞者，得四百人，率之以行。五十六年，授富寧安靖逆大將軍，令阿喇納將一千三百人，自烏闌烏蘇深入烏魯木齊。至通俄巴錫搜山，俘一百數十人，收駝馬牛羊，躪其稼乃還。五十九年，師入西藏，富寧安復令率四千人自吐魯番出邊，至齊克塔木，破賊敵壘。進至皮禪，回民三百餘以城降，師遂會富寧安於烏闌烏蘇，引還。

六十年，上命率師進取吐魯番，因留駐其地。策妄阿喇布坦來犯，阿喇納行與遇。令分兵爲三，突入陣，策妄阿喇布坦敗入林中，棄馬步戰，我師發槍擊殺準噶爾兵百餘，乃敗走，逐北數十里，俘獲甚衆。授協理將軍，築城屯墾，爲持久計。阿喇納久居邊塞，悉敵情，疏請進兵伊犁。下議政大臣議，以賊已遠竄，暫緩進兵。雍正元年，擢鑲紅旗蒙古副都統。師征青海，命率兵二千駐布隆吉爾。賊酋阿喇布坦蘇巴泰來襲，遣師追至推默爾，大敗之。未幾，卒於軍。遺疏爲父請謚，上特許之。賜白金千，遣官護喪歸，謚僖恪，加拜他喇布勒哈番，以其子伍彌泰兼襲，合爲三等伯。乾隆間，定封號曰誠毅。伍彌泰自有傳。

吉勒塔布，李佳氏，滿洲正紅旗人，覺善第三子。初授侍衞兼前鋒參領。康熙十一年，授正紅旗蒙古副都統。

十三年，耿精忠叛，命偕副都統拉哈率師駐江寧。尋令援浙江。從將軍貝子傅喇塔攻嵊縣，與精忠將曾養性等戰於黃瑞山，督兵乘夜分兩翼衝擊；又遣兵循山麓疾上，以鳥槍旁擊之，養性敗潰，克仙居。十四年，養性與叛將祖弘勳犯台州，吉勒塔布與都統沃申赴援，戰於平山嶺，殪賊四千餘；奪梁蓬隘道，遇賊伏，盡殲之。直趨黃巖，副都統穆赫林督兵夾擊，養性夜走溫州。克黃巖，復戰於上塘嶺。攻溫州，久未下。十五年，養性復以四萬餘人來犯，吉勒塔布遣兵分道逆擊。進剿處州，過三角嶺，循江度師。養性以百餘舟屯江上，陸兵屯得勝山下，據險拒我師。吉勒塔布與總兵陳世凱分道拔賊壘，又以礮擊賊舟，沉諸江。師次溫溪渡口，擊敗精忠將馬成龍等，斬千餘級，遂與康親王師會衢州。偕都統賚塔等擊精忠將馬九玉，戰於大溪灘。吉勒塔布督兵踰三濠，進焚木城，克江山，九玉敗遁。遂度仙霞嶺，進克浦城、建陽諸縣。從康親王進次福州，精忠降。

十六年，擊鄭錦同安。十八年，與錦將劉國軒戰於下坑、於歐溪頭、於郭坑，皆勝，斬二千餘級，收海澄。與沃申駐師漳州。二十一年，師還，累擢護軍統領、正紅旗蒙古都統。二十七年，授兵部尚書，列議政大臣。

噶爾丹侵喀爾喀，上命吉勒塔布與都統巴海等徵科爾沁諸部兵備邊。尋命往蘇尼特，度水草佳處爲喀爾喀牧地。二十九年，命與尚書阿喇尼出塞，自歸化至圖拉置臺站，率師會喀爾喀諸部，自洮瀨河進攻噶爾丹。噶爾丹掠烏珠穆秦部，至烏勒輝河，我師與遇，分兵乘夜挑戰。喀爾喀兵違節度，亂陣，戰失利。吉勒塔布當奪官，命留佐領，率兵駐呼魯固爾河。旋命與內大臣阿密達同駐克勒，待裕親王師至，分三隊以進。吉勒塔布爲第一隊，大敗噶爾丹於烏闌布通。三十年，詔移喀爾喀土謝圖、車臣兩部歸附人牧近邊。上出塞撫綏，令吉勒塔布與尚書馬齊、班第等，先期集歸附人於上都河、額爾屯河以待。上慮巴圖爾額爾克濟農掠喀爾喀，命吉勒塔布督喀爾喀諸部兵爲備。三十一年，巴圖爾額爾克濟農降，罷兵歸。三十五年，擢都統。三十六年，卒，賜祭葬。

殷化行，字熙如，陝西咸陽人。初以王姓成康熙九年武進士。十三年，從經略莫洛討吳三桂，授守備。會王輔臣叛，莫洛遇害，化行被脅羈秦州，稱病不爲賊用。逾年，自拔歸，總督哈占奏復原職，補火器營守備。從振武將軍佛尼勒戰牛頭山，攻克上、下嶺。三桂將王屏藩據漢中，以二萬人犯寶雞。大將軍圖海檄化行赴援，破敵，解西山堡圍。復自大泥峪取兩河關，復興安州城。十九年，佛尼勒援永寧，化行爲前鋒，敗敵托川，擊走三桂將胡國柱於安寧橋。調援敍州，與西寧總兵李芳述守城，賊分三路來攻，擊卻之。圖海、哈占合疏陳化行奮戰狀，特擢漢中城守營副將。二十年，逐國柱，迭戰安邊、敍馬、連峯、石盤關諸處，屢克要隘，復馬湖府城。

二十二年，追議輔臣叛時被脅，坐奪官。哈占以化行未爲輔臣用，從征有勞，奏復原職，授直隸三屯營副將。二十三年，敍功加一等，授都司僉書，兼管副將事。二十五年，上幸畿東，化行扈從行圍，賜上用佩刀。二十六年，擢福建臺灣總兵，賜貂裘、白金。時議城臺灣，化行言地皆浮沙，難以鞏固，令部下人致樹一，植爲城，數日而成。諸部亦各植木城，繕治甲兵，防禦以固。三十年，移襄陽。陝西旱，米價騰貴，民多流移。詔發襄陽米二萬石水運至商州，改陸運至西安。命內閣學士德珠與化行及總督丁思孔往督水陸輓運，並護流民還里。三十二年，移登州。復移寧夏。

三十五年，上親征噶爾丹，三路出師，發陝西兵當西路，遣刑部尚書圖納會將軍、督、撫及河西提、鎭議進兵事。化行陳方略，詔報可。時綠旗兵統於振武將軍孫思克，率涼州總兵董大成、肅州總兵潘育龍及化行自寧夏出塞，會大將軍費揚古進剿。化行領所部兵三千至翁金河，簡精卒前進，遇敵昭莫多。山崖峻削，其南漸陁，有小山橫亙，化行急據其巔，麾軍士畢登。敵猝至山腹，發砲擊之，噶爾丹率衆死鬬，鋒甚銳。化行使告費揚古曰：「賊陣堅，宜遣一軍衝其脅，賊婦女輜重俱在後陣，劫之必亂。」費揚古從之。化行望山下兩軍將薄陣，鼓行而下，敵披靡，死傷枕藉。噶爾丹敗遁，詔班師。是役化行功最。

三十六年，疏請率兵二千至郭多里巴爾哈孫偵擒噶爾丹。會上西巡，將幸寧夏，化行迎謁，奏請行圍花馬池觀軍容。上曰：「師行賴馬力。今噶爾丹未滅，寧夏兵至花馬池，往來七八日，馬必疲。獵細事耳，罷獵而休馬，以獵噶爾丹何如？」乃令化行率所部兵五百人從昭武將軍馬思喀復出塞。尋命化行參贊軍務，諭謂綠旗總兵官未有授參贊者，並賜孔雀翎。師次郭多里巴爾哈孫，會大將軍費揚古兵。進至洪郭羅阿濟爾罕，噶爾丹死，詔班師。化行還寧夏。

三十七年，請復本姓。敍昭莫多功，予拖沙喇哈番世職。擢廣東提督。三十九年，瓊州營游擊詹伯豸等擾黎人，黎人王鎮邦爲亂，以化行約束不嚴，降級留任。四十年，連、陽猺爲亂，里入峒、油嶺二排尤凶橫。化行率總兵劉虎駐師里入峒，遣副將林芳入排，使執爲亂者以獻。猺人戕芳及所從兵役。上命尚書嵩祝爲將軍，令化行及廣西、湖南提督各發兵討之。四十一年夏，會師連州，分扼要隘，猺人懼，縛獻爲亂者李貴、鄧二等，置諸法，餘悉就撫。尋追按芳被戕，化行、虎不能救，虎奪官，化行休致。四十二年，上幸西安，化行迎謁，授其子純四等侍衞。四十九年，卒。

潘育龍，字飛天，甘肅靖遠人。初入伍，從征李來亨等於茅麓山，有功。康熙十四年，王輔臣叛，育龍從副將偏圖攻三水、淳化，復從揚威將軍阿密達戰涇州。寧夏道梗，大將軍董額使育龍赴提督陳福軍，自紅河川、白馬城諸要隘轉戰七晝夜，達寧夏。駐靈州，招撫散卒。總督哈占調援山陽，敗賊於甘溝口。十五年，從撫遠大將軍圖海奪平涼城北虎山墩。累擢守備。十七年，吳三桂兵犯牛頭山、香泉，育龍從總兵王好問等出間道擊破之。十八年，克梁河關，斬三桂將李景才、景文略等；薄興安，三桂將謝泗、王永世以城降。敍功，擢都司僉書。叛將譚弘據川東，育龍從哈占進剿，復大竹、渠縣。遷遊擊。

二十七年，以總督噶思泰薦，擢甘州副將。學士達瑚等自西藏使旋，至嘉峪關外，爲西海阿奇羅卜藏所掠。將軍孫思克使育龍偕遊擊韓成等搗其巢，斬級四百有奇，阿奇羅卜藏遁。事聞，詔嘉獎。三十年，赴寧夏防剿噶爾丹。時改肅州協爲鎭，卽以育龍爲總兵。三十一年，降番罕篤與羅卜藏額林臣、奇齊克等復叛，育龍追至庫列圖嶺，斬四十餘級，獲百二十人。三十四年，噶爾丹屬回塔什蘭和卓等五百餘人入犯，渡三岔河，育龍擊擒之。三十五年，從征噶爾丹，遇賊昭莫多，飛礮中育龍右頤，益力戰，賊敗遁。師還，召至京師，上撫視其創，命御醫診視，賜衣一襲。移鎮天津。敍功，予拖沙喇哈番世職。四十年，擢陝西提督，賜孔雀翎。四十二年，上西巡，育龍迎謁山西，賜御書榜。駐蹕渭南，閱固原將卒校射，顧大學士馬齊等曰：「朕巡歷諸省，綠旗無如潘育龍兵者。」命加秩。尋特授鎮綏將軍，領提督如故。四十九年，上幸五臺，育龍迎謁，賞賚優渥，親製詩章寵之。時有陳四等率妻子游行鬻技，走馬上竿，躧索算卦，俗名曰卦子。人既衆，遂爲盜。育龍捕得五百九十餘人。有司讞鞫，因疏請飭各省督撫責所屬鄉村堡寨，遇令改業，編戶爲民，給荒地開墾，馬騾牲畜變爲牛種，載入賦役全書。下部議行。尋以病累疏乞休，詔輒慰留。五十八年，卒，贈太子少保，賜祭葬，謚襄勇。

孫紹周，改籍陝西西安。襲世職，授二等侍衞。累遷廣西慶遠協副將。雍正初，總督鄂爾泰奏開古州、都江河道，以定旦、來牛二寨苗梗路，檄紹周統廣西兵赴古州諸葛營，與貴州副將趙文英會剿，盡平賊寨。擢雲南提督，賜花翎。調古北口，以病解任。乾隆十八年，卒。高宗追念育龍軍功，特予恩騎尉世職，以紹周子忱嗣。

之善，育龍從孫，仍籍甘肅靖遠。初從育龍征噶爾丹。昭莫多之役，力戰中槍，詔來京師醫治。四十二年，上幸西安，之善迎謁臨潼，授藍翎侍衞，賜孔雀翎。補肅州鎮標遊擊。策妄阿喇布坦以二千人侵哈密，之善率兵二百擊敗之。上嘉其勇，超擢陝西潼關副將。從靖逆將軍富寧安擊準噶爾於烏魯木齊，多俘獲。雍正初，青海台吉羅卜藏丹津叛，侵布隆吉爾，與參將孫繼宗引兵夾擊，斬獲無算。擢四川川北總兵，移鎮陝西西安。之善以邊外遼闊，當設卡路杜窺伺，乃遣兵於沙州西路伊遜察罕齊老圖及察罕烏蘇諸爾分路偵禦。並以住牧熟夷數百戶，分置諸要隘，詗敵情，督修西安城及沙州五堡，以二千四百戶屯田沙州，爲籌牛種，建房舍。疏聞，上深嘉之，命署固原提督。諭曰：「此軍乃汝叔祖潘育龍所整理，爲天下第一營伍，流風餘韻，至今可觀。若不能企及，何顏以對朕耶？」尋以目眚解任。十一年，卒。

額倫特，科奇哩氏，滿洲鑲紅旗人，佛尼埒子也。佛尼埒卒官，家貧不能還京。四川總督哈占請留額倫特西安効力，部議不許，上特允之。康熙二十三年，授西安駐防佐領。三十年，從將軍尼雅翰逐厄魯特巴圖爾額爾克濟農，又從將軍郎坦赴克錫圖額，皆有勞。三十五年，上親征噶爾丹，從大將軍費揚古出西路，破敵昭莫多。以功授世職拖沙拉哈番，擢協領。四十三年，上幸西安閱武，設宴，特命額倫特近御座，親賜之飲。諭曰：「爾父宣力行間，爾亦入伍能效力，故賜爾飲。」尋遷西安副都統。調荊州副都統。四十九年，擢湖廣提督。五十二年，授湖廣總督。尋命履勘湖南諸州縣荒壤，得四萬六千餘頃。疏請聽民開墾，六年後以下則起科。五十四年，命往按太原知府趙鳳詔貪墨狀，論罪如律。

厄魯特策妄阿拉布坦犯哈密，上遣尚書富寧安等率師討之。五十五年，命額倫特署西安將軍，主軍餉。策妄阿喇布坦自噶順汛山後道沙拉侵青海，執台吉羅卜藏丹濟布以去，命額倫特率師駐西寧，爲青海諸部應援。五十六年，策妄阿拉布坦遣其將策凌敦多布侵西藏。命額倫特移軍青海，與青海王台吉等議屯軍形勝地。額倫特疏言西寧入藏道有三，庫賽爾嶺、拜都嶺道皆寬廣，請與侍衞色楞分道進兵。五十七年，策凌敦多布入西藏，破布達拉城，戕拉藏汗，執其子蘇爾咱，遂據有其地。六月，額倫特與色楞分道進兵，額倫特出庫庫賽爾嶺。七月，至齊諾郭勒，策凌敦多布遣兵夜來侵，擊之退。次日復至，額倫特親督兵緣山接戰，賊潰遁，追擊十餘里，多所斬獲。疏入，上深嘉其勇。俄，策凌敦多布遣兵潛出喀喇烏蘇，額倫特率所部疾趨渡河，扼狼拉嶺，據險禦敵。比至喀喇烏蘇，色楞以兵來會，合力擊賊。賊數萬環攻，額倫特督兵與戰，被重創，戰益力。相持者數月。九月，復厲兵進戰，射殺賊甚衆。矢盡，持刀麾兵斫賊，賊益兵合圍，額倫特中傷，猶力戰，遂沒於陣。五十八年，喪還，上命諸王以下迎城外，內大臣、侍衞至其家奠茶酒。世宗卽位，進世職三等阿達哈哈番，賜祭葬，謚忠勇。

額倫特與川陝總督音泰皆自行伍中爲上所識拔。額倫特以廉潔著，上嘗與張伯行並稱，謂在督撫中操守最優也。

康泰，甘肅張掖人。初入伍，累擢至遊擊。從將軍孫思克擊噶爾丹，以功授世職拖沙喇哈番。四遷四川提督。額倫特駐西寧，泰率松潘兵千餘出黃勝關爲應援。兵譟，奪官，命自具鞍馬從軍。從額倫特入藏，戰喀喇烏蘇，躍馬殺賊，矢集於臂，叱其子拔矢，裹臂復戰，陣沒。贈都督同知，謚壯勇。

弟海，陝西涼州總兵。將所部從額倫特，同時戰死。贈世職拖沙喇哈番。

論曰：厄魯特亦出於蒙古，析爲四衞拉特，其一曰綽羅斯，牧伊犂。噶爾丹戕兄子自立，乃號準噶爾，移帳阿爾泰山，兼有四衞拉特。北侵喀爾喀，南侵衞藏。聖祖再親征，乃摧敗以死。烏闌布通之役，噶爾丹敗遁，我軍亦重衄。佟國綱以元舅死綏。及戰昭莫多，費揚古麾飢疲之衆，當困鬭之寇，蹈瑕以破堅，則謀勇勝也。馬斯喀、阿南達、吉勒塔布、化行、育龍先後在事有勞。額倫特孤軍殉寇，青海之師，準部之滅，皆於是乎起。謹書之以著其本末。

清史稿卷二百八十二

列傳六十九

姜希轍 余縉 德格勒 陳紫芝 笪重光 任弘嘉 高層雲
沈愷曾 龔翔麟 高遐昌

姜希轍，字二濱，浙江會稽人。明崇禎間舉人。順治初，除溫州教授。五年，以瑞安知縣缺員，令暫攝。鄭成功兵來犯，攻城，希轍督民守，遇事立應。援至，破成功兵齊雲江上。九年，遷直隸元城知縣。畿北饑，流民至者日以萬計。逃人令方嚴，民慮溷入爲累，輒拒不予食。希轍令察非逃人，使墾縣中荒田，田闢，饑民以活。善決獄，民稱之。

十五年，授工科給事中。吏得盜，自列義王孫可望家人，爲買馬，鑲白旗丁爲之因緣。希轍疏言：「可望來歸本朝，湔滌不暇，尚敢收亡命相關通？身爲旗丁，豈復應桀驁冒法網？夫盜有根柢，有黨羽，臣請收義王家人及旗丁窮治之。」上下其疏，罪人皆抵法。國初考功法，獲逃人、闢荒田、督運漕糧，皆躐等陞擢。希轍疏爭非政體，不當開倖進。上方嚴罪貪吏，吏往往曲法罰鍰。希轍疏言：「例贖杖分有力無力，所輕重不過銖兩間。今乃倍五倍十，不拘成數，不應則敲朴隨之。是昔以罰省刑，今以罰濟刑也。」命仍如定例。

十七年，上詔求言，希轍疏言：「臣聞君臣一德，原未嘗以憂勞之任獨歸之君父，爲人臣諉卸責地也。臣觀今日積習病根，大要有二：巧於卸肩者，假詳慎以行推諉；畏於任事者，飾持重以蹈委靡。請進一德之箴，爲中外諸臣誡。」師自江西下廣東，州縣供億繁重。南贛巡撫報曲江、始興兩知縣同時自戕。希轍疏言：「大兵所集，米豆、草束、槽鍘、釜鑊，自所必需。然先時傳檄，使之預備，供億雖艱，何至捐償？行兵不嚴，責在總督；立法不預，責在巡撫：二者必居一於是。請飭察究。」尋更歷兵、禮二科。時會計法嚴，錢糧完欠，每項各限十分定考成，條例繁賾，有司救過不給。希轍疏請：「總歸十分，以一歲之徵收，計一歲之款項，起訖旣清，稽核亦便。」自此部計稍紓，有司得久任。

康熙元年，考滿，內陞，回籍待缺。九年，詣京師，復授戶科都給事中。具三疏：請增科員；請令巡撫得轄兵，防地方竊發；請緩奏銷之期，使催科不迫。遷順天府丞。遭父喪歸。十七年，授奉天府丞。乞養母歸。三十七年，卒於家。

余縉，字仲紳，浙江諸暨人。順治九年進士，授河南封丘知縣。兵後流亡未復，棄地彌望，朝議興屯，設道、廳董之。民田徵賦，屯田徵租，租視賦爲重，民棄屯不耕。府縣吏急考成，以屯租散入田賦，民失業。總督李蔭祖行部至縣，縉導觀民間困苦狀，蔭祖疏聞，與屯道、廳悉罷。十七年，行取授山西道御史，乞養歸。起河南道御史。

康熙初，鄭成功已死，其子錦屯廈門。有議棄舟山者，縉上疏爭之，略謂：「浙江三面環海，寧波尤孤懸海隅，以舟山爲外藩。不知行間諸臣何所見而倡捐棄之議？江海門戶，斂手委之逆豎。夫閩海衹一廈門，數萬之衆，環而攻之，窮年不能下。奈何以已克之舟山增其巢穴？」福建總督李率泰議遷海濱居民，縉復疏爭之。略謂：「海濱之民，與賊狎處。一二冥頑貪狡，嗜厚利，通消息，以相接濟者，固未必無之。但據所稱排頭、方田諸處，民或盜牧馬，或縛窮民潛送廈門。當此兩軍相望，巡徼嚴密，雖有奸宄，安能飛渡？是其號令不肅，已可概見。」又云：「派撥舵工、水手，公然不應。海上舵工名曰『老大』，其人必少長海舟內，外洋島嶼徑路，靡不熟歷，而後駕風使舵，操縱自如。奈何責之素不練習之民，視同里役，橫加僉派？彼即勉强應役，技既不精，心復叵測。萬一變從中起，將置數十萬奮戈持滿之士於何地？」兩疏語皆切至。

聖祖親政，順治間建言諸臣坐遷謫者，次第赦還，惟議及逃人不在赦例。居數年，詔寬逃人禁。縉疏請敕部察當日建言被謫諸臣，存者召還錄用，歿者歸葬贈卹。尋命巡視長蘆鹽政。以改葬乞歸。二十八年，卒於家。

縉廉而能，治事尤持正。妖人朱方旦言禍福，朝士多信之。縉曰：「此妄男子耳，於法當誅。」方旦卒坐死。

德格勒，滿洲鑲藍旗人。康熙九年進士，選庶吉士，授編修。累擢侍讀學士，充日講起居注官、掌院學士。李光地亟稱其賢。聖祖時，召見講論經史，嘗扈從巡行。大學士明珠柄政，務結納士大夫，將餽金爲治裝。德格勒以裝具，固辭不受。會久旱，上命德格勒筮，遇夬。問其占，曰：「澤上於天，將降矣！而卦義五陽決一陰。小人居鼎鉉，故天屯其膏。決去之，卽雨。」上愕然，曰：「安有是？」德格勒遂以明珠對。明珠聞，大惡之，時以蜚語上聞，謂德格勒與侍講徐元夢互相標榜。徐元夢亦不附明珠者也，故並嫉之。二十六年，光地乞假歸，入辭，面奏德格勒、徐元夢學博文優。逾月，上召尙書陳廷敬、湯斌等及德格勒、徐元夢試於乾淸宮。閱卷畢，諭曰：「朕政暇好讀書，然不輕評論古人。評論古人猶易，評論時人更難。如德格勒每評論時人，朕心不謂然，故召爾等面試。妍媸優劣，今已判然。學問自有分量，毋徒肆議論爲也。」二十七年，明珠罷。

未幾，掌院學士庫勒訥劾德格勒私抹起居注，並與徐元夢互相標榜，下刑部論罪。故事，起居注數易藁然後登籍，德格勒所刪易者，實未定藁也。讞上論斬，命改監候秋後處決，徐元夢亦坐譴。語詳徐元夢傳。光地還京師，上命尚書張玉書等以德格勒試卷示九卿，並詰光地。於是玉書等奏稱德格勒文實鄙陋，光地亦以妄奏引罪，命從寬免究。德格勒尋遇赦，釋歸本旗。卒。

陳紫芝，字非園，浙江鄞縣人。康熙十八年進士，選庶吉士。改陝西道御史，力持風紀，絕外僚餽遺。巡視南城，捕大猾鄧二置諸法。疏言：「朝章國典宜畫一，民間冠昏喪祭未有定制，請編纂禮書，頒行天下。」又請裁屯衞：「以屯務屬州縣，則田賦可覈，逃盜可清。」詔並允行。

時督、撫、監司皆由廷臣保舉。湖廣巡撫張汧，大學士明珠所私也，恃勢貪暴，言路莫敢摘發。二十六年，紫芝上疏劾之，言：「汧蒞任未久，黷貨多端，凡地方鹽引、錢局、船埠，靡不搜括，甚至漢口市肆招牌，亦按數派錢。當日保舉之人，必有賄囑情弊，請一併敕部論罪。」上命奪汧官，遣直隸巡撫于成龍、山西巡撫馬齊、副都御史開音布往按治。復諭廷臣，謂汧貪婪無人敢言，紫芝獨能彈劾，即予內陞。成龍等按得汧以前官福建布政使虧帑令屬吏彌補，又派收鹽商銀九萬，上荆南道祖澤深婪取於民又八萬，讞上，論絞。保舉汧爲巡撫者，侍郎王遵訓、學士盧琦、大理寺丞任辰旦，皆坐奪官。擢紫芝大理少卿。每讞獄，稍涉矜疑，即爲駁正，多所平反。

紫芝以峭直受上知，同朝多側目。無何，卒。或傳紫芝一日詣朝房，明珠延坐進茗，飲之，歸遂暴卒云。

笪重光，字在辛，江南句容人。順治九年進士。自刑部郎中考選御史。巡按江西，與明珠忤，罷歸。初，鄭成功犯鎭江，重光縋城乞援。事平，賜御書榜。卒，祀鄉賢。

任弘嘉，字葵尊，江南宜興人。初以舉人官行人。康熙十五年，成進士。十八年，考選江南道御史。巡南城，疏言：「各州縣宜有講堂書院，庶人知嚮學。」又言：「學道不惟受制藩司，抑且受制知府。蓋府道階級不甚懸，無以資表率。部郎聲望不甚重，又無由達封章。求其公明，實不可得，乞重其選。」改巡北城，疏陳五城應行事，謂：「盜風未靖，由保甲不行。稽察未淸，由旗、民雜處。司坊未潔，由勸懲不當。」又言：「州縣昏夜比較，鄉民託宿無地，飢寒受杖，往往殞命。又或因分釐火耗之輕，受僉役橫索之累。」又言：「朝廷淸丈，所以爲民，而藩府駁册，上下動費累百。津梁有關，所以禦暴，今小港皆設巡攔，旱路亦行堵截，檢索至負擔，稅課徧雞豚。」所言皆痛切。弘嘉一日巡城，有錦衣駿馬突其前，訶叱之。隸卒白曰：「此王府優也。」弘嘉趨王府，索優出，杖之四十。上聞，直弘嘉。由是貴戚斂跡，毋敢玩法。

尋掌山東道，兼江南道如故。上十漸疏：「一曰，朋黨交結之漸。始因交際爲餽遺，漸以愛憎成水火。二曰，奢侈僭踰之漸。物力既殫，等威亦紊。三曰，文武訐訕之漸。督、撫、提、鎭挾私互訐，小吏效尤，何以使民無訟？四曰，紳士吹求之漸。有司視如仇讐，姦民以爲魚肉。五曰，上下奉違之漸。國家良法美意，奉行者徒有虛文，過當者反成弊政。六曰，名器混淆之漸。爲生養萬民計，守令宜用正途。七曰，常平侵漁之漸。貯穀久易浥損，又難盤察，不若聽民輸錢，數易稽而無朽蠹。八曰，河工興建之漸。從古無不徙之河，治河惟去其太甚，不必議開議塞，借一勞永逸之辭，爲逐利倖功之術。九曰，情罪過當之漸。如逃人止於鞭刺，過宿反至竄流，輕重不平，枉誣尤甚。十曰，積習膠固之漸。升遷則趕缺壓缺，處分則忽重忽輕，視爲故常，營競特甚。」復疏論銓政不平，並下部議行。三十三年，遷奉天府府丞，兼學政。轉通政司參議，署通政使。丁母憂歸。服闋，病目，卒於家。

弘嘉素愼，疏上言過直，輒戰慄。或曰：「子葸若此，何如不言？」曰：「弘嘉之戰慄，氣不足也。然知其當言，不敢欺吾心，尤不敢負吾君耳。」

高層雲，字二鮑，江南華亭人。康熙十五年進士。授大理寺評事。二十五年，授吏科給事中。二十六年，太皇太后崩，詔王大臣集永康左門外議喪禮。大學士王熙等向諸王白所議，跪移時，李之芳年老，起而踣。層雲曰：「是非國體也。」卽日疏言謂：「天潢貴胄，大臣禮當致敬。獨集議國政，無弗列坐，所以重君命、尊朝廷也。況永康左門乃禁門重地，太皇太后在殯，至尊居廬，天威咫尺，非大臣致敬諸王之地。大學士爲輔弼大臣，固當自重，諸王亦宜加以禮節，不可驕恣倨慢，坐受其跪，失藩臣體。」疏入，上曰：「朕召大臣議事，如時久，每賜墊坐語。今大臣爲諸王跪，於禮不合。」下宗人府，吏、禮二部議，嗣後大臣與諸王會議，不得引身長跪，著爲令。

二十八年，京師旱，詔求言。層雲疏論江、淮間行屯田擾民，請急停蘇民困，上嘉納之。遷通政司參議。二十九年，遷太常寺少卿，卒官。

沈愷曾，字樂存，浙江歸安人。康熙二十六年進士，選庶吉士。三十年，改山東道御史。喀爾喀率屬內附，上親出塞拊循。愷曾疏言：「巡行口外，爲蒙古諸臣定賞罰，編戶口，安插新附。但聖躬遠出，間關崎嶇，乘輿勞頓於外，羣臣晏息於家，臣心何安？宜遣部院大臣經理，令逐一奏聞，仍與皇上親行無異。乞傳旨暫緩此行。」疏入，不報。上還京師，召愷曾入對，賜宴。三十五年，上親征噶爾丹，歲暮，以餘孽未靖，復出塞。愷曾復上疏請回鑾，語甚剴切。

順天學政侍郎李光地有母喪，命奪情視事，光地請給假九月，言路大譁。愷曾疏言：「學臣關繫名教，表率士子。使衰經者衣錦論文，其何以訓？宜令終喪，以隆孝治。閣臣職司票擬，理應委曲奏請，始不當有在任守制之票，旣不當有仍遵前旨之擬。科臣職司封駁，閣臣票擬不當，科臣繳旨覆奏，固其職也。乃亦復默然，不知其所謂封駁者何在也？臣不敢以妄擬閣臣爲嫌，劾奏同列爲咎。」疏入，下九卿議，尋用彭鵬言，令解任在京守制。陝西提督孫思克請令富民納粟佐軍，愷曾論奏乞敕部停止，上是之。

入臺七年，疏數十上，伉直敢言。歷掌山西、江南、浙江、河南道事，管登聞院。三十八年，巡兩廣鹽課，多惠政，商民德之。報滿，留任一年。還京，復掌山西道。丁父憂，以廣東運使罣誤事連坐，罷官。四十四年，上南巡，召試行在稱旨，賜御書。尋卒。

龔翔麟，字蘅圃，浙江仁和人。父佳育，字祖錫。自龍驤衞經歷出知安定縣，又自兵部郎中出爲分巡通永道僉事，擢江南布政使，所至有聲績。入授光祿寺卿。命修賦役簡明書，未竟。卒。

翔麟自副貢生授兵部主事，出榷廣東關稅。沿海諸稅口，遠者去省二千里，吏役苛索，商民重困。翔麟嚴其禁，並移行府縣察究。康熙三十三年，考選陝西道御史，遂疏請以諸稅口交府縣徵收，著爲令。

尋命巡視西城。大學士熊賜履以誤擬旨罷，復起爲吏部尚書。翔麟疏劾：「賜履竊講學虛聲，前因票擬錯誤，嚼毀草籤，卸過同官。皇上從寬，放歸田里。旋賜起用，晉位冢宰，毫無報稱。其弟賜瓚包攬捐納，奉旨傳問，賜履不求請處分，猶泰然踞六卿之上。乞賜罷斥。」右通政張雲翮，故靖逆侯勇子。勇妻李卒，雲翮不居喪。翔麟疏劾：「雲翮縱非李出，嫡母、繼母並制三年，豈可視爲陌路？乞嚴加議處，以儆敗類。」雲貴總督趙良棟討吳三桂，定雲南，以敍功未允，爲部下乞恩，屢有求請。翔麟疏劾：「良棟効力行間，悉由皇上指授方略。蕩平後敍功，既經廷議，重以睿裁，輕重無不允當。事閱十年，而良棟猶嘵嘵不已，妄肆薦揚，市恩於衆，借矜己功。且越例求賜莊田、房屋，言詞狂悖，大不敬。乞下所司定罪。」賜履雅負清望，良棟功臣，雲翮功臣子，翔麟論列無所避，以是得直聲。俄又劾賜履及侍郎趙士麟亂銓政，條列以上。

官御史十年，乞歸，貧至不能舉火，蕭然不改恆度。尋卒。

高遐昌，字振聲，河南淇縣人。康熙十五年進士，授湖南龍陽知縣。以屯賦重，請減與民田同額。父憂去。服闋，補廣東東莞知縣，歷茂名、信宜，擢高州知府，皆有聲。行取，擢刑部主事，累遷戶部郎中。

四十六年，授戶科給事中。時提督九門步軍統領託合齊恃權不法，給事中王懿德列款疏劾。上方幸熱河，遐昌詣行在繼劾之。略言：「託合齊欺罔不法，經懿德糾參，臣又何敢置喙？伏念其所以橫恣，皆緣握權太過。自督捕裁，而所轄三營改歸提督，悍將驕兵，毫無忌憚。請仍歸兵部擇司官督率，考勤惰、禁勒索，營務防汛，晝夜巡邏，卽有奸匪，不得妄牽無辜，私刑酷訊。提督干預詞訟，奸民搆弁兵，擇人而噬，民不聊生。請仍歸大、宛二縣，五城司坊、巡城御史以及府尹、治中。逃盜命案，歸於刑部，一秉國法。提督管理街道，縱其兵丁肆爲貪噬，勢壓官民。請五城分治，仍歸司坊。每年工部保題司官督理，庶法官守制，無復軼越。此皆本朝舊例，當歸所司，防微杜漸，不致成積重之勢。」疏上，上以巡捕三營併步軍統領，非自託合齊始。司坊管街道，畏懼顯要，止知勒索鋪戶，故亦歸併步軍統領。今既累商民，卽以遐昌兼管，期一年責以肅清。遐昌既任事，革除陋規，街道溝渠次第平治，兵民以安。兩屆報滿，仍命接管。

託合齊陰圖報復，欲伺隙中傷。五十年，上自暢春園還，見內城街道被侵占甚窄，召託合齊詰責之。託合齊奏外城尤窄。命尚書赫碩色等察勘，託合齊故引視僻巷，民居占官街得三百餘間，謂皆遐昌任內所造，逮下刑部獄。尚書齊世武，託合齊黨也，將刑訊，主事蔣晟持不可。乃議遐昌以官街邀民譽，應發奉天安置。託合齊黨復譁，言遐昌受賂。嚴訊家屬，定爰書，謂據供雖未受賂，但風聞街道舊規，鋪戶修房，每間與胥役錢二三百，以此例之，房三百餘間，計錢七百五十千，當枉法贓律處絞。朝審，具寃狀。尚書王掞、李天馥謂遐昌廉能爲上知，宜從寬典，富寧安贊之，獄乃緩。會託合齊以病乞假，隆科多攝其職，因言託合齊罔上行私，橫恣貪婪，及誣陷遐昌狀。上命釋遐昌，都人爭赴獄舁之出，擁赴闕謝。及出都，送者塡溢，醵金完懸贓。遐昌歸，未幾卒。

論曰：康熙間以直言著者，魏象樞、郝浴、楊素蘊、彭鵬、趙申喬輩，敭歷中外，卓然爲名臣。希轍、縉，自世祖朝已在諫垣，有獻替。弘嘉論十漸，層雲爭國體，陳義皆甚高。若德格勒、紫芝、重光忤明珠，愷曾彈李光地，翔麟論熊賜履、趙良棟，遐昌抗託合齊，雖所糾繩賢不肖不同，謇謇匪躬，不爲名懾，不爲勢撓，謚爲「遺直」，殆無愧歟？

清史稿卷二百八十三

列傳七十

覺羅武默訥　舒蘭　拉錫　拉錫子旺札爾　孫博靈阿　圖理琛　何國宗

覺羅武默訥，正黃旗人，景祖第三兄索長阿四世孫也。順治四年，授世職拖沙喇哈番，累進三等阿達哈哈番，擢一等侍衞。康熙六年，授內大臣，管佐領。

十六年，命偕侍衞費耀色、塞護禮、索鼐瞻禮長白山，諭曰：「長白山祖宗發祥之地，爾等赴吉林，選識路之人，瞻視行禮，並巡視寧古塔諸處，於大暑前馳驛速往。」五月己卯，武默訥等發京師；己丑，至盛京，東行；戊戌，至吉林。詢土人，無知長白山路者。得舊居額赫訥殷獵戶岱穆布魯，言其父曾獵長白山麓，負鹿歸，道經三宿，似去額赫訥殷不遠。自吉林至額赫訥殷，陸行十日，舟行幾倍之。寧古塔將軍巴海令運米十七艘詣額赫訥殷，先發，並令協領薩布素護武默訥等行。六月丁未，武默訥等攜三月糧，陸行經溫德亨河、庫埒訥嶺、奇爾薩河、布爾堪河、納丹弗埒城、輝發江、法河、卓隆鄂河，抵訥殷江干，米亦至。乃乘小舟，與薩布素分道行，泝訥殷江逆流上。

丙寅，會於額赫訥殷。一望深林無路，薩布素率衆前行，伐木開道。遣人還告：行三十里，得一山，升其巔，緣木而望，長白山乃在百餘里外，片片白光如積玉，視之甚晰。戊辰，武默訥前行。己巳，遇薩布素於林中。壬申黎明，大霧，莫辨山所向。聞鶴唳，尋聲往，遇鹿蹊，循行至山麓，見周遭密林，中間平迤圓繞，有草無木。前臨小林，盡處有白樺木，整若栽植，及旋行林外，仍瀰漫無所見。跪誦敕旨，拜畢，霧開，峯巒歷歷在目，登陟有路。遙望之，山修而扁，既近，則堂平而宇圜，向所睹積玉光，冰雪所凝也。山峻約百餘里，巔有池，環以五峯，其四峯臨水拱峙，正南一峯稍低，分列雙闕。池廣袤約三四十里，夾山澗水噴注，自左流者爲松花江，右流者爲大小訥殷河，繞山皆平林。武默訥瞻拜而下。峯巔羣鹿奔逸，仆其七，墜武默訥等前。時登山者正七人，方乏食，謝山靈賜。卻行未里許，欻然霧合。癸酉，還至前望處，終不復見山光。七月庚辰，至恰庫河，馬疲甚。甲申，自恰庫河乘舟還，經色克騰、圖伯赫、噶爾漢、噶達渾、薩穆、薩克錫、法克什、多琿諸河，至松花江。八月丁未，還吉林，巡視寧古塔諸處。乙丑，還京師。

疏聞，詔封長白山之神，秩祀如五嶽。十七年，命武默訥齎敕往封，歲時望祭如典禮。

十九年，召入養心殿，命工繪其像以賜。諭曰：「以此像俾爾子孫世世供享，以昭恩寵。」二十九年，卒，賜祭葬。

舒蘭，納喇氏，滿洲正紅旗人。父敦多哩，官刑部侍郎，兼佐領。坐鞫總督蔡毓榮罪，附和尚書希福從輕比，奪官，戍黑龍江。

舒蘭自理藩院筆帖式遷主事。康熙三十八年，從侍郎滿丕、都統烏達禪等，招降巴爾瑚三千餘人，安置察哈爾游牧地，編隸佐領。未幾，巴爾瑚佐領額克圖叛，戕察哈爾副總管阿必達、驍騎校班第，掠馬駝以遁。上命喀爾喀公錫卜推哈坦等率蒙古兵追剿，舒蘭持檄傳示蒙古諸貝勒台吉，并徵察哈爾、厄魯特兵，從烏達禪會剿，擒其渠。遷內閣侍讀。

四十年，命偕侍衞拉錫往探河源，諭曰：「河源雖名古爾班索里瑪勒，其發源處人跡罕到。爾等務窮其源，察視河流自何處入雪山邊內。凡經流諸處，宜詳閱之。」四月辛酉，舒蘭等發京師。五月己亥，至青海。庚子，至庫庫布拉克。貝勒色卜騰扎勒與偕行。

六月癸亥，至鄂稜諾爾。甲子，西行至扎稜諾爾。鄂稜周二百餘里，扎稜周三百餘里，二諾爾距三十里許。乙丑，至星宿海，蒙古名「鄂敦塔拉」。星宿海之源，小泉萬億，歷歷如星，衆山環之。南有山曰古爾班圖勒哈，西南有山曰布瑚珠勒赫，西有山曰巴爾布哈，北有山曰阿克塔齊勒，東北有山曰烏闌都什，蒙古總名曰「庫爾坤」，卽崑崙也。山泉出自古爾班圖勒哈者，爲噶爾瑪塘；出自巴爾布哈者，爲噶爾瑪楚木朗；出自阿克塔齊勒者，爲噶爾瑪沁尼。三山之泉，溢爲三支河，卽古爾班索里瑪勒也。三河東流入扎稜諾爾，扎稜一支入鄂稜諾爾，黃河自鄂稜出。其他山泉與平地水泉，淵淪縈繞，不可勝數，悉歸黃河東下。

丁卯，舒蘭等自星宿海還，舍故道，循河流東南行。己巳，登哈爾吉山，見黃河折而東，至庫庫陀羅海山，又南繞薩楚克山，復北流，經巴爾陀羅海山之南。庚午，達阿木尼瑪勒占穆遜山，山最高，雲霧蔽之，不可端倪。蒙古人言長三百餘里，有九高峯，積冰終古不消。常雨雪，一月得晴僅三四日。舒蘭等自此返。壬申，至錫喇庫特勒，又南過僧庫爾高嶺，更百餘里，至黃河岸。見黃河自巴爾陀羅海山東北流，經歸德堡北、達喀山南兩山峽中，流入蘭州。自京師至星宿海，七千六百餘里。寧夏西自松山至星宿海，天氣漸低，地勢漸高，人氣閉塞，行多喘息。九月，還京師，具疏述所經，並繪圖以進。

上諭廷臣曰：「朕於古今山川名號，雖在邊徼遐荒，必詳考圖籍，廣詢方言，務得其正。故遣使至崑崙，目擊詳求，載入輿圖。卽如黃河源出西塞外庫爾坤山之東，衆泉渙散，燦如列星，蒙古謂之『鄂敦塔拉』，西番謂之『索里瑪勒』，中華謂之『星宿海』，是爲河源。匯爲扎稜、鄂稜二澤。東南行，折北，復東行，由歸德堡、積石關入蘭州，其原委可得而縷晰也。」

舒蘭累擢內閣學士。四十五年，命往西藏封拉藏爲翊法恭順汗。回京得風疾，遣太醫診視。越二年，疾復發，乞休，許解任調治。五十二年，疾愈，起故官。是年以萬壽恩典，復其父敦多哩故秩。尋遷工部侍郎。未幾，坐事，降三秩調用。五十九年，卒。

拉錫，圖伯特氏，蒙古正白旗人。自親軍校三遷二等侍衞，偕舒蘭窮河源，進一等。雍正初，累擢本旗都統。以治事明敏，予拜他喇布勒哈番世職，授議政大臣。拉錫諳習旗務，奏事輒稱旨，累被褒嘉，加授拖沙喇哈番。四年，以隱匿烏梁海事，盡削官職，降授一等侍衞，管太僕寺卿。尋仍擢鑲白旗滿洲都統，迭署江寧將軍、天津滿洲水師營都統，授領侍衞內大臣。卒。

子旺札爾，初授侍衞，襲世職。使從侍郎阿克敦與噶爾丹定界。如蘇州、如浙江按事。累遷鑲白旗滿洲都統、理藩院侍郎、御前大臣。命赴金川察沿途驛站。金川平，擢領侍衞內大臣。卒，諡恪慎。

孫博靈阿，襲世職。初授侍衞，累遷正藍旗蒙古副都統。從征金川，攻當噶爾拉，撲碉受創，卒。贈都統銜，進世職一等輕車都尉，圖形紫光閣。

乾隆四十七年，高宗命侍衞阿彌達詣西寧祭河神，再窮河源。還奏：「星宿海西南有水名阿勒坦郭勒，更西有巨石高數丈，名阿勒坦噶達素齊老。蒙古語『阿勒坦』爲黃金，『噶達素」爲北極星，「郭勒」爲河，「齊老」石也。崖壁黃金色，上有池，池中泉噴涌，釃爲百道，皆黃金色。入阿勒坦郭勒，迴旋三百餘里，入星宿海，爲黃河眞源。」高宗命四庫館諸臣輯河源紀略識其事。阿彌達更名阿必達。大學士阿桂子，附見阿桂傳。

圖理琛，阿顏覺羅氏，滿洲正黃旗人。以國子生考授內閣中書，遷侍讀。坐事，奪職。康熙五十一年，特命復職，出使土爾扈特。

初，土爾扈特汗阿玉奇從子阿喇布珠爾，假道準噶爾赴西藏謁達賴喇嘛。準噶爾台吉策妄阿喇布坦與阿玉奇搆怨，阿喇布珠爾不得歸，款關乞內屬，詔封貝子，賜牧嘉峪關外黨色爾騰。嗣阿玉奇遣使入貢，上欲歸阿喇布珠爾。命圖理琛偕侍讀學士殷扎納、郎中納顏齎敕諭阿玉奇，假道鄂羅斯。

五月，圖理琛等自京師啓行，七月，至鄂羅斯境楚庫柏興。以假道故，待其國察罕汗進止。五十二年正月，許假道，乃行。還烏的柏興，越柏海爾湖而北，抵厄爾庫。鄂羅斯託波爾噶噶林遣其屬博爾科尼來迎。噶噶林者，彼國所稱總管也。圖理琛等欲行，博爾科尼言噶噶林令天使當自水路行，而昂噶拉河冰未泮，請稍駐俟之。三月，自昂噶拉河乘舟抵伊聶謝柏興，登陸。五月，抵麻科斯科，復乘舟自揭的河順流行，經那里穆柏興、蘇爾呼特柏與、薩瑪爾斯科、狄穆演斯科諸地。七月，至託波爾。其地噶噶林名馬提飛費多里魚赤，迎至廨，留八日。仍遣博爾科尼護之行，抵鴉班沁登陸。自費耶爾和土爾斯科越佛落克嶺，抵索里喀穆斯科，以路濘，守凍十日。復行，經改郭羅多、黑林諾付、喀山、西穆必爾斯科諸地。十一月，至薩拉託付，是爲鄂羅斯與土爾扈特界。水自東北來，折而南，鄂羅斯號爲佛爾格，土爾扈特號爲額濟勒。阿玉奇汗駐牧地曰瑪努託海，距此十日程，以雪盛不能行。

五十三年四月，阿玉奇遣台吉祥偉徵等來迎。五月，圖理琛等渡額濟勒河，阿喇布珠爾之父納扎爾瑪穆特遣獻馬，卻之。六月朔，至瑪努託海，阿玉奇擇日聽宣敕。圖理琛等以上意諭之曰：「阿喇布珠爾已賜爵優養，欲遣歸爾牧地，以策妄阿喇布坦方與爾交惡，恐爲所戕。爾若欲令阿喇布珠爾歸，當自鄂羅斯來迎。」阿玉奇曰：「我雖外夷，然冠服與中國同。鄂羅斯乃嗜欲不同、言語不通之國也，天使歸道當察其情狀。鄂羅斯若以往來數故不假道，則我無由入貢矣。阿喇布珠爾荷厚恩，與歸土爾扈特同，復何疑慮？」阿玉奇及納扎爾瑪穆特等各贈馬及方物，圖理琛等以越境無私交，卻不受。阿玉奇待之有隆禮，留十四日，筵宴不絕。復附表奏謝。圖理琛等遂行，由舊路歸，鄂羅斯遣護如初。五十四年三月，還京師。

是役也，往返三載餘，經行數萬里。蓋土爾扈特爲鄂羅斯所隔，遠阻聲教，而鄂羅斯又故導我使紆道行。圖理琛奉使無辱命，既歸國，入對，述往還事狀，並撰異域錄，首冠輿圖，次爲行記，呈上覽。上嘉悅，尋授兵部員外郎。阿喇布珠爾亦遂留牧黨色爾騰不復遣，再傳至其子丹忠，雍正中，遷牧額濟內河。

圖理琛遷郎中。世宗卽位，命赴廣東察藩庫，就擢廣東布政使。調陝西。三年，擢巡撫。五年，召爲兵部侍郎，調吏部。偕喀爾喀郡王額駙策凌等往定喀爾喀與鄂羅斯界。仍調兵部。六年，追議前定界時，與鄂羅斯使臣薩瓦鳴礮謝天，私立木牌，並擅納鄂羅斯貿易人入界；又前任陝西巡撫時，將天下兵數繕摺私給將軍延信，逮問論斬。詔宥免，遣築扎克拜達里克城。高宗卽位，授內閣學士，遷工部侍郎。乾隆元年，以老解侍郎任，仍爲內閣學士。二年，引疾去。五年，卒。

何國宗，字翰如，順天大興人。康熙五十一年進士，改庶吉士，命直內廷學算法。五十二年，命編輯律曆淵源。未散館，授編修。三遷至庶子。雍正初，授侍讀學士，再遷至內閣學士。

三年，命視黃、運河道，奏請增築戴村石壩，疏濬東昌城南七里河、城北魏家灣及德州城南減河；又以汶、泗泉源紆遠，請專設管泉通判；又請修高家堰石隄。上皆允其請，並以高家堰石隄工衝要，命發帑興修。復奏言：「運河自臨清以上，賴衛水以濟。衛水發源百泉，益以丹、洹二水，其流始盛。請疏百泉爲三渠，洹河亦築壩開渠引水，一分灌田，三分濟運。」上從其議。旋以山東巡撫塞楞額奏言國宗等奉使所經州縣，供億白金七千六百有奇。上責國宗不惜物力，負任使，坐降調。五年，授大理寺卿。六年，復擢內閣學士，遷工部侍郎。八年，命與侍郎牛鈕督修北運河減水壩，並濬引河。國宗等議捍護河西務北堤及耍兒渡魚鱗壩，別開塌河淀下流賈家沽洩水河，建築三里淺、筐兒港、張家莊諸處挑水壩。上命如議速行。九年，兼河東河道總督。田文鏡奏戴村初建玲瓏、亂石、滾水三壩，汶水盛漲，自壩面流入鹽河歸海。國宗等增築石壩，水不能過，瀕河連年被患。請毀石壩，復爲亂石、滾水壩。上責國宗勘工錯誤，貽害民間，奪官。

乾隆初，起充算學館、律呂館總裁。九年，賜秩視三品。尋授左副都御史。十年，兼領欽天監正。十三年，遷工部侍郎。

康熙間，聖祖命製皇輿全覽圖，以天度定準望，一度當二百里，遣使如奉天，循行混同、鴨綠二江，至朝鮮分界處，測繪爲圖。以鴨綠、圖門二江間未詳晰，五十年，命烏喇總管穆克登偕按事部員復往詳察。國宗弟國棟亦以通曆法直內廷。五十三年，命國棟等周歷江以南諸行省，測北極高度及日景。五十八年，圖成，爲全圖一，離合凡三十二幀，別爲分省圖，省各一幀。命蔣廷錫示羣臣，諭曰：「朕費三十餘年心力，始得告成。山脈水道，俱與禹貢合。爾以此與九卿詳閱，如有不合處，九卿有知者，舉出奏明。」乃鐫以銅版，藏內府。

高宗既定準噶爾，乾隆二十一年，命國宗偕侍衞努克三、哈淸阿率欽天監西洋人往伊犂，自巴里坤分西北兩路，測天度繪圖。既還報，命署左都御史。二十二年，授禮部尙書。以京察舉弟國棟，坐徇庇，奪官。尋授編修，直上書房。二十八年，復授內閣學士。是歲，上以諸回部悉定，復遣尙書明安圖等往測天度繪圖，是爲乾隆內府皇輿圖。二十六年，遷禮部侍郞。二十七年，以老休致。三十一年，卒。

論曰：國家撫有疆宇，謂之版圖，版言乎其有民，圖言乎其有地。聖祖東訪長白山，西探河源，北撫土爾扈特，武默訥、舒蘭、圖理琛奉使稱職。覩所還奏，曲折詳盡，歷歷如繪。國宗以明算事聖祖，又幸老壽，迨高宗朝，詣新疆測繪。康熙、乾隆兩內府圖皆躬與編摹。揆之於古，其裴秀、賈耽之倫歟？

清史稿卷二百八十四

列傳七十一

覺羅滿保 陳策 施世驃 藍廷珍 從弟鼎元 林亮 何勉 陳倫炯

歐陽凱 羅萬倉 游崇功

覺羅滿保，字鳧山，滿洲正黃旗人。康熙三十三年進士，選庶吉士，授檢討。累遷國子監祭酒，擢內閣學士，直經筵。

五十年，授福建巡撫。疏言福州、興化、泉、漳等屬十六州縣皆瀕海要地，請揀選直省卓異官除授。御史璩廷祜論其不可，部議以爲然。詔下九卿等再議，卒從滿保言。五十四年，擢福建浙江總督，命巡海。議自乍浦至南澳，沿海五千餘里，建臺、寨百二十七所，礮位千一百七十有八。別疏言：「鹿耳門爲臺灣咽喉，澎湖爲廈門藩衞，安平鎭爲水師三營重地，及海洋各口岸宜分極衝、次衝，築墩、臺，設汛巡守；並嚴察海船出入，禁漁船私載米糧、軍器。」又言：「淡水、雞籠山爲臺灣北界，其澳港可泊巨艦百餘。更進爲肩豆門，沃野百里，番社交據。請增置淡水營，設官駐防爲後蔽。」皆報可。

六十年，鳳山民朱一貴爲亂。臺灣知府王珍苛稅濫刑，鳳山民黃殿、李勇、吳外等集數百人謀變，一貴素販鴨，託明裔以爲渠。劫岡山塘、檳榔林二汛，掠軍器，衆益聚，遂破縣城，進陷臺灣。總兵歐陽凱等率兵禦賊，師敗績，死之。臺廈道梁文煊等走澎湖。滿保疏聞，督兵趨廈門，値淫雨，乘竹兜從數騎行泥淖中。比至，籍丁壯剽悍能殺賊者悉充伍，嚴申軍令，禁舟師毋登陸，民以不擾。淡水營守備陳策使詣廈門乞援，滿保移會巡撫呂猶龍，遣兵自閩安渡淡水。未幾，南澳鎭總兵藍廷珍率舟師至，滿保命統水陸軍，會提督施世驃於澎湖，刻期進剿。六月，世驃、廷珍攻鹿耳門，敗賊安平鎭，遂克臺灣。上以臺灣民附亂非本意，敕滿保招撫。尋諸羅民楊旭等密約壯丁六百人，擒一貴及其黨十二人，獻世驃軍前，檻送京師，磔於市。是役，自出師迄事平凡七日。上嘉滿保調度有方，加兵部尙書。尋疏言：「賊起，惟守備陳策鼓勵兵民，堅守汛地，待大兵進援，奮力效忠。」命擢臺灣總兵。復疏劾珍縱役需索，致一貴乘機倡亂；文煊及所屬官吏一無備禦，退回澎湖，應奪官逮問，從之，文煊等論罪如律。秋，臺灣颶作，滿保以聞，諭：「臺灣有司平日貪殘激變，及大兵進剿，殺戮之氣上干天和，令速行賑卹。」

上杭民溫上貴往臺灣從一貴得僞元帥札、印，還上杭，煽鄉人從賊。聞一貴誅，走江西，結棚匪數百，謀掠萬載。知縣施昭庭集營汛剿捕，擒上貴及其黨十數人，並伏法。大學士白潢等條奏禁戢棚匪，滿保疏言：「閩、浙兩省棚民，以種麻靛、造紙、燒灰爲業，良莠不一。令鄰坊保結，棚長若有容庇匪類，依律連坐。有司於農隙遍履各棚，嚴加稽察。浙江鄞、奉化等二十七縣，福建閩、龍巖等四十州縣，皆有棚民，宜如沿海州縣例，揀員題補。」詔從之。

雍正三年，卒官。遺疏言：「新任巡撫毛文銓未至，總督印信交福州將軍宜兆熊署理，並留解任巡撫黃國材暫緩起程，如舊辦事。」詔嘉其得體，下部議卹；時尚書隆科多獲罪鞫訊，得滿保餽金交通狀，世宗諭責滿保諂隆科多、年羹堯，命毋賜卹予諡。

策，字鍾侯，福建晉江人。由銅山守備調淡水。一貴陷臺灣，策孤軍力守一隅。姦人苑景文入境煽誘，擒誅之。師下臺灣，滿保檄剿北路，復南嵌、竹塹、中港、後壠、吞霄、大甲諸社。以功擢臺灣總兵，加左都督。卒。

施世驃，字文秉，靖海侯琅第六子。康熙二十二年，世驃年十五，從琅下臺灣，委署守備。臺灣既定，以功加左都督銜，授山東濟南城守參將。三十五年，聖祖親征噶爾丹，天津總兵岳昇龍薦世驃從軍。召試騎射，命護糧運至奎素，從大將軍馬斯喀追賊至巴顏烏闌。師還，假歸葬。上褒世驃勤勞，命事畢仍還任。累遷浙江定海總兵。四十二年，上南巡，賜御書「彰信敦禮」榜。時海中多盜，世驃屢出洋巡緝，先遣裨將假商船餌盜，擒獲甚衆，斬盜渠江崙。四十六年，上南巡，詢及擒斬海盜事，溫諭嘉奬，賜孔雀翎。四十七年，擢廣東提督。五十一年，調福建水師提督。

六十年，朱一貴爲亂，陷臺灣。世驃聞報，卽率所部進扼澎湖，總督滿保檄南澳總兵藍廷珍等以師會。衆議三路進攻。世驃謂南路打狗港在臺灣正南，南風盛，不可泊；北路淸風隙去府百餘里，運餉艱；度賊必屯聚中路，宜直搗鹿耳門。時臺地諸將吏皆退次澎湖，惟淡水守備陳策堅守汛地。世驃遣游擊張駥等赴援，自統師出中路。選勁卒，乘小舟，載旗幟，分伏南北港。六月，抵鹿耳門。賊踞礮臺以拒。世驃登樓船督戰，發礮中敵貯火藥器，火大熾，賊驚潰。衆軍齊進，兩港悉樹我軍幟。賊不敢犯，揚帆直渡鯤身。鯤身者海沙也，水淺，大舟不能過。是日海水驟漲八尺餘，舟乘風疾上，遂克安平鎭。翌日，戰，破賊。賊悉衆來犯，世驃遣守備林亮等進西港，游擊朱文等越七鯤身，自鹽埕、大井頭分道登陸趨臺灣。世驃督將士指揮布陣擊賊，賊潰，遂復臺灣。一貴走諸羅，諸羅民縛以獻，賊黨擒斬略盡。臺灣南北兩路悉平。詔優敍，賜世驃東珠帽、黃帶、四團龍補服。未幾，以疾卒於軍。

遺疏乞從父琅葬福建，留妻子守墓，上悉許之。贈太子太保，謚勇果。雍正元年，世宗命予一等阿達哈哈番世職，以其子廷夷嗣。

世驃和易謙雅，治軍嚴明。與琅先後平臺灣，皆以六月乘海潮異漲渡師，遂以成功。

藍廷珍，字荆璞，福建漳浦人。少習騎射，從祖理器之。入伍，自定海營把總累遷溫州鎮標左營游擊。巡外洋，屢獲盜，盜皆畏避。以是爲諸將所忌，讒於總督滿保，將劾之。會關東大盜孫森等竊遼陽巨礮、戰艦逸入海。聖祖震怒，責沿海疆吏嚴緝。廷珍出巡海，至黑水外洋與遇，力戰，盡獲森等九十餘人，及其船艦、礮械。滿保按部至溫州，廷珍迎謁以告。滿保嘆曰：「幾失良將！」召入舟，厚撫之，亟疏薦，超擢福建澎湖副將。未幾，遷南澳總兵。

六十年，朱一貴爲亂，廷珍上書滿保策破賊狀，滿保令統戰船四百、將弁一百二十、官兵一萬二千，會提督施世驃於澎湖，剋期進剿。廷珍至澎湖，言於世驃曰：「賊皆烏合，不足憂，惟脅從至三十萬人，請檄示止殲渠魁，餘勿問。則人人有生之樂，無死之心，可不血刃平也。」世驃從之。師至鹿耳門，賊扼險拒守。諸將林亮、董芳當前鋒，殊死戰，廷珍率大隊繼之，連戰皆捷。賊大潰，退保府治。世驃遣亮等自西港仔暗度，廷珍以大軍躡其後。賊在蘇厝甲，與亮等決戰，廷珍分兵馳赴之。賊望見旗幟，戰稍卻，乘勝追逐，遂大潰。夜駐犂頭標，設伏以待，賊果至，四面突擊，賊大亂，自相攻殺。追敗之木柵仔，復敗之蔦松溪，遂入府城，秋毫無所犯，民大悅。一貴及其黨李勇、吳外等皆就擒。分遣諸將復南北二路，署臺灣總兵。秋，南路阿猴林餘孽復起，討平之。招降陳福壽等十數人，皆渠魁也。未幾，世驃卒，廷珍攝提督。餘賊黃殿等以次擒滅。

六十一年，授臺灣總兵。雍正元年，擢福建水師提督，加左都督，賜孔雀翎，予三等阿達哈哈番世職。世宗褒廷珍忠赤，惟屢勉以操守。二年，入覲，命赴馬蘭峪謁景陵，賞賚稠疊。七年，病聞，遣醫診視。尋卒，贈太子少保，謚襄毅。子日寵，嗣世職，官銅山營參將。孫元枚，自有傳。

族弟鼎元，字玉霖，力學負才。廷珍統師入臺灣，鼎元參軍事，著平臺紀略。雍正元年，詔舉文行兼優之士，貢入太學，有司以鼎元薦，大學士朱軾器之，用薦得召見。上書陳時政，上嘉納。授廣東普寧知縣。居官有惠政，長於斷獄。性伉直，坐事劾罷。總督鄂彌達白其誣，召詣京師。旋署廣州知府。甫一月，卒。鼎元嘗論臺灣善後策，謂諸羅宜畫地更設一縣，總兵不可移駐澎湖。後諸羅析縣曰彰化，更設北路三營，總兵官仍駐臺灣，皆如鼎元言。

林亮，字漢侯，福建漳浦人。少習騎射擊刺。生長海濱，島澳險夷，舟航利鈍，靡不講求。初授臺灣水師把總，累遷澎湖協守備。朱一貴陷臺灣，官吏渡澎湖，居民洶懼。將吏以孤島難守，僉議撤歸廈門，各遣家屬登舟。亮按劍厲聲曰：「朝廷疆土，尺寸不可棄！今鋒刃未血，相率委去，縱避賊刃，能逃國法乎？請整兵配船，守禦要害，賊至，決死戰！戰不捷，亮死，君等去未遲。」乃馳赴海口，申號令，驅將吏家屬登岸，令敢言退廈門者斬。時糧絕餉匱，亮輸貲買穀，碾米給軍，製戰攻器械，俟師至。提督施世驃、總兵藍廷珍以亮忠勇，令當前鋒，領舟師五百七十人抵鹿耳門。一貴黨蘇天威據礮臺以拒，亮率六艦直進，發礮中敵，火起，殲賊無算。乘勝進攻安平鎮，亮先登樹幟，賊潰走。翌日，鏖戰鯤身，駕舟橫衝賊陣，復大敗之。賊退至府城，世驃令亮分兵自西港仔暗度拊其背，廷珍以軍繼進，大戰，賊死傷遍野，遂克府治。亮功最，遷臺灣參將。雍正元年，敍平臺灣功，加都督同知，予一等阿達哈哈番世職。是年秋，入京，上深嘉之，擢水師副將，賜孔雀翎。

二年，授臺灣鎮總兵。亮以臺灣初被兵，加意撫綏，整水陸兵防。又招撫生番一百八社，男婦一萬八百餘人。亮因番嗜色布、鹽、糖，遣吏歷各社齎賜之，因宣布德意，羣番悅服。五年，移浙江定海，卒於官，賜祭葬。

何勉，字尙敏，福建侯官人。初授督標把總。康熙五十八年，薛彥文等聚後洋山爲匪，勉奉檄捕擒之。六十年，從提督施世驃討朱一貴，勉攻南路，擒其黨杜會三、蘇淸等；又於北路獲黃潛等二十六人。明年，遷臺灣鎭標千總。時一貴餘黨王忠等出沒內山，巡視臺灣御史吳達禮督捕治，總兵藍廷珍檄勉偵緝。遣降卒爲導，入鳳山深箐中，獲賊黨劉富生，思拒捕，立擒之。擢北路營參將，予拖沙喇哈番世職。雍正四年，水連沙等社叛番蠢動，總督高其倬檄從臺灣道吳昌祚按治。勉攻北港，番請降，水連沙二十五社悉平。

遷湖廣洞庭協副將。十年，貴州九股苗作亂，詔發湖廣兵二千協勦。提督張正興檄勉領兵五百赴貴州，進攻交汪寨。勉乘霧夾擊，苗敗遁，復據蓮花峯築屯。時貴州提督哈元生自台拱移軍至，令勉攻其東。勉先登奪坉，賊竄走，掩擊之，陣斬其渠，餘衆就擒。擢雲南鶴麗鎭總兵，調臨元，復調廣東左翼。五年，調臺灣，尋又移南澳，署福建水師提督。乾隆十年，以疾乞休，詔解任回籍調治。尋召詣京師，以篤老，命原品休致。十七年，卒，賜祭葬。子思和，嗣世職。二十七年，復官臺灣總兵。

陳倫炯，字次安，福建同安人。父昂，字英士，弱冠賈海上，習島嶼形勢、風潮險易。施琅征臺灣，徵從軍，有功，授游擊。累遷至碣石總兵，擢廣東右翼副都統。嘗上疏言：「西洋治曆法者宜定員，毋多留，留者勿使布教。」又以沿海居民困於海禁，將疏請弛之。會疾作，命倫炯以遺疏進，詔報可。

倫炯初以廕生授三等侍衞。雍正初，授臺灣總兵，調廣東高廉。坐事降臺灣副將。復授總兵，歷江南蘇松、狼山諸鎭。擢浙江提督。卒。

昂疏並言：「臣詳察海上諸國，東海日本爲大，次則琉球。西則暹羅爲最。東南番族文萊等數十小國，惟噶囉吧、呂宋最强。噶囉吧爲紅毛一種，中有英圭黎、干絲蠟、和蘭西、荷蘭、大小西洋各國。和蘭西最兇狠，與澳門種人同派，習廣東情事。請敕督、撫、關差諸臣防備，於未入港之先，取其火礮。另設所關束，每年不許多船並集。」下兵部，但令沿海將吏晝夜防衞，寢昂議。倫炯爲侍衞時，聖祖嘗召詢互市諸國事，對悉與圖籍合。時互市諸國奉約束惟謹，獨昂、倫炯父子有遠慮，憂之最早云。

歐陽凱，福建漳浦人。起行伍，累官江南蘇松水師營總兵。康熙五十七年，調福建臺灣鎭，以功加左都督。六十年，朱一貴作亂，官軍遇賊於赤山，千總陳元戰死。賊進攻鳳山，把總林富戰死，守備馬定國自殺。凱率所部守備胡忠義、千總蔣子龍、把總林彥御之春牛埔，參將羅萬倉，遊擊孫文元，城守遊擊許雲，守備游崇功，千總趙奇奉、林文煌，把總李茂吉率水師來會，力戰破賊。次日，賊大至，凱力戰，與忠義子龍彥俱沒於陣，賊截凱首去。

雲、崇功、奇奉、文煌同日戰死。茂吉被執，不屈，死。賊陷府治，萬倉戰死，文元奔鹿耳門投海死。同死者游擊王九人、守備吳泰嵩。又有把總石琳，自汀州被檄至臺灣，遇變被圍，死之。六月，師克臺灣。一貴既誅，獲其黨黃殿等，械送福州獄。雍正元年二月，賊破械斬關出，至下渡尾，都司閻威、守備楊士虎逐捕，殺數賊，被創死。先後議卹，凱贈太子少保，蔭守備；雲以下皆贈官、予世職有差。

羅萬倉，甘肅寧夏人。官北路參將。凱戰死，賊攻府城，萬倉督將卒登埤，發大礮擊賊，仆賊旗。賊大至，萬倉出城與戰，踰溝墜馬，賊以竹篙刺其喉，猶揮刀殺賊乃死。妾蔣聞報，自經殉。

游崇功，字仲嘉，福建漳浦人。材力雄健。從總兵蔡元鎮襄陽。補右營把總，累遷福建長福營守備，分防長樂縣。濱海有磁澳，賊艘所出沒。崇功廉得狀，以兵二百伏隘口，入澳捕之。賊棄舟登岸，伏發，擒十七人。自是島澳肅清。長樂水災，崇功謁巡撫滿保，請發粟平糶，民食以濟。調臺灣北路營守備，巡緝外洋，擒海賊陳阿尾等六十餘人。遷水師游擊。一貴作亂，崇功方出洋巡哨，聞報，率兵還赴安平，至則賊已熾，崇功急登岸赴敵。其婿蔡章琦叩馬請一過家門區處眷屬，崇功不顧，躍馬揮衆，殺賊甚衆。五月朔，賊數萬戰於春牛埔，凱戰死，崇功突圍衝擊，馬被創，遂歿於陣。章琦，國子監生。聞崇功戰沒，赴海死。

論曰：國家承平久，禁網疏闊，官吏緣爲奸，掊克聚斂，以取怨於民。臺灣懸海外，一夫發難，郡縣皆不守，鎮將戰死。滿保聞亂，投袂卽行。世驃、廷珍皆名將，能盡其材，遂以成功，有將將之略焉。世驃上承琅，廷珍下啓元枚，並爲將門，致果克敵，謀勇兼之。亮以裨佐効死不去，繫民望；勉入險擒渠：先後繼廷珍後當干城之任，厥績懋哉！

清史稿卷二百八十五

列傳七十二

王紫綬　袁州佐　黎士弘　多弘安 佟國聘　王繻 田呈瑞　張孟球

王紫綬，字金章，河南祥符人。順治三年進士，選庶吉士。散館，授編修。乞養歸，僑寓蘇門山中，從孫奇逢講學。居十有七年，母歿，服闋，康熙十二年，授江西贛南道副使。吳三桂反，贛南總兵劉進寶有謀略，紫綬推誠結納，預籌防禦。旣而江西降衆屯墾者相繼叛，惟贛南尚未動。紫綬與進寶謀：「閩、粵反已見端，贛南扼其間，應援前朝故事，設巡撫以資鎭攝。」申疆吏上請，允之。十四年，賊勢益熾，山寇蠭起，鎭兵疲於奔命，乃練鄉勇以輔之，屢殺賊有功。十五年，巡撫白色純及進寶先後卒官，參將周球領鎭兵。三桂將高得捷、韓大任據吉安，餉道絕，屬縣相繼陷。大任屢致書勸降，送僞署巡撫劄，紫綬斬其使。球以乏餉爲難，紫綬集士商勸輸間架稅，得白金四萬畀球，餉以無缺。鎭南將軍覺羅舒恕率禁旅下廣東，爲尙之信將嚴自明所敗，兵退，距贛州三十里。自明約得捷由吉安會師夾擊。紫綬薦降將許盛率所部漳州水兵五百人益師，夜泗江斫賊營，禁旅繼之，擊敗自明。得捷等勢孤，不敢復窺贛。鎭兵出剿土寇，掠村民，紫綬曰：「鄉民脅從，若並以賊論，贛南二府十六縣將無孑遺。」戒鎭將毋妄發兵，飭有司招撫，分別留遣，賑濟難民，境內稍安。乃規復萬安、泰和兩縣。自螺山間道達墨潭，可登舟，於是南昌道始通，運餉銀十萬至。又發附近倉穀贍軍，人心大定。巡撫佟國禎亦自間道至，始知紫綬已擢浙江督糧道參政。贛南久不通驛報，大學士李霨言於朝曰：「紫綬死守危疆，三年於茲。爲國惜才，援而出之，猶可大用。」故有是擢。紫綬聞命泣下。

十六年，上官，察積弊，嘆曰：「糧官不可爲也！漕截減而軍困，白折浮而民困，吾安忍竭東南之澤而漁之？」二月卽引疾去。迨開博學鴻詞科，魏象樞以紫綬與湯斌同薦入試。放還。卒。

袁州佐，字左之，山東濟寧人。順治十二年進士，授陝西乾州知州。入爲工部員外郎，遷郎中。有淸直聲，胥吏不敢牟利。時山陵工巨，經費浩穰，州佐曰：「民困極矣，寸縑尺縷，皆閭閻膏血！」力淸乾沒，司禁帛，省金錢鉅萬。出爲陝西甘山道僉事。青海蒙古諸部覬得大草灘爲牧地。康熙九年，偕提督張勇度地畫界，堅拒，寢其議。自後青海蒙古諸部人不敢復窺邊。歲協西寧餽運，負載千里，甘州民苦之，州佐力請得罷。甘州駐兵數千，待餉急，力爲籌備，軍得宿飽。十年，遷直隸口北道參議。地确民貧，逋課積累，倉儲歷歲侵漁，耗蝕無算。州佐請按籍覈實，淸宿蠹。大吏懼以失察得罪，陽韙而陰沮之。州佐擘畫盤錯，致疾乞休，未去官，卒。

州佐在甘州久，言邊境要害戰守狀，原委斠然。謂邊地民稀，宜用開中法，分河東鹽引三之一輸粟河西資軍食；又宜簡練鄉勇，拔置卒伍，不待召募，可坐收精銳。時詔簡監司具才望者入爲卿貳，州佐在選，會卒，未及用。

黎士弘，字媿曾，福建長汀人。少讀書山中二十年，篤於孝友。順治十一年，舉順天鄉試，授江西廣信府推官。鋤强糾貪，奸宄斂戢。理讞牘，脫無罪數百人，時爲語曰：「遇黎則生。」署玉山縣事。兵後城中草三尺，不辨街巷，居民纔三十二家。士弘立學建治，招集流亡，墾田定賦，民復舊業。裁缺，改授永新知縣。政淸獄簡，與民休息。舊例，二月開徵，五月解其半。士弘陳於上官曰：「縣小民窮，二月寫租十石，貸銀一兩，三月可減至六石，四月則三石。請以四月開徵，五月解，展兩月之徵，已爲窮民留數萬之糧。」布政使劉楗素寬仁，卽允之。

甲訴乙悔婚。鄉俗婚書各裝爲卷，書男女生辰。兩造固鄰舊，女生辰所素悉，僞爲卷爲證。士弘先問媒證：「乙得甲聘禮若干？行聘時有何客？」媒證出不意，妄舉以對。復問甲，所對各異。擘視卷軸，竹猶青，笑詰之曰：「若訂婚三載，卷軸竹色猶新，此非臨訟僞造者乎？」甲乃服罪。縣吏左梅伯有叔富而無子，梅伯糾賊劫殺之，獲賊而梅伯逃。士弘抵任，叔妻哭訴，陰迹梅伯匿安福勢宦家，故緩詞曰：「此舊事。前官不了，余安能按之？」數月，梅伯歸，叔妻復訴，置不問。梅伯且出收叔遺產，叔妻號於庭曰：「公號廉明，今寬殺人者罪，且占寡婦田，何得爲廉明！」陽怒，批其牘曰：「止問田土，不問人命。」梅伯益自得，赴縣訴理，乃笑謂曰：「候汝三載矣！」批其牘曰：「止問人命，不問田土。」梅伯遂伏法。其善斷獄多類此。考最，擢陝西甘州同知。復考最，擢江南常州知府。

吳三桂亂起，關隴震動，大吏疏請擢洮西道副使，未到官而洮、岷陷。邊外羣番乘亂內犯，肆剽掠，調署甘山道。王輔臣叛，河東失守。士弘以兵集當謀帥，言於巡撫，謂：「恢復河東，非用河西兵不可；用河西兵，非責之提督張勇不可。」疏入，授勇靖逆將軍，節制諸鎭。復蘭州，士弘贊畫功爲多。署甘肅按察使，按失守官吏罪，務平允。寧夏兵叛，殺提督陳福，調寧夏道。嚴守禦，安反側，免衞所逋糧七萬五千石。康熙十六年，寇平，以功進布政使參議。母老乞歸，家居幾三十年。卒，年八十。

士弘備兵甘山時，取晉辛憲英語：「軍旅之間可以濟者，惟仁與恕。」因以名其堂。

多弘安，字君修，直隸阜城人。順治五年，選拔貢生。康熙初，授廣東靈山知縣。兵後荒殘，居無衙舍。弘安請免積年逋賦，招撫流移，捐給牛種，民得安耕稼。葺城垣，創學宮，繕官廨，捕除盜賊，靈山大治，士民刊石紀其績。七年，遷奉天承德知縣。旗、民抗法者，送部懲治，皆懾服。十年，擢陝西延安靖邊同知。十六年，補江南淮安山盱河務同知。時高堰長隄潰決，淮水注寶應、高郵，不復出清口敵黃。黃水直注裏河，運道淤淺，復隨淮入堰，無由會清口下雲梯關入海，近海口盡淤墊。弘安與河督靳輔籌策築高堰，束淮敵黃，治爛泥淺諸故道，導淸水入裏河，運道乃通。修築兩岸及河口清江大閘，與淮工相表裏。清河達雲梯關數百里，葭葦榛蕪，壅塞故道。用以水攻沙法，塞周橋、高澗諸閘，使淸淮無旁洩，蓄全力攻積沙。十七年，大雨，淮盛漲，與黃並入海。治淮、治黃、治運，並收成效。十九年，擢淮安知府。二十年，擢淮揚道。二十四年，擢安徽按察使。時方議浚下河、治高堰。弘安入覲，疏陳：「高堰宜急治，無論下河開浚與否。治堰法，砌石先安地釘，湖底水深，費帑甚鉅。如用板若埽，水勢蕩掣，尤易摧殘。惟密釘排樁，內實以碎石，庶可敵風浪，省金錢。十餘年後，黃河刷深，則湖、河水俱卑，高堰既固，下河亦漸就理。」二十八年，遷江西布政使，乞歸。後值黃、運兩河潰溢，起用弘安。會病卒，祀靈山名宦。

佟國聘，字君莘，奉天人。以廕生補吏部筆帖式。康熙十年，授江南碭山知縣，縣當黃河衝，研求治河方略。擢歸仁隄同知，調宿桃同知。擢貴州平遠知府，河督靳輔疏留任，十餘年倚如左右手。塞楊家莊、蕭家渡決口，建朱家堂、溫家廟二石壩，浚白洋引河九道，築黃河南、北兩岸隄，浚中河，靡役不從。久之，擢山東濟寧道副使。道地爲漕運樞紐，恤夫役，減苛稅，除冗費，能舉其職。復調監督高堰工程。三十八年，卒於官。

王繻，字愼夫，河南睢州人。少學於湯斌。康熙二十五年，以歲貢生授直隸東明知縣。糧賦多欺隱，易甲長，大戶使族長督之，飛灑不行，流亡來歸。民間養官馬爲累，力除之。撫盜魁，責以緝捕，盜絕跡。逃人誣攀良民，雪之。民有繼妻素淫，欲併亂前妻女，不從，戕之死。繻謂母道絕，當故殺妻前夫子律論斬，報可，因著爲例。母憂去，服闋，補獲鹿。治驛有法，民不累於供億。內遷戶部員外郎，擢郎中。三十八年，出爲江南糧儲道。道舊有倉規銀鉅萬，繻一擯勿取。將徵漕，扁舟行縣，懲其濫收者。至宜興，宜興民曰：「吾民四十年不見糧道，今飛來耶？」號曰「飛糧道」。道庫歲收銀八十五萬兩，爲修船及弁丁運費。運丁預支行糧，例扣月息，丁益困，繻悉罷之。

四十年，擢江蘇按察使。治獄仁恕，多所平反。宿州生攜妻子出客授，妻兄女來視，居數日，妻子並中毒死，妻兄素有隙，疑其女置毒，告官，被刑誣服。繻疑之，問其室來往復何人，得十二歲學徒畏師嚴置礮食中狀，事乃白。無錫民毆攻皮匠，匠死，僧與民仇，證為鬭毆殺。繻察鬭毆日月在保辜限外，詰曰：「傷重何不醫？」出醫方，則匠死於傷寒，僧乃服。上南巡，入覲，顧宋犖曰：「朕聞繻督糧時官聲甚好。」時繻已病，遣御醫視之，賜德里雅噶藥一器，溫旨慰諭，復賜御書。繻曰：「按察任大責重，臥治卽辜恩。」引疾歸，年甫五十。久之，卒於家。

田呈瑞，字介璞，山西汾陽人。康熙中，仕為中書舍人。出襄南河事。有隄當水衝，曰：「此隄一壞，萬家其魚矣！土隄易修易敗，宜更以石。」家素豐，出私錢成之。以功擢大名道，未之任，調陝西臨洮道。遇饑治賑，策馬行郡縣山谷間，豪右胥吏不敢為奸弊。呈瑞念救荒無善策，於蘭州西石佛灣鑿渠，教民造水車，引以溉田，歲增粟十餘萬石，民為建生祠。調浙江金衢嚴道，署糧儲道，徵漕積弊盡洗滌之。值旱，冒暑省荒，感疾，乞歸不得。五十九年，卒於官。

張孟球，字夔石，江南長洲人。康熙二十四年進士，授山東昌樂知縣。入爲工部主事，累遷禮部郎中。出督雲南學政，父憂去，服闋，補福建糧驛道。駐防軍食取給於漕。上游四郡阻灘險。故事，徵解折色，官爲採置，輒抑勒病商。孟球於延、建產米地平價購米，僦民船運省城，不假吏胥，諸弊盡絕。地多山嶺，官吏濫用驛夫，孟球禁革私冒。遇大徭，預期發雇值，終其任無擾驛者。

調河南糧儲道。河南漕糧，就衞輝水次收兌。舊無倉廒，又無額役，運船調之他省。天寒水涸，糧不時至，宿河干以待，遇雨雪則米濕霉變，又患盜竊。孟球始以羨餘建倉。署布政使。

西藏用兵，調河南馬騾萬，凡騾馬三需一夫，刻期兩月。孟球止宿郊外，躬自檢閱，西路近陝諸郡遣吏往督之，盡除需索留難諸弊。凡五十四日，馬驢如數遣赴軍，而民不擾。擢按察使。蘭陽民朱復業附白蓮教，自稱明裔，煽惑數縣。孟球檄杞縣知縣寧君佐馳往捕治，盡獲其黨。上命尚書張廷樞往按，從孟球議，誅其與逆謀者，愚民被誘悉釋之。淅川營兵博，知縣崔錫執而罪之，兵譁，執南陽知府沈淵，衆辱之，總兵高成不能治。時巡撫張聖佐坐譴，孟球護巡撫，曰：「南陽地連襄、鄖，急則鋌而走險，事未可知。」密令附近諸縣嚴守禦，諭：「止誅首惡，自首免罪。」得倡亂者七人誅之，不數日而事定。

康熙末，乞歸，不復出。乾隆初，卒，年八十。

論曰：官監司卓卓有名氏，卽平進至督撫，易耳。如紫綬等皆早退，遂以監司終。紫綬崎嶇兵間，捍偏隅爲民保障；州佐、士弘勤勤重民事；弘安贊治河；繻善斷獄；孟球能應變：使得爲督撫，其績效當有大於是者。時方承平，仕得行其意，知止知足，必有說以自處矣。

清史稿卷二百八十六

列傳七十三

王掞 子奕清 奕鴻 勞之辨 朱天保 陶彝 任坪 范長發 鄒圖雲 陳嘉猷 王允晉 李允符 范允鏚 高玢 高怡 趙成穮 孫紹曾 邵璿

王掞，字藻儒，江南太倉人，明大學士錫爵孫。康熙九年進士，選庶吉士，授編修，爲掌院學士熊賜履所器。遷左贊善，充日講起居注官。以病告八年，起右贊善。提督浙江學政，嚴剔積弊，所拔多宿學寒畯。龍泉知縣茅國璽以印揭薦武童，掞疏劾，國璽坐譴，別疏陳剔除積弊，報聞。累遷侍讀學士。三十年，超擢內閣學士。三十三年，遷戶部侍郎，直經筵。三十八年，調吏部，禁革臨選駁查、臨掣買籤諸弊，銓政以肅。偕尚書范承勳、王鴻緒督修高家堰河工。

四十三年，擢刑部尚書。刑部奏讞無漢字供狀，掞言：「本朝官制，兼設滿、漢，欲其彼此參詳。今獄詞不錄漢語，是非曲直，漢司官何由知之？若隨聲畫諾，幾成虛設。嗣後定讞，當滿、漢稿並具。」詔報可，著爲令。累歷工、兵、禮諸部，務總紀綱，持大體。五十一年，授文淵閣大學士，兼禮部尚書，直經筵如故。五十二年，典會試。其冬，以疾疏辭閣務，溫旨慰留。越年春，疾愈，仍入直。孝惠章皇后祔太廟，議者欲祔於孝康章皇后之次，揆曰：「孝康章皇后雖母以子貴，然孝惠章皇后，章皇帝嫡配也，上聖孝格天。曩者太皇太后祔廟時，不以躋孝端文皇后之上，今肯以孝康章皇后躋孝惠章皇后上乎？」禮部不從，上果以爲非，令改正。

時上春秋高，皇太子允礽既廢，儲位未定。揆年七十餘，自念受恩深，又以其祖錫爵在明神宗朝，以建儲事受惡名，欲幹其蠱。五十六年，密奏請建儲，疏入，留中。是年冬，御史陳嘉猷等八人復以爲言，上不悅，遂并發揆疏，命內閣議處。忌揆者欲置重典，揆止宮門外不敢入。上顧左右，問：「王揆何在？」李光地奏揆待罪宮門。上曰：「王揆言甚是，但不宜令御史同奏，蹈明季惡習。汝等票擬處分太重，可速召其來。」揆聞命趨入，免冠謝。上招揆跪御榻前，語良久，祕，人不能知。

六十年春，羣臣請賀萬壽，上勿許。揆復疏前事，請釋二阿哥，語加激切。既而御史陶彝等十二人連名入奏，上疑出揆意，大怒，召諸王大臣，降旨責揆植黨希榮，且謂：「錫爵在明神宗時，力奏建儲，泰昌在位，未及數月，天啓庸懦，天下大亂，至愍帝而不能守。明之亡，錫爵不能辭其罪。掞以朕爲神宗乎？朕初無誅大臣之意，大臣自取其死，朕亦無如何。」令王大臣傳旨詰掞，令回奏。時舉朝失色，無敢與筆硯者。掞就宮門階石上裂紙，以唾濡墨，奏言：「臣伏見宋仁宗爲一代賢君，而晚年立儲猶豫，其時名臣如范鎮、包拯等，皆交章切諫，鬢髮爲白。臣愚，信書太篤，妄思效法古人，實未嘗妄曉臺臣共爲此奏。」奏上，越五日，詔緩議罪，與諸御史俱赴西陲軍前効力。因掞年老，責其子奕清代往，爲父贖罪。先是，掞嘗密奏請滅蘇、松浮糧，言至剴切，疏久留中。至是忤旨，乃與建儲奏疏一並擲還。是年冬，上自熱河還京師。掞迎駕石槽，上望見，遣內侍慰問。六十一年元旦，諸大臣表賀，未列掞名，上發表命列名以進。翌日，賜宴太和殿，再召見西煖閣，賜坐，慰諭有加。尋起原官，視事如故。

雍正元年，以老乞休，世宗降旨褒嘉，以原官致仕，仍留京師備顧問。三年，上諭閣臣云：「王掞向人言，曾在聖祖前奏免蘇、松浮糧，未蒙允行。朕查閱宮中並無此奏。」因責掞藉事沽名，並涉其子奕清、奕鴻諂附年羹堯，目爲姦巧，乃遣奕鴻與奕清同在軍前効力。六年，掞卒，年八十四。乾隆二年，奕清始請卹於朝，賜祭葬如制。

奕清，字幼芬。康熙三十年進士，選庶吉士。歷官詹事。代父赴軍，歷駐忒斯、阿達拖羅海。奕清體羸善病，處之晏然。雍正四年，命赴阿爾泰坐臺。又十年，乾隆元年，召還，仍以詹事管少詹事。乞假葬父，尋卒。

奕鴻，字樹先。康熙四十八年進士，授戶部主事。歷湖南驛鹽、糧儲道。奕清赴軍，奕鴻盡斥其產與俱。後命赴烏里雅蘇臺効力。居邊十年，與奕清同釋還，官四川川東道。引疾歸，卒。

勞之辨，字書升，浙江石門人。康熙三年進士，選庶吉士，授戶部主事，遷禮部郎中。出爲山東提學道僉事，報滿，左都御史魏象樞特疏薦之，遷貴州糧驛道參議。師方下雲南，羽書旁午，之辨安設驛馬以利塘報；復以軍米運自湖南，苦累夫役，白大府停運，就地採購，供億無匱。二十四年，擢通政使參議，遷兵部督捕理事官。連遭親喪。服闋，起故官。洊擢左副都御史，數有建白。

四十七年，皇太子允礽既廢，上日夕憂懣。旣，有復儲意，王大臣合疏保奏，命留中。旋諭廷臣：「俟廢太子疾瘳，敎養有成，朕自有旨，諸王大臣不得多瀆。」十二月，之辨密奏曰：「皇上之於皇太子，分則君臣，親則父子。皇太子初以疾獲戾，今疾已平復。孝友之本懷，固由至性；肅雍之儀表，久繫羣心。乞速渙新綸，收回成詔，敕部擇吉早正東宮，布告中外，俾天下曉然知聖人舉動，仁至義盡，大公無私。事莫有重於此者。今八荒清晏，一統車書，值星紀初週，光華復旦，七廟將行大祫，萬國於以朝正。皇上以孝慈治天下，方且稱壽母萬年之觴，集麟趾繁昌之慶；而顧使前星虛位，震子未寧，聖心得無有遺憾乎？臣年已七十，報主之日無多，知無不言，統望乾斷速行。自此以往，皇上待皇太子與諸皇子，尤願均之以恩，範之以禮，則宜君宜王之美，不難上媲成周，遠超百代。至萬不得已而裁之以法，則非臣之所敢言也。」疏入，上不懌，斥爲奸詭，命奪官，逮赴刑部笞四十，逐回原籍。

五十二年，赴京祝萬壽，復原秩。逾年，卒於家。

朱天保，字九如，滿洲鑲白旗人，兵部侍郎朱都訥子。康熙五十二年進士，選庶吉士，授檢討。五十六年，典山東鄉試。

五十七年正月，疏請復立二阿哥允礽爲皇太子。時允礽廢已久，儲位未定，貝勒允禩覬得立，揆敍、王鴻緒等左右之，欲陰害允礽。朱天保憂之，具疏上，略曰：「二阿哥雖以疾廢，然其過失良由習於驕抗，左右小人誘導之故。若遺碩儒名臣爲之羽翼，左右佞幸盡皆罷斥，則潛德日彰，猶可復問安侍膳之歡。儲位重大，未可移置如棊，恐有藩臣傍爲覬覦，則天家骨肉之禍，有不可勝言者。」疏成，以父在，慮同禍，徘徊未卽上。朱都訥察其情，趣之入告。時上方幸湯山，朱天保早出德勝門，羣鴉阻馬前，朱天保揮之去。疏上，上欲獻入之。阿靈阿、允禩黨也，媒孽之曰：「朱天保爲異日希寵地。」上怒，於行宮御門召問曰：「爾云二阿哥仁孝，何由知之？」朱天保以聞父語對。上曰：「爾父在官時，二阿哥本無疾，學問弓馬皆可觀。後得瘋疾，舉動乖張，嘗立朕前辱罵徐元夢。於伯叔之子往往以不可道之言肆詈，爾知之乎？爾又云二阿哥聖而益聖，賢而益賢，爾從何而知？」朱天保亦以父聞之守者對。詰其姓名，不能答。上曰：「朕以爾陳奏此大事，遣人傳問，或將爾言遺漏，故親訊爾。爾無知稚子，數語即窮，必有同謀者。」朱天保對父與婿戴保同謀，遂逮朱都訥、戴保。

上復御門召問曰：「二阿哥因病拘禁，朕猶望其痊愈，故復釋放，父子相見。教訓不悛，始復拘禁。二阿哥以礬水作書與普奇，屬其保舉爲大將軍，並謂齊世、札拉克圖皆當爲將軍。朕遣內侍往詢，自承爲親筆。此事爾知之否？」朱都訥自稱妄奏，應萬死。上曰：「爾奏引戾太子爲比。戾太子父子間隔，朕於二阿哥常遣內監往視，賜食賜物。今二阿哥顏貌豐滿，其子七八人，朕常留養宮中，何得比戾太子？爾又稱二阿哥爲費揚古陷害。費揚古乃功臣，病篤時，朕親臨視，沒後遣二阿哥往奠。爾何得妄言？爾希僥倖取大富貴，以朕有疾，必不親訊。今爾始知當死乎？」辭連朱都訥婿常賚及金寶、齊世、萃泰等，並逮訊議罪。

朱天保、戴保皆坐斬。朱都訥與常賚、金寶皆免死荷校，齊世拘禁，萃泰奪官。

陶彝，順天大興人。康熙三十九年進士，授戶部主事。再遷郎中。考選廣西道御史，巡視兩浙鹽政。

六十年三月，彝與同官任坪、范長發、鄒圖雲、陳嘉猷、王允晉、李允符、范允錡、高玢、高怡、趙成穮、孫紹曾合疏奏曰：「皇上深恩厚德，浹洽人心。茲逢六十年，景運方新，普天率土，歡欣鼓舞，而建儲一事，尤爲鉅典。懇獨斷宸衷，早定儲位。」疏入，下內閣。時大學士王掞正密疏請建儲。後數日，彝等疏又上，上震怒，斥掞植黨希榮。於是王大臣奏請奪掞及諸御史官，從重治罪。越日，諭廷臣曰：「王掞及御史陶彝等妄行陳奏，俱稱爲國爲君。今西陲用兵，爲人臣者，正宜滅此朝食。可暫緩議罰，如八旗滿洲文官例，俱委署額外章京，遣往軍前効力贖罪。」雍正四年，世宗以諸御史不諳國體，心本無他，詔釋歸，以原職休致還籍。

坪，字坦公，山東高密人。康熙三十年進士。自刑部郎中考選山西道御史，轉掌陝西道。赴軍，駐忒斯河。大漠荒寒，盛夏冰雪，坪處之怡然。及歸，閉戶讀書，終老於家。

長發，字廷舒，浙江秀水人。康熙三十三年進士，授南城知縣。行取禮部主事，考選廣西道御史，轉掌浙江道。遣戍，予額外主事銜，隨都統圖臘赴征西將軍營。還，駐歸化城。後命赴察漢新臺。歸，以原職休致。

圖雲，字偉南，江西南城人。康熙三十六年進士，授大竹知縣。行取禮部主事，考選河南道御史，轉掌山東道，巡視東城。

嘉猷，字訒叔，江南溧陽人。康熙三十九年進士。自吏部員外郎考選山西道御史。五十六年，王掞密請建儲。未幾，嘉猷與同官八人亦合疏陳請，上疑之，掞幾獲罪，事具掞傳。至是，嘉猷復與彝等申請，獲咎。

允晉，直隸淸苑人。康熙四十五年進士。自戶部員外郎考選陝西道御史。

允符，字揆山，浙江嘉善人。康熙二十六年舉人，授什邡知縣。行取江西道御史。

允鏘，字用賓，浙江錢塘人。康熙三十九年進士，授安平知縣。行取工部主事，考選山東道御史。

玢，字荆襄，河南柘城人。康熙二十七年進士。自禮部郎中考選廣東道御史，巡視東城。謫戍忒斯軍營，運糧西藏。居塞上六年，著出塞集，備言屯戍之苦。釋歸，終於家。

怡，字仲友，浙江武康人。康熙二十七年進士，授長洲知縣。善聽訟，吏胥憚之。尙書韓菼，怡師也，其姻黨繫獄，以菼故請恕，怡怒杖之。遷鄜州知州，行取工部主事。考選山東道御史。謫戍時，年逾六十。以原職釋歸。

成穮，字德培，江南吳縣人。康熙四十七年舉人，授內閣中書。累遷兵部郎中，考選福建道御史。

紹曾，字二乾，浙江山陰人。康熙二十五年舉人，授開縣知縣。行取戶部主事，授四川道御史。赴軍，駐歸化城，地當孔道。故事，徭役供張，取給於戍員。紹曾淸介無餘資，困甚。迨釋還，卒於途。又有邵璿，亦以疏請建儲獲罪。

璿，字璣亭，江南無錫人。自拔貢生授芮城知縣。行取工部主事，授江南道御史，掌登聞院，巡視北城。六十年，遣戍軍前。時同謫者十三人，圖雲、允符、成穮、璿皆死於塞外，而給事中劉堂，御史柴謙、吳鎬、程鑣續以言事謫，同時釋還，仍爲十三人，世稱「十三言官」。堂，彭澤人。謙，仁和人。鎬，漢陽人。鑣，錢塘人。

論曰：理密親王在儲位久，未聞顯有失德，而終遭廢黜，聖祖手詔，若有深痛鉅慝至不可言者。夫以聖祖之仁明，而不克全監撫之重，終父子之恩，讒人罔極，靡所不至，甚矣！掞力主復故，聖祖雖深罪之，固諒其無他心。勞之辨諫於初廢，大臣拜杖，已非故事；朱天保爭於再黜，遂以誅死，罪及其親。一則但責其沽名，一則深疑其受指，故譴有重輕歟？

彝等但坐謫戍，已爲寬典，拳拳效忠，固人臣之義也。

清史稿卷二百八十七

列傳七十四

佟國維　馬齊　子富良　馬齊弟馬武　馬武子保祝
阿靈阿　子阿爾松阿　揆敍　鄂倫岱

佟國維，滿洲鑲黃旗人，佟國賴次子，孝康章皇后幼弟，孝懿仁皇后父也。順治間，授一等侍衞。康熙九年，授內大臣。吳三桂反，子應熊以額駙居京師，謀爲亂，以紅帽爲號。國維發其事，命率侍衞三十人捕治，獲十餘人，械送刑部誅之。二十一年，授領侍衞內大臣、議政大臣。二十八年，推孝懿仁皇后恩，封一等公。

二十九年，師征噶爾丹，命參贊大將軍裕親王軍務，次烏闌布通，與兄都統國綱並率左翼兵進戰。國綱戰沒，國維自山腰出賊後擊之，潰遁。師還，以未窮追，部議當奪官，命罷議政大臣，鐫四級留任。三十五年，從上征噶爾丹，出獨石口，以駝運稽遲請罪，上貰之。

三十六年，復從上征噶爾丹，噶爾丹竄死。敍功，還所鐫級。四十三年，以老解任。

四十七年，皇太子允礽以病廢幽禁，上鬱怒成疾。國維奏：「皇上治事精明，斷無錯誤。此事於聖躬關係甚大，請度日後若易於措置，祈速賜睿斷；若難於措置，亦祈速賜睿斷。總之，將原定意指熟慮施行爲是。」上命諸大臣保奏諸皇子中孰可爲皇太子者，諸大臣舉皇子允禩，上愈不懌。旋以皇太子病愈，命釋之。四十八年正月，召諸大臣詰孰先舉允禩，實出大學士馬齊。上召國維，舉國維前奏語，問：「爾旣解任，事與爾無與。乃先衆陳奏，何意？」國維對：「臣雖解任，蒙皇上命爲國舅，冀聖躬速愈，故請速定其事。」上曰：「將來措置難易，至時自知之。人其可懷私而妄言乎？」次日，復諭曰：「爾每言祝天求佛，願皇上萬歲。嗣後惟深念朕躬，謂諸皇子皆吾君之子，不有所依附而陷害其餘，是卽俾朕易於措置也。」閱月，上已定復立允礽爲皇太子，又諭曰：「爾乃國舅，又爲大臣。皇太子前染瘋疾，朕爲國家計，安可不行拘執？後知爲人鎭魘，調治全愈，又安可不行釋放？朕拘執皇太子時，並無他意。不知爾肆出大言，激烈陳奏，果何心也？諸大臣聞爾言，衆皆恐懼，遂欲立允禩爲皇太子，列名保奏。朕臨御已久，安享太平，並無所謂難措置者，臣庶亦各安逸得所。今因爾言，羣小復肆爲妄語，諸臣俱終日憂慮，若無生路。此事關係甚重，爾旣有此奏，必有確見，其何以令朕及皇太子、諸皇子不致殷憂，衆心亦可定？其明白陳奏。」國維引罪請誅戮。

上復諭曰：「朕特爲安撫羣臣，非欲有所誅戮。爾初陳奏，衆方贊爾，謂如此方可謂國家大臣。今爾情狀畢露，人將謂爾爲何如人？朕斷不加爾誅戮，爾其無懼，但不可卸責於朕。觀爾言迷妄，其亦爲人鎮魘歟？」

五十八年，卒，賜祭葬。雍正元年，贈太傅，謚端純。世宗手書「仁孝勤恪」牓，命表於墓道。子隆科多，自有傳。

馬齊，富察氏，滿洲鑲黃旗人，米斯翰子。由廕生授工部員外郎。歷郎中，遷內閣侍讀學士。康熙二十四年，出爲山西布政使，擢巡撫。馬齊入覲，上褒其居官勤慎，勉以始終如一。久之，上命九卿舉督撫清廉如于成龍者，以馬齊及范成勳、姚締虞對。尋命偕成龍、開音布往按湖廣巡撫張汧貪黷狀。初命侍郎色楞額往按上荆南道祖澤深，並令察汧，色楞額曲庇，不以實陳。馬齊與成龍覆按，具得汧、澤深貪墨狀，並色楞額論罪如律。

二十七年，遷左都御史。時俄羅斯遣使請定界，詔遣大臣往議。馬齊疏言：「俄羅斯侵據疆土，我師困之於雅克薩城，本可立時剿滅，皇上寬容，不忍加誅。今悔罪求和，特遣大臣往議，垂之史册，關係甚鉅。其檔案宜兼書漢字，使臣幷參用漢員。」詔如議行。尋命偕尚書張玉書等勘閱河工。二十九年，列議政大臣。都御史與議政，自馬齊始。尋遷兵部尚書。時喀爾喀諸部避噶爾丹侵掠，舉族內嚮。詔沿邊安插，命馬齊偕侍郎布圖等先期檄左右翼部長至上都河、額爾屯河兩界以待。上出塞，喀爾喀諸部朝行在，定諸王、貝子、公等爵秩牧地。烏珠穆沁台吉車根等叛附噶爾丹，命馬齊往按，寘諸法。調戶部尚書。三十五年，上親征噶爾丹，命馬齊檄喀喇沁、翁牛特兵備戰。還京師，兼理藩院尚書。噶爾丹旋敗遁，詔來春復親出塞，命先期往寧夏安置驛站。三十八年，授武英殿大學士，賜御書「永世翼戴」榜。

四十七年冬，皇太子允礽既廢，儲位未定，佟國維奏請速斷。上召滿、漢文武諸大臣集暢春園議諸皇子中孰可爲皇太子者。上意在復立皇太子，而諸皇子中貝勒允禩覬爲皇太子最力，諸大臣揆敍、王鴻緒及佟國綱子鄂倫岱等爲之羽翼。集議日，馬齊先至，張玉書後入，問：「衆意誰屬？」馬齊言衆有欲舉八阿哥者。俄，上命馬齊毋預議，馬齊避去。阿靈阿等書「八」字密示諸大臣，諸大臣遂以允禩名上，上不懌。明年正月，召諸大臣問其日先舉允禩者爲誰，羣臣莫敢對。上嚴詰，羣指都統巴琿岱。上曰：「是必佟國維、馬齊意也。」馬齊奏辯。巴琿岱言漢大臣先舉。上以問大學士張玉書，玉書乃直舉馬齊語以對。上曰：「馬齊素謬亂。如此大事，尚懷私意，謀立允禩，豈非爲異日恣肆專行計耶？」馬齊復力辯，辭窮，先出。翌日，上諭廷臣曰：「馬齊效用久，朕意欲保全之。昨乃拂袖而出，人臣作威福如此，罪不可赦！」遂執馬齊及其弟馬武、李榮保下獄。王大臣議馬齊斬，馬武、李榮保坐罪有差，盡奪其族人官，上不忍誅，命以馬齊付允禩嚴錮，李榮保、馬武並奪官。

四十九年，俄羅斯來互市，上念馬齊習邊事，令董其事，李榮保、馬武皆復起。尋命馬齊署內務府總管。五十五年，復授武英殿大學士。

世宗卽位，降敕褒諭，予一等阿達哈哈番，尋命襲其祖哈什屯一等阿思哈尼哈番，進二等伯，加太子太保。雍正元年，改保和殿，進太保。三年，復降詔褒其忠誠，加拜他喇布勒哈番，以其子富良襲。十三年，引疾乞罷，許致仕。乾隆四年，病篤，高宗諭謂馬齊歷相三朝，年逾大耋，舉朝大臣未有及者，命和親王及皇長子視疾。尋卒，年八十八，贈太傅，謚文穆。子富興，襲爵，坐事黜，以富良襲，進一等伯。十五年，加封號曰敦惠。

富良，自散秩大臣授鑾儀衞鑾儀使，累遷西安將軍，兼領侍衞內大臣。卒，謚恭勤。

馬武，馬齊弟。初授侍衞，兼管佐領。累擢鑲白旗漢軍副都統。因馬齊得罪奪官。旋起內務府總管，遷鑲白旗蒙古都統。世宗卽位，授領侍衞內大臣。雍正四年，卒，命視伯爵賜卹，授三等阿達哈哈番，賜祭葬，謚勤恪。

馬武子保祝，初授侍衞。累遷直隸提督，以病解任，起正紅旗蒙古都統。卒，謚恭簡。

阿靈阿，鈕祜祿氏，滿洲鑲黃旗人，遏必隆第五子。初任侍衞，兼佐領。康熙二十五年，襲一等公，授散秩大臣，擢鑲黃旗滿洲都統。阿靈阿女兄，上册爲貴妃。貴妃薨，殯朝陽門外，阿靈阿舉家在殯所持喪。與兄法喀素不睦，欲致之死，乃播蜚語誣法喀。法喀以聞，上震怒，奪阿靈阿職，仍留公爵。尋授一等侍衞，累遷正藍旗蒙古都統，擢領侍衞內大臣、理藩院尚書。四十七年，與揆敍、王鴻緒等密議舉允禩爲皇太子。上以馬齊示意諸大臣，予嚴譴，不復窮治興大獄。五十五年，卒。

子阿爾松阿，降襲二等公，擢領侍衞內大臣、刑部尚書。雍正二年，世宗召諸大臣諭曰：「本朝大臣中，居心奸險，結黨營私，惟阿靈阿、揆敍爲甚。當年二阿哥之廢，斷自聖衷。豈因臣下蜚語遂行廢立？乃阿靈阿、揆敍攘爲己力，要結允禩等，造作無稽之言，轉相傳播，致皇考憤懣，莫可究詰。阿靈阿子阿爾松阿柔奸狡猾，甚於其父。令奪官，遣往奉天守其祖墓；並將阿靈阿墓碑改鐫『不臣不弟暴悍貪庸阿靈阿之墓』，以正其罪。」四年，命誅阿爾松阿，妻子沒入官。乾隆元年，以阿靈阿墓碑立祖塋前，墓已遷而碑尚存，命去之。妻子釋令歸旗。

揆敍，字凱功，納喇氏，滿洲正黃旗人，大學士明珠子。康熙三十五年，自二等侍衞授翰林院侍讀，充日講起居注官。累擢翰林院掌院學士，兼禮部侍郎。奉使册封朝鮮王妃。尋充經筵講官，教習庶吉士。遷工部侍郎。

初，明珠柄政，勢焰薰灼。大治園亭，賓客滿門下。揆敍交游既廣，尤工結納，素與允禩相結。皇太子旣廢，揆敍與阿靈阿等播蜚語，言皇太子諸失德狀，杜其復立。四十七年冬，上召滿、漢大臣問諸皇子中孰可爲皇太子者，揆敍及阿靈阿、鄂倫岱、王鴻緒等私與諸大臣通消息，諸大臣遂舉允禩。事具馬齊傳。

五十一年，遷左都御史，仍掌翰林院事。疏言：「近聞外省塘報，故摭拾大小事件，名曰『小報』，駭人耳目。請飭嚴禁，庶好事不端之人，知所儆懼。」詔允行。五十六年，卒，謚文端。雍正二年，發揆敍及阿靈阿罪狀，追奪揆敍官，削謚。墓碑改鐫「不忠不孝陰險柔佞揆敍之墓」。

鄂倫岱，滿洲鑲黃旗人，佟國綱長子。初任一等侍衞。出爲廣州駐防副都統。康熙二十九年，擢鑲黃旗漢軍都統，襲一等公。三十五年，上親征噶爾丹，鄂倫岱領漢軍兩旗火器營，出古北口。扈蹕北巡塞外。三十六年，擢領侍衞內大臣。坐事降一等侍衞。尋授散秩大臣。四十六年，復授領侍衞內大臣。五十九年，命出邊管蒙古驛站。世宗立，召還，授正藍旗漢軍都統。

雍正三年，諭曰：「鄂倫岱與阿靈阿皆黨於允禩。當日允禩得罪，皇考時方駐蹕遙亭，命執允禩門下宦者刑訊，具言鄂倫岱等黨附狀。鄂倫岱等色變，不敢置辯。四十九年春，皇考自霸州回鑾，途中責鄂倫岱等結黨，鄂倫岱悍然不顧。又從幸熱河，皇考不豫，鄂倫岱日率乾清門侍衞較射游戲。皇考於行圍時數其罪，命侍衞鞭撻之。鄂倫岱頑悍怨望，雖置極典，不足蔽辜。朕念爲皇祖妣、皇妣之戚，父又陣亡，不忍加誅。令往奉天與阿爾松阿同居。」四年，與阿爾松阿並誅，仍諭不籍其家，不沒其妻子。

子補熙，自廕生授理藩院員外郎，襲國綱拜他喇布勒哈番世職，官至綏遠城將軍。卒，謚溫僖。

論曰：理密親王既廢，自諸皇子允禟、允䄉輩及諸大臣多謀擁允禩，聖祖終不許。誠以儲位至重，非可以覬覦攘奪而致也。佟國維陳奏激切，意若不利於故皇太子，語不及允禩，而意有所在，馬齊遂示意諸大臣。然二人者，皆非出本心，聖祖諒之，世宗亦諒之，故能恩禮勿替，賞延於後嗣。若阿靈阿父子、揆敍、鄂倫岱、王鴻緒固擁允禩最力者，世宗既譴允禩，諸臣生者被重誅，死者蒙惡名，將安所逃罪？鴻緒又坐與徐乾學等比，被論。事別見，故不著於此篇。

清史稿卷二百八十八

列傳七十五

鄂爾泰 弟鄂爾奇 子鄂弼 鄂寧
張廷玉 子若靄 若澄 若渟 從子若潍

鄂爾泰，字毅庵，西林覺羅氏，滿洲鑲藍旗人，世居汪欽。國初有屯泰者，以七村附太祖，授牛彔額眞。子圖捫，事太宗，從戰大凌河，擊明將張理，陣沒，授備禦世職。雍正初，祀昭忠祠。

鄂爾泰，其曾孫也。康熙三十八年舉人。四十二年，襲佐領，授三等侍衞。從聖祖獵，和詩稱旨。五十五年，遷內務府員外郎。世宗在藩邸，偶有所囑，鄂爾泰拒之。世宗卽位，召曰：「汝爲郎官拒皇子，其執法甚堅。」深慰諭之。雍正元年，充雲南鄉試考官，特擢江蘇布政使。於廨中建春風亭，禮致能文士，錄其詩文爲南邦黎獻集。以應得公使銀買穀三萬三千四百石有奇，分貯蘇、松、常三府備賑貸。察太湖水利，擬疏下游吳淞、白茆，役未舉。

三年，遷廣西巡撫，甫上官，調雲南，以巡撫治總督事。貴州仲家苗爲亂二十餘年，巡撫石禮哈、提督馬會伯請用兵，上未卽許。巡撫何世璂疏言仲家苗藥箭銛利，地勢險阻，用兵不易，上卽命世璂招撫，久未定，詔諮鄂爾泰。四年春，疏言：「雲、貴大患無如苗、蠻。欲安民必制夷，欲制夷必改土歸流。而苗疆多與鄰省相錯，卽如東川、烏蒙、鎭雄，皆四川土府，東川距雲南四百餘里。去冬烏蒙攻掠東川，滇兵擊退，而川省令箭方至。烏蒙距雲南省城亦僅六百餘里，錢糧不過三百餘兩，取於下者百倍。一年四小派，三年一大派，小派計錢，大派計兩。土司娶子婦，土民三載不敢婚。土民被殺，親族尙出墊刀數十金，終身不見天日。東川雖已改流，尙爲土目盤據，文武長寓省城，膏腴四百里無人敢墾。若改隸雲南，俾臣得相機改流，可設三府、一鎭。此事連四川者也。廣西土府、州、縣、峒、寨等一百五十餘員，分隸南寧、太平、思恩、慶遠四府。其爲邊患，自泗城土府外，皆土目横於土司。黔、粵以牂牁江爲界，而粵屬西隆州與黔屬普安州越江互相斗入。苗寨寥闊，將吏推諉。應以江北歸黔，江南歸粵，增州設營，形格勢禁。此事連廣西者也。滇邊西南界以瀾滄江，江外爲車里、緬甸、老撾諸境，其江內鎭沅、威遠、元江、新平、普洱、茶山諸夷，巢穴深邃，出沒魯魁、哀牢間，無事近患腹心，有事遠通外國。論者謂江外宜土不宜流，江內宜流不宜土。此雲南宜治之邊夷也。貴州土司向無鉗束羣苗之責，苗患甚於土司。苗疆四圍幾三千餘里，千三百餘寨，古州踞其中，羣寨環其外。左有清江可北達楚，右有都江可南通粵，蟠據梗隔，遂成化外。如欲開江路通黔、粵，非勒兵深入徧加勦撫不可。此貴州宜治之邊夷也。臣思前明流、土之分，原因煙瘴新疆，未習風土，故因地制宜，使之嚮導彈壓。今歷數百載，以夷治夷，卽以盜治盜，苗、倮無追贓抵命之憂，土司無革職削地之罰。直至事上聞，行賄詳結，上司亦不深求，以爲鎭靜，邊民無所控訴。若不劃蔓塞源，縱兵刑財賦事事整理，皆非治本。改流之法：計擒爲上，兵勦次之；令其自首爲上，勒獻次之。惟勦夷必練兵，練兵必選將。誠能賞罰嚴明，將士用命，先治內，後攘外，實邊防百世之利。」疏入，上深然之。

會石禮哈疏報遣兵擊破谷隆、長寨、者貢、羊城埡諸隘，擒其渠阿革、阿給及諸苗之從爲亂者，上命交鄂爾泰按讞。五月，鄂爾泰遣兵三道入：一自谷隆，一自焦山，一自馬落孔。破三十六寨，降二十一寨，撫苗民五百餘戶、二千餘口，察出荒熟田地三萬畝。又以鎭遠土知府刁澣、霑益土知州安於藩素凶詐，計擒之；者樂甸土司刁聯斗乞免死，改土歸流。鄂爾泰疏報仲家苗悉定。上嘉其成功速，令議敍。旋條上經理仲苗諸事，報可。十月，眞除雲貴總督。

四川烏蒙土司祿萬鍾爲亂，侵東川。鄂爾泰請以東川改隸雲南，上從之。仍命會四川總督岳鍾琪按治，招其渠祿鼎坤出降。鄂爾泰令鼎坤招萬鍾，數往不就撫，乃檄總兵劉起元率師討之，破其所居寨。萬鍾走匿鎭雄土司隴慶侯所。五年，萬鍾詣鍾琪降，慶侯亦詣鍾琪請改土歸流。上命鍾琪以萬鍾、慶侯交鄂爾泰按讞。敍功，授世職拜他喇布勒哈番。三月，鎭沅倮刁如珍等戕官焚掠，遣兵討平之，獲如珍。泗城土知府岑映宸縱其衆出掠，又發兵屯者相，立七營。鄂爾泰疏劾，令諸道兵候檄進討，映宸乞免死存祀，改土歸流。鄂爾泰請映宸送浙江原籍，留其弟映翰奉祀。七月，發兵與湖北師會討定謬沖花苗，獲其渠，降其餘衆。威遠倮札鐵匠等、新平倮李百疊等應如珍爲亂。九月，鄂爾泰檄臨元總兵孫宏本率師討之，獲札鐵匠，降李百疊。威遠、新平皆定。十一月，招降長寨後路苗百八十四寨，編戶口，定額賦。得旨嘉奬，進世職一等阿達哈哈番。十二月，攻破雲南倮窩泥種，取六茶山地千餘里，劃界建城，置官吏。

雲南南徼地與安南接，前總督高其倬疏言安南國界應屬內地者百二十里，請以賭咒河爲界。安南國王黎維祹奏辯，上命鄂爾泰清察。鄂爾泰請與地八十里，於鉛廠山下小河內四十里立界，上從之，敕諭安南。六年，維祹表謝，上嘉其知禮，命復與四十里。旋討擒東川法戛土目祿天佑、則補土目祿世豪；按治米貼土目祿永孝，論斬。永孝妻陸氏結倮儸爲亂，檄總兵張耀祖討之，攻克門坎山。師入，獲陸氏。米貼平。廣西八達寨儂顏光色等爲亂，提督田畯不能討。鄂爾泰遣兵往，儂殺光色以降。上命鄂爾泰總督雲、貴、廣西三省，發帑十萬犒師。旋又撫貴州拜克猛、長寨、古羊等生苗百四十五寨。十月，萬壽節，雲南卿雲見，鄂爾泰疏聞。

七年正月，命超授三等阿思哈尼哈番，雲、貴兩省巡撫、提督、總兵，文知縣、武千總以上，皆加級。三月，令按察使張廣泗率師攻貴州丹江雞溝生苗，破其寨，種人悉降。上下九股、清水江、古州諸地以次定。下部議敍，鄂爾泰疏辭，而乞予曾祖圖捫封典，俾昭忠祠位得改書贈官，列大臣之末，上允其請，仍命議敍。七月，招安順、高耀等寨生苗及儂、仲諸種人內附。十月，雲南趙州醴泉出，鄂爾泰疏聞。上褒鄂爾泰化民成俗，格天致瑞，尋加少保。八年五月，招黎平、都匀等寨生苗內附。鄂爾泰既討定羣苗爲亂者，諸土司懾軍威納土，疆理其地，置郡縣，設營汛，重定三省及四川界域，而諸土司世守其地，一旦歸版籍，其渠誅夷，遷徙皆無倖。

屬苗內憤畏，烏蒙倮最狡悍，總兵劉起元移鎭其地，恣爲貪虐。六月，祿鼎坤及其族人鼎新、萬福遂糾衆攻城，劫殺起元及游擊江仁、知縣賽枝大等，盡戕其孥。鄂爾泰疏聞，請罷斥，上慰諭之。烏蒙既陷，江外凉山、下方、阿驢，江內巧家營、者家海諸寨及東川祿氏諸土目皆起而應之，又令則補、以扯諸寨要截江路，以則、以擢諸寨窺伺城邑，東川境內㞦泥、矣氏、歹補、阿汪諸寨，東川境外急羅箐、施魯、古牛、畢古諸寨，及武定、尋甸、威寧、鎮雄所屬諸夷，遠近響應，殺塘兵，劫糧運，堵要隘，毀橋樑，所在屯聚爲亂。鄂爾泰集官兵萬數千人，土兵半之，分三路進攻：令總兵魏翥國攻東川；哈元生攻威寧，副將徐成貞副之；參將韓勳攻鎮雄。翥國師行，土目祿鼎明遣行刺，被創，以總兵官祿代將。師進，焚苗寨十三。遣游擊何元攻急羅箐，殺三百餘，降一百三十餘。游擊紀龍攻者家海，破寨，盡殲其衆。勳與苗兵遇於莫都，戰一晝夜，破寨四，殺數百人。進攻奎鄉，戰三日，殺二千餘。元生、成貞自威寧攻烏蒙，射殺其渠黑寡、暮末，連破寨八十餘，擊敗其衆數萬，遂克烏蒙。鄂爾泰檄提督張耀祖督諸軍分道窮搜屠殺，刳腸截脰，分懸崖樹間，羣苗讋慄。上獎鄂爾泰及諸將，以元生、成貞、勳爲功首，發帑犒師。隴慶侯庶母二祿氏、四川沙馬土婦沙氏以不從亂，給誥命，賚銀幣。於是苗疆復定。鄂爾泰令於雲、貴界上築橋，命曰庚戌橋，以年紀其績也。

是歲，永昌邊外孟連土司請歲納廠課六百，鶴慶邊外傈子請歲貢土物，鄂爾泰疏聞。上以邊外野夷向化，命減孟連廠課之半。傈子入貢，犒以鹽三百斤。九年，疏請重定烏蒙、鎮遠、東川、威寧營汛。別疏請興雲南水利，濬嵩明州楊林海，開墾周圍草塘，疏宜良、尋甸諸水，耕東川城北漫海，築浪穹羽河諸隄，修臨安諸處工，暨通粵河道，皆下部議行。十年，召拜保和殿大學士，兼兵部尚書，辦理軍機事務。敍定苗疆功，部議進世職一等精奇尼哈番，上特命授一等伯爵，世襲。

師討準噶爾，六月，命鄂爾泰督巡陝、甘，經略軍務。九月，師破敵額爾德尼昭，鄂爾泰檄大將軍張廣泗遣兵截袞塔馬哈戈壁，斷敵北遁道。尋疏請屯田。十一年六月，還京師。入對，言準部未可驟滅，用兵久，敝中國，無益，上頗然之。

十三年，台拱苗復叛。上命設辦理苗疆事務處，以果親王、寶親王、和親王、鄂爾泰及大學士張廷玉等董其事。苗患日熾，焚掠黃平、施秉諸地。鄂爾泰以從前布置未協，引咎請罷斥，並削去伯爵。上曰：「國家錫命之恩，有功則受，無功則辭，古今通義。」允其請，予休沐，仍食俸。尋命留三等阿思哈尼哈番。

八月，世宗疾大漸，鄂爾泰仍以大學士與莊親王允祿，果親王允禮，大學士張廷玉，內大臣豐盛額、訥親、海望同被顧命。鄂爾泰與廷玉捧御筆密詔，命高宗爲皇太子。俄，皇太子傳旨命鄂爾泰等輔政。世宗崩，宣遺詔以鄂爾泰志秉忠貞，才優經濟，命他日配享太廟。高宗卽位，命總理事務，進一等精奇尼哈番。乾隆二年十一月，辭總理事務，授軍機大臣；又辭兼管兵部，上不許，加拜他喇布勒哈番，合爲三等伯，賜號襄勤。迭主會試，充領侍衞內大臣、議政大臣、經筵講官。

四年，南河河道總督高斌請開新運口，河東河道總督白鍾山請復漳河故道，命鄂爾泰按視。尋加太保。七年，副都御史仲永檀以密奏留中事告鄂爾泰長子鄂容安，命王大臣會鞫，請奪鄂爾泰官逮問，上不許。十年，以疾乞解任。上慰留，加太傅。卒，命遵遺詔配享太廟，並祀賢良祠，賜祭葬，謚文端。二十年，內閣學士胡中藻以詩辭悖逆獲罪，中藻出鄂爾泰門下，鄂爾泰從子甘肅巡撫鄂昌與唱和，並坐譴。上追咎鄂爾泰植黨，命撤出賢良祠。

鄂爾泰弟鄂爾奇，康熙五十一年進士，改庶吉士，散館授編修。雍正中，四遷至侍郎，歷工、禮二部，署兵部。五年，擢戶部尚書，兼步軍統領。十一年，直隸總督李衞論劾壞法營私、紊制擾民諸狀，鞫實，當治罪，上推鄂爾泰恩，宥之。十三年，卒。

鄂爾泰子鄂容安，鄂實，鄂弼，鄂寧，鄂圻，鄂謨。鄂容安自有傳。鄂實與高天喜同傳。

鄂弼初授三等侍衞，遷正紅旗漢軍副都統。出爲山西巡撫，調陝西，署西安將軍。擢四川總督，未上官，卒，賜祭葬，謚勤肅。

鄂寧，舉人，初授戶部筆帖式。屢以員外郎署副都統，復自郎中擢禮部侍郎。出爲湖北巡撫，調湖南，再調雲南。師征緬甸，雲南總督楊應琚戰失利，鄂寧以實疏聞。明端代應琚，深入戰死。鄂寧劾參贊額勒登額、提督譚五格逗遛失機。上獎鄂寧，加內大臣銜，卽命代明瑞爲雲貴總督。尋以與參贊舒赫德合疏議撫失上指，奪內大臣銜，左授福建巡撫，迭降藍翎侍衞。卒。

張廷玉，字衡臣，安徽桐城人，大學士英次子。康熙三十九年進士，改庶吉士。散館授檢討，直南書房，以憂歸。服除，遷洗馬，歷庶子、侍講學士、內閣學士。五十九年，授刑部侍郎。山東鹽販王美公等糾衆倡邪教，巡撫李樹德令捕治，得百五十餘人。上命廷玉與都統託賴、學士登德會勘，戮七人、戍三十五人而讞定。旋調吏部。

世宗卽位，命與翰林院學士阿克敦、勵廷儀應奉几筵祭告文字，賜廕生視一品，擢禮部尚書。雍正元年，復命直南書房。偕左都御史朱軾充順天鄉試考官，上嘉其公愼，加太子太保。尋兼翰林院掌院學士，調戶部。疏言：「浙江衢州，江西廣信、贛州，毘連閩、粵，無藉之徒流徙失業，入山種麻，結棚以居，號曰『棚民』。歲月旣久，生息日繁。其强悍者，輒出剽掠。請敕督撫愼選廉能州縣，嚴加約束。其有讀書向學，膂力技勇，察明考驗錄用，庶生聚教訓，初無歧視。」下督撫議行。命署大學士事。四年，授文淵閣大學士，仍兼戶部尚書、翰林院掌院學士。五年，進文華殿大學士。六年，進保和殿大學士，兼吏部尚書。七年，加少保。

八年，上以西北用兵，命設軍機房隆宗門內，以怡親王允祥、廷玉及大學士蔣廷錫領其事。嗣改稱辦理軍機處。廷玉定規制：諸臣陳奏，常事用疏，自通政司上，下內閣擬旨；要事用摺，自奏事處上，下軍機處擬旨，親御硃筆批發。自是內閣權移於軍機處，大學士必充軍機大臣，始得預政事，日必召入對，承旨，平章政事，參與機密。

廷玉周敏勤慎，尤爲上所倚。上偶有疾，獎廷玉等翊贊功，各予一等阿達哈哈番，世襲。廷玉請以子編修若靄承襲。十一年，疏言：「諸行省例，凡罪人重者收禁，輕者取保。獨刑部不論事大小、人首從，皆收禁，累無辜。請如諸行省例，得分別取保。刑部引律例，往往删截，但用數語，卽承以所斷罪；甚有求其仿彿，比照定議者：高下其手，率由此起。請敕都察院、大理寺駁正；扶同草率，併予處分。」命九卿議行。大學士英祀京師賢良祠，復卽本籍諭祭，命廷玉歸行禮，並令子若靄從；弟廷璐督江蘇學政，亦命來會。發帑金萬爲英建祠，並賜冠帶、衣裘及貂皮、人參、內府書籍五十二種。十二月，廷玉疏言：「行經直隸，被水諸縣已予賑，尚有積潦不能種麥，請敕加賑一月。」並議以工代賑。得旨允行。十二年二月，還京師，上遣內大臣、侍郎海望迎勞盧溝橋，賜酒膳。十三年，世宗疾大漸，與大學士鄂爾泰等同被顧命。遺詔以廷玉器量純全，抒誠供職，命他日配享太廟。高宗卽位，命總理事務，予世職一等阿達哈哈番，合爲三等子，仍以若靄襲。

乾隆元年，明史成，表進，命仍兼管翰林院事。二年十一月，辭總理事務，加拜他喇布勒哈番，特命與鄂爾泰同進三等伯，賜號勤宣，仍以若靄襲。四年，加太保。尋諭：「本朝文臣無爵至侯伯者，廷玉爲例外，命自兼，不必令若靄襲。」又諭：「廷玉年已過七十，不必向早入朝，炎暑風雪無强入。」十一年，若靄卒。上以廷玉入內廷須扶掖，命次子庶吉士若澄直南書房。十三年，以老病乞休。上諭曰：「卿受兩朝厚恩，且奉皇考遺命配享太廟，豈有從祀元臣歸田終老？」廷玉言：「宋、明配享諸臣亦有乞休得請者。且七十懸車，古今通義。」上曰：「不然。易稱見幾而作，非所論於國家關休戚、視君臣爲一體者。使七十必令懸車，何以尚有八十杖朝之典？武侯鞠躬盡瘁，又何爲耶？」廷玉又言：「亮受任軍旅，臣幸得優游太平，未可同日而語。」上曰：「是又不然。皋、夔、龍、比易地皆然。既以身任天下之重，則不以艱鉅自諉，亦豈得以承平自逸？朕爲卿思之，不獨受皇祖、皇考優渥之恩，不可言去；即以朕十餘年眷待，亦不當言去。朕且不忍令卿去，卿顧能辭朕去耶？朕謂致仕之義，必古人遭逢不偶，不得已之苦衷。爲人臣者，設預存此心，必將漠視一切，泛泛如秦、越，年至則奉身以退，誰復出力爲國家治事？是不可以不辨。」因命舉所諭宣告朝列，並允廷玉解兼管吏部，廷玉自是不敢言去。然廷玉實老病，十四年正月，命如宋文彥博十日一至都堂議事，四五日一入內廷備顧問。是冬，廷玉乞休沐養痾，上命解所兼領監修、總裁諸職，且令軍機大臣往省。廷玉言：「受上恩不敢言去，私意願得暫歸。後年，上南巡，當於江寧迎駕。」上乃許廷玉致仕，命待來春冰泮，舟行歸里。親製詩三章以賜，廷玉入謝，奏言：「蒙世宗遺命配享太廟，上年奉恩諭，從祀元臣不宜歸田終老，恐身後不獲更蒙大典。免冠叩首，乞上一言爲券。」上意不懌，然猶爲頒手詔，申世宗成命，並製詩示意，以明劉基乞休後仍配享爲例。次日，遣子若澄入謝。上以廷玉不親至，遂發怒，命降旨詰責。軍機大臣傅恆、汪由敦承旨，由敦爲乞恩，旨未下。又次日，廷玉入謝，上責由敦漏言，降旨切責。廷臣請奪廷玉官爵，罷配享。上命削伯爵，以大學士原銜休致，仍許配享。十五年二月，皇長子定安親王薨，方初祭，廷玉卽請南還，上愈怒，命以太廟配享諸臣名示廷玉，命自審應否配享。廷玉惶懼，疏請罷配享治罪。上用大學士九卿議，罷廷玉配享，仍免治罪。又以四川學政編修朱荃坐罪，荃爲廷玉姻家，嘗薦舉，上以責廷玉，命盡繳歷年頒賜諸物。二十年三月，卒，命仍遵世宗遺詔，配享太廟，賜祭葬，諡文和。

乾隆三年，上將臨雍視學，舉古禮三老五更，諮鄂爾泰及廷玉。廷玉謂無足當此者，撰議以爲不可行。四十三年，上撰三老五更說，闢古說踳駮，命勒碑辟雍。五十年，復見廷玉議，以所論與上同，命勒碑其次，並題其後，謂「廷玉有此卓識，乃未見及。朕必遵皇考遺旨，令其配享。古所謂老而戒得，朕以廷玉之戒爲戒，且爲廷玉惜之。」終清世，漢大臣配享太廟，惟廷玉一人而已。

子若靄，字晴嵐。雍正十一年進士。廷試，世宗親定一甲三名。拆卷知爲廷玉子，遣內侍就直廬宣諭。廷玉堅辭，乃改二甲一名，授編修，直南書房，充軍機章京。乾隆間，屢遷至內閣學士。若靄工書畫，內直御府所藏，令題品鑒別，詣益進。十一年，扈上西巡，感疾，歸卒。

若澄，字鏡壑。乾隆十年進士，改庶吉士，直南書房，累遷至內閣學士。卒。若澄亦工畫，亞若靄。

若渟，字聖泉。入貲授刑部主事，充軍機章京，再遷郎中。出爲雲南澂江知府、四川建昌道。內擢太僕少卿，五遷至侍郎，歷工、刑、戶諸部。嘉慶五年，授兵部尙書，調刑部。七年，卒，贈太子少保，賜祭葬，諡勤恪。

從子若溎，字樹穀。雍正八年進士，授兵部主事。考選江西道御史。擢鴻臚寺少卿，六遷刑部侍郎，擢左都御史。上命旌卹勝朝殉節諸臣，若溎請遍行採訪。下大學士、九卿議，以爲明史外兼採各省通志，專諡、通諡已至千五六百人，不必更行採訪。若溎以老乞休。上南巡，屢迎謁。五十年，與千叟宴，御書牓以賜。歸，又二年，卒。

論曰：世宗初卽位，擢鄂爾泰於郎署，不數年至總督。廷玉已貳禮部，內直稱旨，不數年遂大拜。軍機處初設，職制皆廷玉所定。鄂爾泰稍後，委寄與相埒。庶政修舉，宇內乂安，遂乃受遺命，侑大烝，可謂極心膂股肱之重矣。顧以在政地久，兩家子弟賓客，漸且競權勢、角門戶，高宗燭幾摧萌，不使成朋黨之禍，非二臣之幸歟？

清史稿卷二百八十九

列傳七十六

朱軾　徐元夢　蔣廷錫 子溥　邁柱 白潢　趙國麟
田從典 子懋　高其位　遜柱　尹泰 陳元龍

朱軾，字若瞻，江西高安人。康熙三十二年，舉鄉試第一。三十三年，成進士，改庶吉士，散館授湖北潛江知縣。潛江俗敝賦繁，軾令免耗羨，用法必持平。有鬬毆殺人獄，上官改故殺，軾力爭之，卒莫能奪。四十四年，行取，授刑部主事，累遷郎中。四十八年，出督陝西學政。修橫渠張子之教，以知禮成性、變化氣質訓士。故事，試册報部科，當有公使錢。軾獨無，坐遲誤被劾，士論爲不平。會有以其事聞上者，上命軾畢試事。五十二年，擢光祿寺少卿。歷奉天府尹、通政使。

五十六年，授浙江巡撫。五十七年，疏請修築海塘：北岸海寧老鹽倉千三百四十丈，南岸上虞夏蓋山千七百九十丈；並議開中亹淤沙，復江海故道。又疏言：「海寧沿塘皆浮沙，雖長椿巨石，難期保固。當用水櫃法，以松、杉木爲櫃，實碎石，用爲塘根，上施巨石爲塘身。附塘爲坦坡，亦用水櫃，外砌巨石二三重，高及塘之半，用護塘址。塘內爲河，名曰備塘河。居民築壩積淤，應去壩濬河，卽以其土培岸。」俱下部議行。杭州南、北兩關稅，例由巡撫監收。軾以稅口五十餘，稽察匪易，請委員兼理。部議以杭州捕盜同知監收，仍令巡撫統轄。五十八年，疏劾巡鹽御史哈爾金索商人賄，上命尙書張廷樞、學士德音按治，論如律。五十九年，擢左都御史。六十年，遭父喪，命在任守制，疏辭，上不許，請從軍自效。

上以山、陝旱災，發帑五十萬，命軾與光祿寺卿盧詢分往勸糶治賑。軾往山西，疏請令被劾司道以下出資贍饑民，富民與商人出資於南省糴米，暫停淮安、鳳陽等關米稅；饑民流徙，令所在地方官安置，能出資以贍者得題薦；饑民羣聚，易生癘疫，設廠醫治。又疏言：「倉庾積貯，有司平日侵蝕，遇災復假平糶、借貸、煮粥爲名，以少報多，有名無實。請敕詳察虧空，少則勒限補還，多則嚴究治罪。至因賑動倉穀，輒稱捐俸抵補，俸銀有限，倉穀甚多。上借非實借，還非實還，宜併淸覈。」皆從所議行。別疏請令山西各縣建社倉，引泉溉田。上謂：「社倉始於朱子，僅可行於小縣鄉村。若奏爲定例，官吏奉行，久之，與民無益。山、陝山多水少，間有泉源，亦不能暢引溉田。軾旣以爲請，卽令久駐山西，鼓勵試行。」軾自承冒昧，乞寢其議，上不許。未幾，川陝總督年羹堯劾西安知府徐容、鳳翔知府甘文煊虧帑，請特簡親信大臣會鞫。上命軾往勘，得實，論如律。六十一年，乞假葬父，歸。

世宗即位，召詣京師，充聖祖實錄總裁，賜第。雍正元年，命直南書房。予其母冷氏封。加吏部尚書銜，尋復加太子太保。充順天鄉試考官，嘉其公慎，進太子太傅。二年，兼吏部尚書。命勘江、浙海塘。三年，還，奏：「浙江餘姚滸山鎮西至臨山衞，舊土塘三道，本爲民竈修築。今民竈無力，應動帑興修。自臨山衞經上虞烏盆村至會稽瀝海所，土塘七千丈，應以石爲基，就石累土。又海寧陳文港至尖山，土塘七百六十六丈，應就塘加寬，覆條石於巔，塘外以亂石爲子塘，護塘址當修砌完固。至子塘處，依式興築。海鹽秦駐山至演武場石塘，圮八十丈，潰七十丈，均補築。都計工需十五萬有奇。江南金山衞城北至上海華家角，土塘六千二百餘丈，內三千八百丈當改爲石塘。上海汛頭墩至嘉定二千四百丈，水勢稍緩，土塘加築高厚，足資捍禦。都計工需十九萬有奇。」下部議行。拜文華殿大學士，兼吏部尚書。

上命怡親王胤祥總理畿輔水利營田，以軾副之。四年，請分設四局，各以道員領其事。二月，軾遭母喪，命馳驛回籍，諭曰：「軾事母至孝，但母年八十餘，祿養顯揚，俱無餘憾。當節哀抑慟，護惜此身，爲國家出力。」賜內帑治喪，敕江西巡撫俟軾至家賜祭。軾奏謝，乞終制，上允解任，仍領水利營田，期八月詣京師。九月，軾將至，遣學士何國宗、副都統永福迎勞，許素服終喪。上以浙江風俗澆漓，特設觀風整俗使，軾疏言：「風俗澆漓，莫甚於爭訟。臣巡撫浙江，知杭、嘉、湖、紹四府民最好訟。請增設杭嘉湖巡道，而以紹興屬寧台道。民間詞訟冤抑，准巡道申理。」上從其請。六年，以病乞解任，上手詔留之。八年，怡親王薨，命軾總理水利營田。尋兼兵部尚書，署翰林院掌院學士。十三年，議築浙江海塘，軾請往董其役，上兪之，敕督撫及管理塘工諸大臣咸聽節制。

高宗卽位，召還，命協同總理事務，予拜他喇布勒哈番世職。時治獄尚刻深，各省爭言開墾爲民累，軾疏言：「四川丈量，多就熟田增加錢糧；廣西報部墾田數萬畝，其實多係虛無。因請通行丈量，冀求熟田弓口之餘，以補報墾無著之數。大行皇帝洞燭其弊，飭停止丈量；而前此虛報升科，入册輸糧，小民不免苦累。河南報墾亦多不實。州縣田地間有未能耕種之處，或因山區磽确，旋墾旋荒；或因江岸河濱，東坍西漲。是以荒者未盡開墾，墾者未盡升科。至已熟之田，或糧額甚輕，亦由土壤磽瘠，數畝不敵腴田一畝，非欺隱者比。不但丈量不可行，卽令據實首報，小民惟恐察出治罪，勉強報升，將來完納不前，仍歸荒廢。請停止丈量，飭禁首報，詳察現在報墾之田，有不實者，題請開除。」又疏言：「法吏以嚴刻爲能，不問是非曲直，刻意株連，惟逞鍛鍊之長，希著明察之號。請敕督撫諭有司，讞獄務虛公詳慎，原情酌理，協於中正。刑具悉遵定制，不得擅用夾棍、大枷。」上深嘉納之。

乾隆元年，充世宗實錄總裁。九月，病篤，上親臨視疾。軾力疾服朝服，令其子扶掖，迎拜戶外。翌日，卒。遺疏略言：「萬事根本君心，用人理財，尤宜慎重。君子小人，公私邪正，判在幾微，當審察其心迹而進退之。至國家經費，本自有餘，異日倘有言利之臣，倡加賦之稅，伏祈聖心乾斷，永斥浮言，實四海蒼生之福。」上震悼輟朝，復親臨致奠，發帑治喪。贈太傅，賜祭葬，諡文端。

軾樸誠事主，純修清德，負一時重望。高宗初典學，世宗命爲師傅，設席懋勤殿，行拜師禮。軾以經訓進講，亟稱賈、董、宋五子之學。高宗深重之，懷舊詩稱可亭朱先生，可亭，軾號也。子必堦，以廕生官至大理寺卿；瑆，進士，官至左庶子；必坦，舉人，襲騎都尉。

徐元夢，字善長，舒穆祿氏，滿洲正白旗人。康熙十二年進士，改庶吉士，散館授戶部主事。二十二年，遷中允，充日講起居注官。尋復遷侍講。徐元夢以講學負聲譽，大學士明珠欲羅致之，其遷詞曹直講筵，明珠嘗薦於上。徐元夢以明珠方擅政，不一至其門，而掌院學士李光地亦好講學，賢徐元夢及侍講學士德格勒，亟稱於上前，二人者每於上前相推獎；明珠黨蜚語謂與光地爲黨。二十六年夏，上御乾清宮，召陳廷敬、湯斌、徐乾學、耿介、高士奇、孟亮揆、徐潮、徐嘉炎、熊賜瓚、勵杜訥及二人入試，題爲理學眞僞論。方屬草，有旨詰二人，德格勒於文後申辯，徐元夢卷未竟。上閱畢，於德格勒及賜瓚有所譙讓，命同試者互校，斌仍稱徐元夢文爲是。

是時斌被命輔導皇太子，尋亦命徐元夢授諸皇子讀。秋，上御瀛臺，教諸皇子射，徐元夢不能挽強，上不懌，責徐元夢。徐元夢奏辯，上益怒，命扑之，創，遂籍其家，戍其父母。其夜，上意解，令醫爲治創。翌日，命授諸皇子讀如故。徐元夢乞赦其父母，已就道，使追還。冬，掌院學士庫勒納奏劾德格勒私抹起居注，並言與徐元夢互相標榜，奪官逮下獄。二十七年春，獄上，當德格勒立斬，徐元夢絞。上命貸徐元夢死，荷校三月，鞭百，入辛者庫。上徐察徐元夢忠誠，三十二年，命直上書房，仍授諸皇子讀。尋授內務府會計司員外郎。四十一年，充順天鄉試考官。五十年，諭曰：「徐元夢繙譯，現今無能過之。」授額外內閣侍讀學士。五十一年，充會試考官。五十二年，擢內閣學士，歸原旗。

五十三年，授浙江巡撫，上諭之曰：「浙江駐防滿洲兵，爾當與將軍協同訓練。錢糧有虧空，爾宜清理，無累百姓。至於用人，當隨材器使，不可求全。」賜御製詩文集及鞍馬以行。五十四年，疏言：「杭州、紹興等七府旱潦成災，已蒙蠲賑，並截漕平糶。未完額賦，尙有十三萬餘兩，請秋成後徵半，餘俟來歲。」上允之。又疏陳修復萬松嶺書院，上賜「浙水敷文」牓，因請以敷文名書院。

五十六年，左都御史及翰林院掌院學士缺員，吏部以請。上曰：「是當以不畏人兼學問優者任之。」以命徐元夢。上諭科場積習未除，命甄別任滿學政及考官不稱職者，皆劾罷之。五十七年，遷工部尚書，仍兼掌院學士。六十年，上賜以詩，謂：「徐元夢乃同學舊翰林，康熙十六年以前進士祗此一人。」

世宗卽位，復命直上書房，授諸皇子讀。雍正元年，命與大學士張鵬翮等甄別翰詹各官不稱職者，勒令解退回籍。大學士富寧安出視師，命徐元夢署大學士。尋復命兼署左都御史，充明史總裁，調戶部尚書。四年，以繙譯本章錯誤奪官，命在內閣學士之列效力行走，仍司繙譯。八年，復坐前在浙江失察呂留良逆書，命同繙譯中書行走。十三年，充繙譯鄉試考官。

高宗卽位，命直南書房，尋授內閣學士。擢刑部侍郎，以衰老不能理刑名，疏辭，調禮部。充世宗實錄副總裁。詔輯八旗滿洲氏族通譜，命與鄂爾泰、福敏董其事。復命直上書房，課皇子讀。乾隆元年，乞休，命解侍郎任，加尚書銜食俸，仍在內廷行走，領諸館事。二年，上臨雍，疏請以有子升堂配享，改宰我、冉求兩廡，而進南宮适、虙不齊升配。下大學士九卿議，以有子升祀位次子夏，餘寢未行。復乞休，上曰：「徐元夢年雖逾八十，未甚衰憊，可量力供職。」四年正月，召同諸大臣賦柏梁體詩。尋加太子少保。

六年秋，疾作，遣太醫診視，賜葠藥。冬十一月，疾劇，上諭曰：「徐元夢踐履篤實，言行相符。歷事三朝，出入禁近，小心謹愼，數十年如一日。壽逾大耋，洵屬完人。」命皇長子視疾。疾革，復遣使問所欲言。徐元夢伏枕流涕曰：「臣受恩重，心所欲言，口不能盡！」使出，呼曾孫取論語檢視良久。翌日遂卒，年八十七。上復命和親王及皇長子奠茶酒，發帑治喪。贈太傅，賜祭葬，謚文定。孫舒赫德，自有傳。

蔣廷錫，字揚孫，江南常熟人，雲貴總督陳錫弟。初以舉人供奉內廷。康熙四十二年，賜進士，改庶吉士。四十三年，未散館卽授編修。屢遷轉至內閣學士。雍正元年，擢禮部侍郎，世宗賜詩賢之。廷錫疏言：「國家廣黌序，設廩膳，以興文教，乃生員經年未嘗一至學宮。請敕學臣通飭府、州、縣、衞教官，凡所管生員，務立程課，面加考校，講究經史。學臣於歲、科考時，以文藝優劣定教職賢否。會典載順治九年定鄉設社學，以冒濫停止。請敕督撫令所屬州、縣，鄉、堡立社學，擇生員學優行端者充社師，量給廩餼。鄉民子弟年十二以上、二十以下有志者得入學。」下部議，從之。二年，奏請續纂大淸會典，卽命爲副總裁。調戶部。

三年，命與內務府總管來保察閱京倉。尋疏言：「漕運全資水利，宜通源節流，以濟運道。山東漕河，取資汶、濟、洸、泗四水，而四水又賴諸泉助成巨流。山東一省，得泉百有八十，其派有五，分水、天井、魯橋、新河、沂水是也。五派合爲一水，是名泉河，舊設管泉通判。今雖裁汰，仍設泉夫。請飭有泉州縣，督率疏濬。濟南、兗州二府爲濟水伏流之地，若廣爲濬導，則散湮沙礫間者，隨地涌見。應立法泉夫濬出新泉，優賚銀米，歲終册報，爲州縣課最。諸泉所滙，爲湖十五，各設斗門爲減水閘，以時啓閉。漕溢則減漕入湖，漕涸則啓湖濟漕，號諸湖爲水櫃。其後居民壅水占耕，壩圮閘塞，低處多生茭草，高處積沙與漕河隄並。請察勘未耕之地，就低處挑深，卽以挑出之土築隄，復水櫃之制。諸湖開支河，以承諸泉之入，益漕河之流，建閘以時減放。舊制，運河於每歲十月築壩，分洩諸湖，來春三月冰泮，開壩受水。法久玩生，築壩每至十一月，則失之遲；開壩在正月初旬，又失之早。請飭所司築必十月望前，開必二月朔後，以循舊制。汶水分流南北，運道攸賴。明宣德間，築戴村壩於汶水南，以遏汶水入洸；建坎河壩於汶水北，以節汶水歸海。嘉靖時，復堆積石灘，水溢縱使歸海，水平留之入湖。歲久頹廢，萬一汶水北注，挾湖泉盡歸大淸河，四百餘里運道所關非小。請飭總河相度形勢，修復舊石灘，改建滾水石壩，以爲蓄洩。」上命內閣學士何國宗等攜儀器輿圖，會總河齊蘇勒、巡撫陳世倌履勘，請如廷錫奏。下九卿議行。

四年，遷戶部尚書，充順天鄉試考官。旣入闈，諭曰：「廷錫佐怡親王董理戶部諸事，秉公執正，胥吏嫉妒懷怨。今廷錫典試，或乘此造作浮言，妄加謗議。令步軍統領、順天府尹、五城御史察訪捕治。」尋命兼領兵部尚書。遭母喪，遣大臣奠茶酒，予其母封誥，發帑治喪。命廷錫奉母喪還里，葬畢還京，在任守制。六年，拜文華殿大學士，仍兼領戶部，充聖祖實錄總裁。七年，加太子太傅。命與果親王允禮總理三庫，予世職一等阿達哈哈番。九年，廷錫病，上遣醫療治。十年夏，病復作，上命日二次以病狀奏。閏五月，卒，上爲輟朝，遣大臣奠茶酒，賜祭葬，謚文肅。

廷錫工詩善畫，事聖祖內直二十餘年。世宗朝累遷擢，明練恪謹，被恩禮始終。子溥，字質甫。雍正七年，賜舉人。八年，進士，改庶吉士，直南書房，襲世職。廷錫卒，溥奉喪歸，命葬畢卽還京供職。十一年，授編修。四遷內閣學士。乾隆五年，授吏部侍郎。疏言：「凡條奏發九卿會議，主稿衙門酌定准駁。會議日，書吏誦稿以待商度，其中原委曲折，一時難盡。請於會議前二日將議稿傳鈔，俾得詳勘暢言。至命、盜案，刑部例不先定稿，俟議時平決；不關命、盜各案，亦宜先期傳知，庶爲審慎。」下部議，如所請。

八年，授湖南巡撫。九年，疏言：「永順及永綏、乾州、鳳凰諸處苗民貪暴之習未除，城步、綏寧尤多狡惡。臣整飭武備，漸知守法。」諭曰：「馭苗以不擾爲要，次則使知兵威不敢犯。此奏得之。」旋劾按察使明德不詳鞫盜案，奪官；驛鹽道謝濟世老病，休致。給事中胡定奏請湖南濱湖荒土，勸民修築開墾，令溥察議。溥奏言：「近年湖濱淤地，築墾殆徧。奔湍束爲細流，洲渚悉加堵截，常有衝決之慮。沅江萬子湖、湘陰文洲圍，士民請修築開墾。臣親往履勘，文洲圍倚山面江，四圍俱有舊隄，已議舉行。萬子湖廣袤八十餘里，四面受水，費大難築，並於上下游水利有礙。臣以爲湖地墾築已多，當防湖患，不可有意勸墾。」上韙之。

十年，授吏部侍郎、軍機處行走。十三年，擢戶部尚書，命專治部事。十五年，加太子少保。十八年，命協辦大學士，兼禮部尚書，掌翰林院事。二十年，兼署吏部尚書。二十四年，授東閣大學士，兼領戶部。二十六年，溥病，上親臨視。及卒，復親臨奠。贈太子太保，發帑治喪，賜祭葬，謚文恪。

子棡，進士。自編修累遷兵部侍郎；賜棨，初授雲南楚雄知府，再至戶部侍郎。並坐事奪官，左授光祿寺卿。復奪官，以世職守護裕陵。

邁柱，喜塔拉氏，滿洲鑲藍旗人。初授筆帖式，三遷戶部員外郎，授御史。康熙五十五年，巡視福建鹽課。雍正元年，巡視寧古塔。三年，命如荆州會將軍武納哈籍前任將軍阿魯家，償侵蝕兵餉。議荆州近縣民有願鬻地者，官購俾兵耕種，或招佃徵租，兵婚喪量佽之。下部議行。

擢工部侍郎，調吏部。命如江西按治德安知縣蕭彬、武寧知縣廖科齡虧帑，並命察通省錢糧積弊。尋命署巡撫。疏請以江西額徵丁銀攤入地糧，從之。五年，授湖廣總督，命俟江西事畢赴任。邁柱疏陳：「江西倉穀虧缺，弊在無穀無銀，虛報存貯，及至交代，又虛報民間借領，後任徵追，悉歸無著。又或出糶倉穀得價侵用，及至交代，以二錢一石折價，後任不敷糴補。又或因不敷之故，併此折價而亦侵用，及至交代，復稱民欠，多方掩飾。皆因前任巡撫裴倖度，布政使陳安策、張楷徇庇所誤。」上爲奪倖度等官，察究追完。又言：「江西通省公用需款，請視河南、湖廣諸省例，提州、縣耗羨二分充用，另提充各員養廉，多至一分五釐，少至四釐，餘仍留州縣養贍。巡撫及司道，亦於所提一分五釐內量行支用。」又言：「江西被災州縣，設廠煮賑，米價石至一兩三四錢。請於未被災州縣發銀預購平糶。」又言：「南安、贛州，閩、廣交界，及鄱陽湖濱，最易藏奸。萬載、寧州等地，棚民聚集，素好多事。已飭嚴整塘汛，操練標兵，豫爲之備。」得旨，嘉其條畫詳晰，令新任巡撫照行。尋讞定彬等俱論斬。並請令徇庇之上官分償虧帑，上命自雍正六年起著爲例。獎邁柱秉公持正，下部議敍，乃赴湖廣任。

湖廣瀕江州縣頻年被水，邁柱令民間按糧派夫，修築江隄，議定確估土方夫數及加修尺寸，並歲修搶險諸例。疏聞，上發帑六萬，命視工多寡分給。鎭筸苗最悍，屢入內地剽掠。邁柱疏言：「臣聞雲南提督張國正先任鎭筸總兵，以鵰剿法治苗。聞有警，詗爲何種苗，所屬何寨，卽攜兵馳往，圍寨搜擒。如鵰之捕鳥，取其速而鳥可必得。臣今與總兵周一德循行此法，但期得罪人而止，不敢多爲殺戮。」居數年，又疏言：「收繳六里鎭筸土司所藏鳥鎗，完整者俾兵充用，餘改造農具，給土苗耕作。土苗所用環刀、標鎗，亦令給價收繳。」上諭曰：「所奏深得賣刀買犢之意。環刀、標鎗，自當收繳，可順其願，不宜强迫。」疏定苗與民爲市，於分界地設市，一月以三日爲期，不得越界出入。民以物往市，預報地方官，知會塘汛查驗。苗疆州縣立苗長，選良苗充民壯，備差遣訪緝。鄂爾泰督雲、貴，建策改土歸流，邁柱亦行之湖廣，收永順、保靖、桑植三土司。永順設府縣，仍其名，又於府西北設縣曰龍山。保靖、桑植各設縣，仍其名。收容美土司設州，曰鶴峯，所屬五峯新設縣曰長樂。並改彝陵州爲府，曰宜昌，領新設州縣。收第岡土司，改永定衞爲縣，以其地屬焉。

上命通察湖廣積欠錢糧，都計銀三十餘萬，令與巡撫馬會伯、王國棟同董其事。逾年，報湖南已完六萬有奇，湖北已完八萬有奇。尋察出沔陽積欠內爲官侵役蝕包攬未完者三萬有奇，其實欠在民者三萬二千有奇。上以沔陽常被水，民欠命予豁除。七年，邁柱疏請以湖廣額徵丁銀攤入地糧，從之。邁柱督湖廣數年，聲績顯著。他所區畫，如以漢陽通判移漢口，荆州通判移沙市。又裁施州、大田二衞所，合爲縣曰恩施，復請改爲府，曰施南，設縣四，曰宣恩、來鳳、咸豐、利川。宜昌旣爲府，設附郭縣曰東湖，又以歸州及所領長陽、興山、巴東諸縣隸焉。道州及寧遠、永明、江華諸縣隣廣西，請以永州同知移江華，並分設游擊、守備，調駐兵千五百，與廣西桂臨營月三次會哨。永順、保靖、桑植三營新立，月餉給米折，永順石折一兩，保靖、桑植石折八錢，以苗疆米貴，不與他營同。上悉如所請。

十三年，召拜武英殿大學士，兼吏部尚書。乾隆元年，兼管工部。二年，以病乞解任。三年，卒，賜祭葬，謚文恭。

同時督撫入爲大學士者，又有白潢、趙國麟。

潢，字近微，漢軍鑲白旗人。初授筆帖式，考授內閣中書，遷侍讀。授福建糧驛道僉事，以父憂去官。服闋，除山東登萊靑道僉事，遷貴州貴東道參議。以巡撫劉蔭樞薦，就遷按察使。潢操守廉潔，聞於聖祖，擢湖南布政使。未上官，會蔭樞以請緩西師，命詣軍前察視，潢護貴州巡撫。貴州山多田少，諸鎭營兵餉米，於徵米諸州縣支發。以運道艱阻，改徵折色，遲至次年春夏，米値昂不足以糴。諸驛例設夫百、馬四十五，而巡撫以下私函付驛，謂之便牌，役夫至數百。潢奏請兵米於藩庫借支，州縣徵解歸項，並檄諸驛禁便牌。兵民困皆蘇。又以貴州僻遠，官於外，商於外，皆不肯歸，潢奏請勒限回籍。貴州民初以爲不便，久之文物漸盛，乃思潢惠焉。

蔭樞還貴州，調潢江西。入覲，至熱河謁上，卽擢江西巡撫。潢革諸州縣漕節陋例，並令火耗限加一，舊加至三四者，悉罷除之，不率者奏劾。湖口關地險港窄，潢度關右武曲港山勢開闊，可容千艘，乃濬江口，建草壩，使估舟得聚泊。建亭頌潢德。會城西南有袁、贛二江，至臨江合流，舊有隄久圮，春夏水發，往往壞田廬。潢奏請重建，九閱月而成。民自是無水患，號爲白公隄。五十九年，奏請補京職，授戶部侍郎。擢兵部尚書。六十一年，世宗卽位，命協辦大學士。尋授文華殿大學士。疏辭，不許。充聖祖實錄總裁。雍正三年，以疾乞解任，許之。

潢撫江西時，南昌、吉安、撫州、饒州四府舊有落地稅千三百兩有奇，設大使徵收。潢以官役苛徵，令停收。巡撫、司道公捐代納，僞編納稅人名册報部，王企靖、裴𢥞度代爲巡撫，皆如潢例。及汪漋至，以其事聞，且請裁大使。上曰：「國家經制錢糧，豈可意爲增減？若此稅不當收，潢當請豁免，何得以公捐代完，沽名邀譽？」下部議，奪潢官。漋亦坐左遷，稅如舊例徵收。乾隆二年，潢卒，命還大學士銜。

國麟，字仁圃，山東泰安人。祖瑗，手書春秋內外傳，史、漢蒙文授之。篤志於學，以程、朱爲宗。康熙四十五年進士。五十八年，授直隸長垣知縣。當官清峻，以禮導民，民戴如父母。世宗聞其賢，雍正二年，擢永平知府。三遷福建布政使，調河南。擢福建巡撫，調安徽。御史蔣炳奏請州縣徵收錢糧，依部頒定額，刊印由單，申布政使覈發。國麟以安徽通省數百萬由單由司覈發，恐誤徵收，疏請停止。內閣學士方苞疏言：「常平倉穀原定每年存七糶三，南省地卑濕，應令因地制宜。」下督撫詳覈。國麟疏言：「安徽所屬州縣濱江湖者，當改糶半存半，他州縣仍循舊例。」並下部議行。乾隆三年，擢刑部尚書，調禮部，兼領國子監。四年，授文華殿大學士，兼禮部尚書。

六年，御史仲永檀疏劾內閣學士許王猷邀九卿至京師民俞長庚家弔喪，國麟亦親往，陽若不知，出告其戚光祿寺卿劉藩長。下王大臣勘不實。國麟乞引退，上留之。俄，給事中盧秉純復論國麟當上舉永檀疏面詰，藩長被命休致；國麟又告以爲侍郎蔣炳所劾。上命大學士鄂爾泰、張廷玉召國麟及藩長相質，藩長力辯。上命毋深究，令鄂爾泰、張廷玉諭國麟引退。國麟疏未卽上，上降詔詰責，左授禮部侍郎。七年，擢尚書。國麟乞引退，不許。逾數月，復以請，上不悅，命奪官，在咸安宮効力。八年，乃許其還里。十五年，詣京師祝上壽，賜禮部尚書銜。明年，卒。

田從典，字克五，山西陽城人。父雨時，明諸生。寇亂，挈子及兄之孤從避，度不能兼顧，棄子負兄子以走。賊退，求得子草間，即從典也。

從典篤學，以宋五子爲宗。康熙二十七年，成進士。旋居父喪，事必遵家禮。服終，就選。三十四年，授廣東英德知縣。縣地瘠，賦籍不可稽，詭寄逋逃，民重困。陋例兩加至八九錢，名曰「均平」。從典盡革之，清其籍。

四十二年，行取，四十三年，授雲南道御史。疏言：「督撫不拘成例，請調州縣，有秉公者，即有徇私者。州縣求調，其弊有三：圖優缺，避衝繁，預爲卓薦地。督撫濫調，其弊亦有三：徇請託，得賄賂，引用其私人。名爲整頓地方，簡拔賢良，實乃巧開捷徑。屢經敗露，有駭聽聞。嗣後請除江、浙等省一百一十餘縣錢糧難徵，及邊遠煙瘴地，仍舊例調補，其他不准濫調。」又疏言：「京官考選科道，令部院堂官保送，恐平日之交結，臨時之營謀，在所難免。請敕吏部，遇考選科道，凡正途部屬，及自知縣升任中、行、評、博，與翰林一體論俸開列，聽候考選。」均下部議行。巡視西城，罷鋪墊費。察通州倉儲，僦神祠以居，廟祝不受值，不入也。

四十九年，擢通政司參議。屢遷轉授光祿寺卿。寺故有買辦人，虧戶部帑至四十一萬餘，從典請限年帶銷。遷左副都御史，再遷兵部侍郎，並命兼領光祿寺。五十八年，遷左都御史。兩江總督常鼐疏言安徽布政使年希堯、鳳陽知府蔣國正婪取，爲屬吏所訐。命從典與副都御史屠沂往按，國正坐斬，希堯奪官。五十九年，擢戶部尚書。雍正元年，調吏部。二年，協辦大學士。三年，授文華殿大學士，兼吏部尚書。六年三月，乞休，優詔褒許，加太子太師致仕。賜宴於居第，令部院堂官並集，發帑治裝，行日，百官祖餞，馳驛歸里，驛道二十里內有司送迎。入辭，賜御牓聯並冠服、朝珠。四月乃行，甫一舍，次良鄉，病大作，遂卒，年七十八。上聞，以從典子懋幼，遣內閣學士一、侍讀學士一爲治喪，散秩大臣一、侍衞六奠茶酒，並命地方官送其喪歸里。賜祭葬，謚文端。

懋，自廕生授刑部員外郎，世宗命改吏部，遷郎中，授貴州道御史。乾隆初，遷禮科給事中。疏言河南秋審寬縱，巡撫尹會一、按察使隋人鵬下吏議。又劾工部尚書趙弘恩受賕，奪官，戍軍臺。遷鴻臚寺少卿。高宗獎懋敢言，超擢副都御史。遷刑部侍郎，調吏部。十一年，上責懋奏事每漏言，且嗜酒務博，命解任歸里讀書。十四年，召授吏部侍郎。以僕從鬬毆傷人，責懋舊習未悛，仍命歸里讀書。家居二十年，卒。

高其位，字宜之，漢軍鑲黃旗人。父天爵，語在忠義傳。其位初隸鑲白旗，自筆帖式管佐領。康熙間，以署參領從軍駐襄陽。叛將楊來嘉、王會等以二萬人出掠，將攻南漳，其位率二十騎覘敵，與遇，越敵隊入南漳，與共守，敵圍攻不能下。叛將譚弘以三萬人犯鄖陽，其位將百人扼楊谿鋪，與相持七十餘日。糧盡，煮馬韉以食。副都統李麟隆援至，合擊，大敗之。尋追論禦敵穀城失利，奪官。久之，授火器營操練校尉，襲其祖尙義二等阿達哈哈番。從大將軍裕親王福全討噶爾丹，戰於烏闌布通，破駱駝營，擢參領。授甘肅永昌副將。明法令，築堡塞，邊境肅淸。遷湖廣襄陽總兵。擢提督，賜孔雀翎、櫜鞬、鞍馬。調江南。兩江總督常鼐有疾，上命其位署理。世宗卽位，召入覲，旋命回提督任。奏請保護聖躬，上褒其有愛君之心，溫詔嘉許。雍正二年秋，奏飛鴉食蝗，秋禾豐茂。上以蝗不成災，傳示王大臣，賜詩褒之。冬，奏進黃浦漁人網得雙夔龍紐未刻玉印，上賜以四團龍補服。三年，授文淵閣大學士，兼禮部尙書，加太子少傅。以衰老辭，不許。改隸鑲黃旗。賜壽，賚牓聯及白金千。屢乞休，乃命以原官致仕。五年，卒，賜祭葬，謚文恪。

子高起，以廕生授四川茂州知州。累遷兵部尙書，坐事奪官逮治。乾隆初，戍軍臺，釋回。卒。

遜柱，棟鄂氏，滿洲鑲紅旗人。曾祖郎色，太祖時，從其兄郎格來歸。遜柱初授筆帖式，擢工部主事。再遷戶部郎中，授御史。歷翰林院侍讀學士、內閣學士、盛京工部侍郎。召改吏部，擢兵部尙書。雍正五年，署大學士，旋授文淵閣大學士，仍兼兵部尙書。遜柱長兵部十六年，屢陳奏部政，多所考覈釐正。十年，以老，命不必兼兵部。十一年，致仕，卒，年八十四，諭褒遜柱「醇厚和平」，賜祭葬。

尹泰，章佳氏，滿洲鑲黃旗人。初授翰林院筆帖式，再遷內閣侍讀。康熙二十七年，授翰林院侍講，充日講起居注官。三十四年，授國子監祭酒。三十七年，改錦州佐領。五十二年，以病罷，遂居錦州。世宗在藩邸，奉命詣奉天謁陵，過錦州宿焉，與語奇之，見其子尹繼善。雍正元年，召授內閣學士。遷工部侍郎，再遷左都御史。疏言：「六科書吏，賄通提塘，造爲小鈔、晚帖，內開口傳諭旨，或誤繙清文，甚至僞造上有賜予及與諸臣問對，應請禁止。」二年，充會典總裁。三年，命以原品署盛京侍郎，兼領奉天府尹。疏言：「承德等九州縣原徵豆米，多貯無用。請自雍正四年始，停徵黑豆，按畝徵米，按丁徵銀，而以原貯米豆視時價出糶。」又言：「關東風高土燥，請掘地窖藏存穀，以節建倉工費。」

四年，山海關總管多索禮疏言應交莊頭餘地，尹泰不卽派官丈收。命侍郎查郎阿往按，坐解府尹任，仍以左都御史協理奉天將軍。將軍噶爾弼議設外海水師，尹泰以爲旅順、天津俱有水師，錦、復、蓋諸州亦可更番巡察，增設需費浩繁，於巡察無益。別疏以聞。下議政王大臣議，如尹泰言。六年，坐遺漏入官財產，奪官。尋命復官。七年正月，與尙書陳元龍同授額外大學士。尋授東閣大學士，兼兵部尙書。十三年，高宗卽位，充世宗實錄總裁。乾隆元年，以老病乞罷，上留之。尹繼善自兩江總督入覲，授刑部尚書，俾使朝夕侍養。三年，復乞罷，命以原官致仕。尋卒，賜祭葬，謚文恪。尹繼善自有傳。

陳元龍，字廣陵，浙江海寧人。康熙二十四年一甲二名進士，授編修，直南書房。郭琇劾高士奇，辭連元龍，謂與士奇結爲叔姪，招納賄賂，命與士奇等並休致。語互詳士奇傳。元龍奏辯，謂：「臣宗本出自高，譜牒炳然。若果臣交結士奇，何以士奇反稱臣爲叔？」事得白，命復任。累遷侍讀學士。元龍工書，爲聖祖所賞，嘗命就御前作書，深被獎許。上御便殿書賜內直翰林，諭曰：「爾等家中各有堂名，不妨自言，當書以賜。」元龍奏臣父之闓年逾八十，家有愛日堂，御書牓賜之。四十二年，再遷詹事。以父病乞養歸，賜葠。時正編賦彙，令攜歸校對增益。上南巡，元龍迎謁，御書牓賜之闓及元龍母陸。之闓卒，喪終，召元龍授翰林院掌院學士。

五十年，遷吏部侍郎。授廣西巡撫。值廣東歲歉，廣西米價高，元龍遣官詣湖南採米平糶。五十四年，修築興安陡河閘，護兩廣運道。並於省城擴養濟院，立義學，創育嬰堂，建倉貯穀。五十七年，擢工部尚書。六十年，調禮部。世宗即位，命守護景陵。七年，與左都御史尹泰同授額外大學士，尋授文淵閣大學士，兼禮部尚書。元龍在廣西，請開例民捐穀得入監。李紱爲巡撫，請以捐穀爲開墾費。上責其借名支銷，命元龍詣廣西清理。紱旋奏：「元龍分得羨餘十一萬有奇，除在廣西捐公費九萬，又助軍需十萬。今倉穀尚有虧空，應令分償。」及授大學士，命免之。十一年，以老乞休，加太子太傅致仕，令其子編修邦直歸侍養。行日，賜酒膳，令六部滿、漢堂官餞送，沿途將吏送迎。乾隆元年，命在籍食俸。尋卒，賜祭葬，謚文簡。

論曰：軾以德望尊，徐元夢以忠謇重。世宗譴允禩、允禟，徐元夢言：「二人罪當誅，願上念手足情緩其死。」二人者既死，吏議奴其子，軾言：「二人子實爲聖祖孫，孰敢奴之？」世宗皆爲動容。諒哉，古大臣不是過也。廷錫直內廷領戶部，邁柱等領疆節，卓然有績效。從典、尹泰皆以端謹奉職。古所謂大人長者，殆近之矣。

清史稿卷二百九十

列傳七十七

楊名時　黃叔琳子登賢　方苞　王蘭生留保　胡煦
魏廷珍任蘭枝　蔡世遠　沈近思　雷鋐

楊名時，字賓實，江南江陰人。康熙三十年進士，改庶吉士。李光地爲考官，深器之，從受經學。散館，授檢討。四十一年，督順天學政，用光地薦也。尋遷侍讀。四十二年，上西巡，肥鄉武生李正朝病狂，衝突儀仗。光地時爲直隸巡撫，請罪正朝，因劾名時。上斥名時督學，有意棄富錄貧，不問學業文字，但不受賄囑，從寬恕宥。四十四年，任滿，命河工効力。旋連遭父母喪，以憂歸。五十一年，服除，候補。五十三年，命直南書房。名時不投牒吏部，因不得補官，上特命充陝西考官。五十六年，授直隸巡道。時沿明制，直隸不設兩司，以巡道任按察使事。政劇，吏爲姦，名時革宿弊殆盡。五十八年，遷貴州布政使。

五十九年，擢雲南巡撫。師征西藏，留駐雲南，名時爲營館舍，明約束，無敢叫囂。名時疏言：「雲南兵糧歲需十四萬九千餘石，俱就近支放。兵多米少，諸州縣例四年折徵一次，請改每年給本色三季，折色一季。」部議如所請行。雍正元年，名時奏請安，世宗諭曰：「爾向日居官有聲。茲當加勉，莫移初志。」尋疏言：「雲南巡撫一切規禮，臣一無所取。惟鹽規五萬二千兩，除留充恤竈、修井諸用，餘四萬六千兩。累年供應在藏官兵軍需賞賚，撥補銀廠缺課，及公私所用，皆取於此。藏兵撤後，請仍留臣署若干，餘悉充公用。」上諭曰：「督撫羨餘，豈可限以規則？取所當取，用所當用，全在爾等揆情度理而行，無煩章奏也。」名時迭疏請調劑鹽井，改行社倉，皆下部議行。雲南自亂後田賦淆亂，往往戶絕田去而丁未除，至有一人當數十丁者，累代相仍，名曰「子孫丁」。名時疏請照直隸例，將通省丁額攤入田糧完納。雲南舊例，地方應辦事，皆取諸民間，謂之「公件」。胥役科斂，指一派十，重爲民累。名時議核實州縣需款，酌定數目徵收，不得再有加派。檄行所屬諸州縣，核數開報。

三年，擢兵部尚書，改授雲貴總督，仍管巡撫事。時上令諸督撫常事疏題，要事摺奏。名時洩密摺，上令悉用題本，名時乞遇事仍得摺奏，許之。四年，轉吏部尚書，仍以總督管巡撫。名時具題本，誤將密諭載入，上嚴責，命解任，以朱綱代爲巡撫。未至，仍令名時暫署。俄，綱上官，劾名時在任七載，徇隱廢弛，庫帑倉穀，借欠虧空。上命名時自陳，綱代名時奏謝罪，上責其巧詐，諭總督鄂爾泰嚴訊。名時自承沽名邀譽，斷不敢巧詐。讞上，部議以名時始終掩護，朦朧引咎，無人臣事君禮，坐挾詐欺公，當斬。上命寬免，復遣侍郎黃炳會綱按治。炳等欲刑訊，鄂爾泰持不可，乃坐名時得鹽規八萬，除捐補銀廠缺課，應追五萬八千餘兩。上令名時留雲南待後命。

高宗即位，召詣京師。乾隆元年，名時至，賜禮部尚書銜，兼領國子監祭酒，兼直上書房、南書房。名時以前在雲南令諸州縣核實需款定數徵收，去公件之弊，事未竟而去，奏請下督撫勘定。總督尹繼善、巡撫張允隨奏請以額編條糧重輕，與原定公件多寡，兩相比並，就中攤減，下部議行。視未定議前取諸民者去十之七，雲南民困以蘇。

苗疆用兵久，名時疏言：「御夷之道，貴在羈縻，未有怨毒猜嫌而能長久寧貼者。貴州境內多與苗疆相接，生苗在南，漢人在北，而熟苗居中，受雇直爲漢人傭，相安已久。生苗所居深山密箐，有熟苗爲之限，常聲內地兵威以懾之，故亦罔敢窺伺。自議開拓苗疆，生苗界上常屯官兵，干戈相尋，而生苗始不安其所。至熟苗無事則供力役，用兵則爲嚮導，軍民待之若奴隸，生苗疾之若寇讎。官兵勝，則生苗乘間抄殺以洩忿；官兵敗，又或屠戮以冒功。由是熟苗怨恨，反結生苗爲亂。如台拱本在化外，有司迎合要功，輒謂苗民獻地。上官不察，竟議駐師。遂使生苗煽亂，屢陷官兵，蹂躪內地；間有就撫熟苗，又爲武臣殘殺，賣其妻女。是以賊志益堅，人懷必死。爲今日計，惟有棄苗疆而不取，撤重兵還駐內地，要害築城，俾民有可依，兵有可守。來則禦之，去則舍之。明懸賞格，有能擒首惡及率衆歸順者，給與土官世襲，分管其地。更加意撫綏熟苗，使勿爲生苗所劫掠，官兵所侵陵，庶有俛首向化之日。不然，臣恐兵端不能遽息也。」二年，卒，贈太子太傅，賜祭葬，謚文定。

黃叔琳，字崑圃，順天大興縣人。康熙三十年一甲三名進士，授編修，累遷侍講。丁父憂，服除，起原官，遷鴻臚寺少卿。五遷刑部侍郎。雍正元年，調吏部。命偕兩淮鹽政謝賜履赴湖廣，與總督楊宗仁議鹽價，革除陋規，從所請。疏言：「各省支撥兵糧，布政使、糧道爲政，先期請託，方撥近營。否則撥遠汛，加運費，民既重累輸輓，兵亦苦待餉。請敕督撫察兵數，先撥本州縣衞、所，不敷，於附近州縣撥運。」下部議行。旋授浙江巡撫。時御史錢廷獻請濬浙江東西湖，蓄水灌田，命叔琳會總督滿保勘議。叔琳等奏言：「西湖居會城西，周三十餘里，南北山泉入湖處，舊皆設閘以阻浮沙，水得暢流；又有東湖爲之停蓄，湖水分出上下塘河，農田資以灌漑。自閘廢土淤，民占爲田，築埂圍蕩，栽荷蓄魚。請照舊址清釐，去埂建閘，濬城內河道，並疏治上塘河各支港，及自會城至江南吳江界運河港汊壩堰。」部議從之。

叔琳疏薦人才，有廷臣嘗言於上者，上疑叔琳請託先容，諭戒鄭重。會有言叔琳赴湖廣時，得鹽商賕，俾充總商，及爲巡撫，庇海寧陳氏僕；其弟御史叔璥巡視臺灣，過杭州，僕鬨於市，叔琳皆以罪商，有死者，商爲罷市。上命解叔琳任，遣侍郎李周望與將軍安泰分案按治。安泰等奏叔琳以陳氏僕與商爭毆，逮商杖斃，事實，無與叔璥事，亦未嘗罷市。周望等奏叔琳貸金鹽商，非行賄，上命毋窮究。三年，命赴海塘効力。

乾隆元年，授山東按察使。疏言：「舊例州縣命案，印官公出，由隣封相驗。嗣廣西巡撫金鉷奏請改委佐雜，僉緣賄囑，難成信讞。」又言：「審案舊有定限，逾限議處。嗣河東總督田文鏡題定分立解府、州、司、院限期，雖意在清釐，適啓通融挪改之弊，請皆仍舊爲便。」從之。二年，遷布政使。四年，丁母憂。服除，授詹事。以在山東誤揭屬吏諱盜，奪官。叔琳登第甫二十，十六年，重遇登第歲，命給侍郎銜。二十一年，卒，年八十三。

叔琳富藏書，與方苞友。苞治諸經，叔琳皆與商榷。

子登賢，字筠盟。乾隆元年進士，授戶部主事。累遷左副都御史，督山東學政。康熙間，叔琳來督學，立三賢祠，祀胡瑗、孫復、石介，以式諸士。後六十年，登賢繼之，訓士遴才，皆循叔琳訓。四十九年，卒。

方苞，字靈皋，江南桐城人。父仲舒，寄籍上元，善爲詩，苞其次子也。篤學修內行，治古文，自爲諸生，已有聲於時。康熙三十八年，舉人。四十五年，會試中式，將應殿試，聞母病，歸侍。五十年，副都御史趙申喬劾編修戴名世所著南山集、孑遺錄有悖逆語，辭連苞族祖孝標。名世與苞同縣，亦工爲古文，苞爲序其集，並逮下獄。五十二年，獄成，名世坐斬。孝標已前死，戍其子登嶧等。苞及諸與是獄有干連者，皆免罪入旗。聖祖夙知苞文學，大學士李光地亦薦苞，乃召苞直南書房。未幾，改直蒙養齋，編校御製樂律、算法諸書。六十一年，命充武英殿修書總裁。世宗卽位，赦苞及其族人入旗者歸原籍。

雍正二年，苞乞歸里葬母。三年，還京師，入直如故。居數年，特授左中允。三遷內閣學士。苞以足疾辭，上命專領修書，不必詣內閣治事。尋命教習庶吉士，充一統志總裁、皇清文穎副總裁。乾隆元年，充三禮義疏副總裁。命再直南書房，擢禮部侍郎，仍以足疾辭，上留之，命免隨班行走。復命教習庶吉士，堅請解侍郎任，許之，仍以原銜食俸。苞初蒙聖祖恩宥，奮欲以學術見諸政事。光地及左都御史徐元夢雅重苞。苞見朝政得失，有所論列，旣，命專事編輯，終聖祖朝，未嘗授以官。世宗赦出旗，召入對，慰諭之，並曰：「先帝執法，朕原情。汝老學，當知此義。」乃特除清要，馴致通顯。

苞屢上疏言事，嘗論：「常平倉穀例定存七糶三。南省卑濕，存糶多寡，應因地制宜，不必囿成例。年饑米貴，有司請於大吏，定值開糶，未奉檄不敢擅。自後各州縣遇穀貴，應即令定值開糶，仍詳報大吏。穀存倉有鼠耗，盤量有折減，移動有運費，糶糴守局有人工食用。春糶值有餘，卽留充諸費。廉能之吏，遇秋糴值賤，得穀較多，應令詳明別貯，備歉歲發賑。」下部議行。又言民生日匱，請禁燒酒，禁種烟草，禁米穀出洋，並議令佐貳官督民樹畜，士紳相度濬水道。又請矯積習，興人才，謂：「上當以時延見廷臣，別邪正，示好惡。內九卿、外督撫，深信其忠誠無私意者，命各舉所知。先試以事，破瞻徇，繩贓私，厚俸而久任著聲績者，賜金帛，進爵秩。尤以六部各有其職，必愼簡卿貳，使訓厲其僚屬，以時進退之，則中材咸自矜奮。」乾隆初，疏謂：「救荒宜豫。夏末秋初，水旱豐歉，十已見八九。舊例報災必待八九月後，災民朝不待夕，上奏得旨，動經旬月。請自後遇水旱，五六月卽以實奏報。」並言：「古者城必有池，周設司險、掌固二官，恃溝樹以守，請飭及時修舉。通川可開支河，沮洳可興大圩，及諸塘堰宜創宜修，若鎭集宜開溝渠、築垣堡者，皆造册具報，待歲歉興作，以工代賑。」下部議，以五六月報災慮浮冒，不可行；溝樹塘堰諸事，令各督撫籌議。

高宗命苞選錄有明及本朝諸大家時藝，加以批評，示學子準繩，書成，命爲欽定四書文。苞欲仿朱子學校貢舉議立科目程式，及充敎習庶吉士，奏請改定館課及散館則例，議格不行。苞老多病，上憐之，屢命御醫往視。

苞以事忤河道總督高斌，高斌疏發苞請託私書，上稍不直苞。苞與尚書魏廷珍善，廷珍守護泰陵，苞居其第。上召苞入對，苞請起廷珍。居無何，上召廷珍爲左都御史，命未下，苞移居城外。或以訐苞，謂苞漏奏對語，以是示意。庶吉士散館，已奏聞定試期，吳喬齡後至，復補請與試。或又以訐苞，謂苞移居喬齡宅，受請託。上乃降旨詰責，削侍郎銜，仍命修三禮義疏。苞年已將八十，病日深，大學士等代奏，賜侍講銜，許還里。十四年，卒，年八十二。苞既罷，祭酒缺員，上曰：「此官可使方苞爲之。」旁無應者。

苞爲學宗程、朱，尤究心春秋、三禮，篤於倫紀。既家居，建宗祠，定祭禮，設義田。其爲文，自唐、宋諸大家上通太史公書，務以扶道敎、裨風化爲任。尤嚴於義法，爲古文正宗，號「桐城派」。

苞兄舟，字百川，諸生，與苞同負文譽。嘗語苞，當兄弟同葬，不得以妻祔。苞病革，命從舟遺言；並以弟林早卒未視斂，斂袒右臂以自罰。

王蘭生，字振聲，直隸交河人。少穎異。李光地督順天學政，補縣學生，及爲直隸巡撫，錄入保陽書院肄業，敎以治經，並通樂律、曆算、音韻之學。光地入爲大學士，薦蘭生直內廷，編纂律呂正義、音韻闡微諸書。康熙五十二年，賜舉人，以父憂歸。服除，仍直內廷。六十年，應會試，未第。上以蘭生內直久，精熟性理，學問亦優，賜進士，殿試二甲一名，改庶吉士。雍正元年，散館授編修。三年，署國子監司業。四年，眞除，督浙江學政。五年，遷侍講。六年，轉侍讀。時查嗣庭、汪景祺以誹謗得罪，停浙江士子鄉會試。蘭生奏言：「諸生當立品奉公，如有潛通胥役，欺隱錢糧，察出黜懲。臣按考所至，嚴加曉諭，並令地方官開報，必使輸糧乃得入試。」上深嘉之，命浙江士子准照舊鄉會試。七年，擢侍讀學士，督安徽學政。九年，遷內閣學士，仍留學政。十年，命再留任三年。尋充江南鄉試考官，調陝西學政。十三年，以所舉士得罪，左授少詹事。高宗卽位，召入都，復授內閣學士。乾隆元年，遷刑部侍郞，兼署禮部侍郞。二年春二月，上奉世宗葬泰陵，蘭生扈行。次良鄉，發，病遽作，卒於肩輿中。賚白金五百，治喪涿州，待家人奔赴，賜祭葬如例。

蘭生爲學原本程、朱，光地授以樂律，與共校朱子琴律圖說，刻本多謬誤，以意詳正，遂可推據。旣入直，聖祖授以律管、風琴諸解，本明道程子說，以人之中聲定黃鐘之管，積黍以驗之，展轉生十二律，皆與古法相應；又至郊壇親驗樂器，推匏土絲竹諸音與黃鐘相應之理，其說與管子、淮南子相合。音韻亦授自光地，謂邵子經世詳等而略韻，顧炎武音學五書詳韻而略等，兼取其長，以國書五字類爲聲韻之元以定韻，又用連音爲紐均之法以定等，皆發前人所未及。聖祖深賞之，禁中夜讀書，惟蘭生侍左右，巡幸必以從，亟稱其賢。

留保，字松裔，完顏氏，滿洲正白旗人。祖阿什坦，字金龍，順治初，授內院六品他赦哈哈番，繙譯大學、中庸、孝經、通鑑總論諸書；九年，成進士，授刑科給事中。留保，康熙五十三年舉人。六十年，與蘭生同賜進士，改庶吉士。雍正元年，散館授檢討。累遷通政使。六年，廣東巡撫楊文乾劾總督阿克敦侵蝕粵海關火耗，並令家人索暹羅米船規禮諸事，上命總督孔毓珣及文乾按治。尋文乾卒，改命留保及郎中喀爾吉善會毓珣按治。毓珣以上怒，將刑訊，留保爭之，乃免。讞定，阿克敦罪當死，尋復起，語詳阿克敦傳。留保遷侍郎，歷禮、吏、工三部。乾隆初，乞病，致仕。卒，年七十七。

胡煦，字滄曉，河南光山人。初以舉人官安陽教諭。治周易，有所撰述。康熙五十一年，成進士，散館授檢討。聖祖聞煦通易理，召對乾清宮，問河、洛理數及卦爻中疑義。煦繪圖進講，聖祖賞之，曰：「眞苦心讀書人也。」五十三年，命直南書房。上方纂周易折中，大學士李光地爲總裁，命煦分纂。尋命直蒙養齋，與修卜筮精蘊。五十七年，遷洗馬，與修卜筮彙義。轉鴻臚寺少卿。六十一年，遷光祿寺少卿，再遷鴻臚寺卿。雍正元年，擢內閣學士，命與刑部侍郎馬晉泰如盛京按鞫私刨人葠，錄囚百五十八人，論罪如律。煦還奏：「刨葠俱貧民，羈候按鞫，自春夏至九、十月，往往瘐斃。請歸盛京刑部及將軍、府尹，以時定讞。」

上如所請，命嗣後停遣部院堂官按鞫。五年，擢兵部侍郎，兼署戶部。時諸部院每於員外增置佐正員治事，煦協理副都御史，又協辦禮部侍郎。八年，命直上書房，充明史總裁。九年，授禮部侍郎。旋以衰老奪官。十年，河東總督田文鏡劾煦長子孟基本邱氏子，冒姓，以官卷得鄉舉，下部議黜。乾隆元年，煦詣闕召見，命還原銜，復孟基舉人，賜其幼子季堂廕生。煦疾作，卒於京師，賚銀五百治喪，賜祭葬。

煦正直忠厚，所建白必歸本於敎化。嘗奏：「請敕州縣歲舉孝子悌弟，督撫旌其門，免徭役，見長官如諸生。其有慈惠廉節，篤於交友，下逮僕婢，行有可稱，皆得申請獎勸，庶化行俗美，人知自愛。」又請敕州縣勸農桑，或別設農官以專其任。又言：「督撫於命、盜重案，每用『自行招認』四字，援以定罪。夫民奸黠者抵死不服，愚懦者畏刑自誣。請嗣後必證據確然，然後付法司閱實。一有不當，旋卽駁正，庶得愼刑之意。」他所陳奏，如廣言路，裕積儲，汰浮糧，省冗官，平權量，多切於世務。乾隆間，高宗詔求遺書，徵煦著述。時季堂官江蘇按察使，以煦著周易函書進。五十九年，特命追諡，諡文良。季堂自有傳。

魏廷珍，字君璧，直隸景州人。李光地督學，招入幕閱卷。旋以舉人薦直內廷，與王蘭生、梅瑴成校樂律淵源。五十二年，成一甲三名進士，授編修。五十四年，遷侍講，直南書房。五十六年，轉侍讀。五十九年，轉擢詹事，復遷內閣學士。六十一年，命領兩淮鹽政。

雍正元年，授偏沅巡撫。世宗諭曰：「爾清正和平，但不肯任勞怨。今爲巡撫，宜剛果嚴厲，不宜因循退縮。」二年，以辰谿諸生黃先文故殺人，讞鬬殺擬絞，遇赦請免；會同民譚子壽等因姦斃三命，擬斬候，皆失出；又以撥綠旗兵餉未具題：部議降調。上諭：「廷珍學問操守勝人，乃料理刑名錢穀，非過則不及。」召回京，授盛京工部侍郎。三年，授安徽巡撫，又以按治涇縣吏王時瑞等假印徵賦，寬徇，爲部駁，上戒其毋姑息。廷珍疏言：「清釐錢糧，官吏侵蝕，往往匿民欠中，不易清察。請視民欠多少，多限一年，少限半年，分別詳察。官吏侵蝕，循例責償，如實欠在民，督徵催解，州縣有逋賦，繼任受代，許以時察報。」詔如所請行。嗣以清察限促，敕部更定。廣東總督孔毓珣入對，言道經宿州靈壁，積潦妨稼，上責廷珍怠玩，令出俸疏濬。廷珍乞內補，上不許。八年，調湖北。九年，召回京，授禮部尚書。十年，授漕運總督，署兩江總督。十二年，授兵部尚書。十三年，仍調禮部。

高宗卽位，命以尚書銜守護泰陵。乾隆三年，授左都御史。四年，遷工部尚書。五年，以老病乞休。上以：「廷珍在世宗朝服官中外，不克舉其職，屢奉申誡，今以老病乞休，似此因循懈怠、持祿保身之習，斷不可長。」命奪官。時方苦旱，太常寺卿陶正靖謝上入對，上問：「今苦旱，用人行政或有闕失，宜直言。」正靖因奏：「廷珍負清望，無大過。近日放還，天語峻厲，非所以優老臣。」上霽顏聽之。後數日，上以語禮部尚書任蘭枝，蘭枝言正靖其門生也。上知蘭枝與廷珍爲同年進士，因不懌，諭：「朝臣師友門生援引標榜，其端不可開。」命蘭枝書上諭戒正靖，蘭枝書上諭，言：「上問正靖，知爲蘭枝門生。」上詰蘭枝，蘭枝對「年老耳聾，一時誤聽。」上愈怒，責蘭枝詐僞，對稱「老」，以舊臣自居，下吏議，蘭枝、正靖皆奪官。上命留蘭枝，正靖降調。

十三年，上東巡，過景州，廷珍迎謁，命還原銜，賜以詩，有句曰：「皇祖栽培士，於今賸幾人？」並書「林泉耆碩」榜賚之。十六年，又賜詩，予其子錫麟廕生。二十一年，復東巡，廷珍迎謁，年已將九十，又賜詩，予錫麟員外郎銜。尋卒，賜祭葬，謚文簡。

任蘭枝，字香谷，江蘇溧陽人。康熙五十二年一甲二名進士，授編修。雍正元年，命直南書房。累遷內閣學士。五年，與安南定界，偕左副都御史杭奕祿齎詔宣諭，語詳杭奕祿傳。使還，遷兵部侍郎。命如江西按南昌總兵陳玉章侵餉。調吏部。高宗即位，命充世宗實錄總裁。擢禮部尚書，歷戶、兵、工部，復調禮部。十年，以老致仕。十一年，卒。

蔡世遠，字聞之，福建漳浦人。父璧，拔貢生，官羅源訓導，有學行，巡撫張伯行延主鼇峯書院，招世遠入使院校訂先儒遺書。

世遠，康熙四十八年進士，改庶吉士。大學士李光地以宋五子之書倡後進，得世遠，深器之。四十九年，乞假省親。五十年，遭父喪，服除，赴京師。以假逾期，於例當休致，世遠不欲以父喪自列。會上命纂性理精義，光地充總裁，薦世遠分修，書成，世遠不欲以編輯敍勞，辭歸。巡撫呂猶龍延主鼇峯書院，以正學敎士。居久之，雍正元年，特召授編修，直上書房，侍諸皇子讀。尋遷侍講。四年，遷右庶子，再遷侍講學士。五年，遷少詹事，再遷內閣學士。六年，遷禮部侍郎。

七年，上將設福建觀風整俗使，諮世遠，命與同籍京朝官議之。僉謂：「福建自海疆平定後，泉、漳將吏因功驟擢通顯，子弟驕悍，無所懔畏。皇上飭官方，與民俗，上年學政程元章奏以泉、漳風俗未醇，責成巡道整飭，自此益加儆戒。但人有賢愚，士或鄙劣薄行，民又多因怒互爭，未必洗心滌慮。應請設觀風整俗使，防範化導，於風俗人心有益。」得旨允行。八年，福建總督高其倬劾世遠長子長漢違例私給船照，上以疏示世遠。世遠奏言：「臣子長漢現在京邸。此所給照，不知何人所爲。但有臣官銜圖書，非臣族姓，卽臣戚屬，請敕鞫治。」部議坐失察，降調。十年，特旨復原職。十二年，卒。

世遠侍諸皇子讀，講四子、五經及宋五子書，必引而近之，發言處事，所宜設誠而致行者；於諸史及他載籍，則卽興亡治亂，君子小人消長，心迹異同，反覆陳列。十餘年來，寒暑無或間。十三年，高宗卽位，贈禮部尚書，謚文勤。所著二希堂集，御製序弁首。「二希」者，謂功業不敢望諸葛武侯，庶幾范希文；道德不敢望朱子，庶幾眞希元。上製懷舊詩，稱爲閩之蔡先生。六十年，上將歸政，釋奠於先師，禮成，推恩舊學，加贈太傅。

子長澐，諸生。乾隆三年，以學行兼優薦，發江南以知縣用。歷甘泉、石埭、句容、無錫諸縣。兩江總督德沛稱其廉明，再遷江寧知府。調廬州、松江諸府，遷四川按察使。二十七年，特擢兵部侍郎。逾年，卒。上屢念世遠舊勞，推恩其諸子，觀瀾、長汭及孫本崇皆賜舉人。

沈近思，字位山，浙江錢塘人。康熙三十九年進士。四十五年，授河南臨潁知縣。潁水經許州東入臨潁，許州孔家口下距臨潁境僅百餘步，隄屢圮，水入臨潁，害禾稼。近思請築隄，臨潁任夫十之七，士民爭輸穀。日役千三百人，人穀二升，二十日而隄成。水至不爲患，歲大熟。近思立紫陽書院，敎士以正學。縣西葛岡村俗最惡，近思爲置塾，課村童，立書程簿，躬敎督之。化行於其鄉，俗日馴。五十二年，巡撫鹿祐薦卓異，遷廣西南寧同知。病，告歸。

五十九年，以浙江巡撫朱軾薦，敕部調取引見，命監督本裕倉。浙江福建總督滿保奏請以知府揀發福建，檄署臺灣知府。近思議析置數縣，道鎭彈壓，府治駐兵三千，分布營汛，收材勇入行伍，嚴加操練，以漸移充內地各標。流民至者，必審籍貫、稽家口，方授以田土，否則悉驅過洋。議未卽行，雍正元年，召授吏部文選司郎中，賜第，賚帑金四百。尋授太僕寺卿，仍兼領文選司事。二年，超授吏部侍郎，命與尙書阿爾松阿如河南按治諸生王遜等糾衆罷考，論如律。

四年，充江南鄉試考官。例以鄉試錄進呈，上嘉近思命題正大，策問發揮性理，諭獎之。時侍郎查嗣庭、舉人汪景祺以誹謗獲罪，停浙江人鄉會試。近思疏言：「浙省乃有如嗣庭、景祺者，越水增羞，吳山蒙恥！」因條列整飭風俗，約束士子，凡十事。上曰：「浙省有近思，不爲習俗所移，足爲越水、吳山洗其羞恥！」所陳委曲詳盡，下巡撫李衞、觀風整俗使王國棟，如議施行。五年，擢左都御史，仍兼領吏部事。卒，命平郡王福彭往奠，加禮部尙書、太子少傅。以其子方幼，令吏部遣司官爲治喪，賜祭葬，謚端恪。

近思少孤貧，爲僧靈隱寺。世宗通佛理，嘗以問近思，近思對曰：「臣少年潦倒時，嘗逃於此。幸得通籍，方留心經世事以報國家。亦知皇上聖明天縱，早悟大乘，然萬幾爲重，臣願皇上爲堯、舜，不願皇上爲釋迦。卽有所記，安敢妄言以分睿慮？」上爲改容。及耗羨歸公議起，上意在必行，近思獨爭之，言：「耗羨歸公，卽爲正項，今日正項之外加正項，他日必至耗羡之外加耗羡。臣嘗爲縣令，故知其必不可行。」上一再詰之，近思陳對侃侃，雖終不用其言，亦不以爲忤也。

子玉璉，世宗命地方官加意撫養成立。乾隆中，授廣西桂林同知。

雷鋐，字貫一，福建寧化人。爲諸生，究心性理。庶吉士蔡世遠主鼇峯書院，從問學。雍正元年，舉於鄉。世遠時爲侍郎，薦授國子監學正。十一年，成進士，改庶吉士，乞假歸。十三年，高宗卽位，召來京，命直上書房。乾隆元年，散館，以病未入試，特授編修。二年，大考二等一名，賜筆、墨、硯、葛紗。同直編修余棟以憂歸，端慧皇太子喪，入臨，上欲留之。鋐疏言：「侍學之臣，當明大義，篤人倫。使棟講書至『宰我問三年喪』，何以出諸口？」楊名時亦諍之，事遂寢。四年，遷諭德。尋以父憂歸。九年，召來京，仍直上書房，賞額外諭德食俸。

十年，三遷通政使。上以言事者多沽直名，自規便利，詔訓飭。鋐疏言：「皇上裁成激勸，俾以古純臣爲法，意至深厚。然臺諫所得者名，政事所得者實。論臣子之分，不惟不可計利，並不可好名；而在朝廷樂聞讜言，不必疑其好名，並不必疑其計利。孔子稱舜大知曰隱惡揚善，則知當時進言者不皆有善無惡，惟舜隱之揚之，所以嘉言罔攸伏，成執兩用中之治。」得旨嘉獎。十四年，乞假省母。十五年，還京，命督浙江學政。十六年，上南巡，賜以詩，謂：「浙江近福建，爲汝便養母也。」尋調江蘇。十八年，擢左副都御史，仍留督學。復調浙江。杭州、嘉興災，致書巡撫周人驥議錮賑。人驥以時已隆冬，例不得補報，難之。鋐遂疏聞，上命錮賑。二十一年，乞養母歸。二十二年，上南巡，鋐迎謁，上書牓賜其母。二十四年，丁母憂。二十五年，鋐未終喪，卒，年六十四。

鋐和易誠篤，論學宗程、朱。督學政，以小學及陸隴其年譜教士。與方苞友，爲文簡約沖夷得體要。

論曰：聖祖以朱子之學倡天下，命大學士李光地參訂性理諸書，承學之士，聞而興起。苞與光地誼在師友間，名時、蘭生、廷珍、世遠皆出光地門。煦亦佐光地修書，得受裁成於聖祖。叔琳，苞友，鋐又出世遠門，淵源有自。獨近思未與光地等游，而學術亦無異，雍正初，與世遠、苞先後蒙特擢。壽考作人，成一時之盛，聖祖之澤遠矣。

清史稿卷二百九十一

列傳七十八

海望 三和　莽鵠立　杭奕祿　傅鼐　陳儀　劉師恕 焦祈年　李徽
王國棟 許容　蔡仕舢

海望，烏雅氏，滿洲正黃旗人。初授護軍校。雍正元年，擢內務府主事。累遷郎中，充崇文門監督。八年，擢總管內務府大臣，兼管戶部三庫，賜二品頂戴。九年，遷戶部侍郎，仍兼管內務府，授內大臣。十一年，命偕直隸總督李衞勘浙江海塘，與衞議奏在海寧尖、塔兩山間建石壩，使海潮外趨，並在仁和、海寧兩縣境改建大石塘。上命浙江總督程元章相度遵行。又奏請設專官總轄，令駐防將軍、副都統協同監修，及議敍在工人員工價以銀米兼發，並從之。十三年，振武將軍傅爾丹虐兵婪索事發，命海望赴北路軍營逮治。尋命辦理軍機事務。

世宗疾大漸，召同受顧命。是時辦理軍機事務鄂爾泰、張廷玉、訥親、班第、索柱、豐盛額、莽鵠立、納延泰及海望凡九人。高宗卽位，命尚書徐本入直。旋設總理事務處，命鄂爾泰、廷玉總理，本、訥親及海望協辦，班第、納延泰、索柱差委辦事。尋命海望署戶部尚書。海望還自軍前，奏言：「鄂爾坤發遣罪人種地無實效，且恐生事，當改發他處。」世宗謂：「鄂爾坤方駐兵，當可彈壓，海望奏非是。」高宗以海望奏下總理事務處議，議上，上諭曰：「海望奏，前奉皇考中飭。朕推皇考之意，蓋以發遣罪人，皆身獲重罪，今令軍前種地，乃所以保全之。其中若有冤抑，自應聲明具奏寬釋。如但以不善開墾，遂爾改發內地，此曹既獲重罪，又不肯急公趨事，轉得遂其僥倖之心；且如以兵代之，兵若以不能力田爲辭，則將移內地之民耕邊塞之地乎？此事之斷不可行者。海望心地純良，但識見平常，所奏豈可盡以爲是？議覆觀望游移，後當以此爲戒。」

乾隆二年，泰陵工成，授拖沙喇哈番世職。尋罷總理事務處，復設辦理軍機處，海望仍爲辦理軍機大臣。敍勞，復加拖沙喇哈番世職。四年，加太子少保。初，上命停捐例，廷臣議但留收穀捐監，俾各省積穀備荒。六年，御史趙青藜請並停之，復下廷臣議，請仍其舊。海望奏：「外省收捐繁難，原議各省捐貯穀數三千餘萬石，今報部者僅二百五十餘萬石，不足十之一。不若停各省捐穀，令在部交銀，轉撥各省買穀，俟倉貯充盈，請旨停止。」上命在部交銀，在外交穀，聽士民之便。諭謂：「地方積穀不厭其多，賑卹加恩，亦所時有，正未易言倉貯充盈也。」

海望久充崇文門監督，御史胡定奏言：「崇文門徵稅，有掛錘、頂秤諸名，百斤作百四五十斤。稅額雖未增，實已加數倍。雜物自各門入，恣意需索，更數倍於稅額。外省各關，如杭州北新關，自南而北十餘里，稽察乃有七處，留難苛索，百倍於物價。蓋由官吏務欲稅課浮於舊額，吏胥藉得恣睢無忌，請敕嚴禁。」上曰：「海望領崇文門稅務，儘收儘解，盡行入官，因而見其獨多。如定所奏，種種苛索，朕信其必無。外省關課，應令督撫嚴察。」海望旋調禮部尚書。

十年，上以海望精力漸衰，罷辦理軍機。十四年，復調戶部尚書。十七年，以建築兩郊壇宇發帑過多，與侍郎三和等自行奏請嚴議，當奪官，上寬之。二十年，卒，遣散秩大臣博爾木查奠茶酒，賜祭葬，諡勤恪。

三和，納喇氏，滿洲鑲白旗人。初授護軍校，累遷一等侍衞。乾隆六年，授總管內務府大臣，遷戶部侍郎，調工部，復調還戶部。十四年，擢工部尚書。尋降授侍郎，調戶部，復調還工部。三十二年，授內大臣。三十八年，卒，賜祭葬，諡誠毅。

莽鵠立，字樹本，伊爾根覺羅氏，滿洲鑲黃旗人。曾祖富拉塔，居葉赫，天聰時來歸，隸蒙古正藍旗。祖莽吉圖，從睿親王伐明，徇山東，圍錦州，擊敗洪承疇援兵；入關逐李自成至慶都；又從下雲南。累擢正藍旗滿洲梅勒額眞，授世職三等阿達哈哈番。

莽鵠立，事聖祖，初授理藩院筆帖式。累遷員外郎，迭充右翼監督、滸墅關監督。世宗卽位，命協辦理藩院侍郎，旋擢御史。莽鵠立精繪事，令恭繪聖祖御容。雍正元年，改入滿洲，以本族別編佐領，俾莽鵠立世管。

出巡長蘆鹽政，疏言：「長蘆諸商行鹽地，有額引不能銷者，有額外多銷者。請通融運銷，量增引目。」從之。二年，疏請元年積引寬限分銷，部議不允，再疏請，特許之。又疏言：「山東加增引目，州縣多寡不均。請減多增寡，以甦商困。」又疏言：「增復引目，視現辦商人按名均分。」上允之。三年，疏言：「山東竈丁，遵康熙五十二年恩詔，審丁不加賦。」下部議行。又疏請清察竈地，敕直隸、山東督撫遣員清丈。遷大理寺卿，再遷兵部侍郎，領鹽政如故。天津改衞爲州，初議隸河間府。莽鵠立請改爲直隸州，以武清、靜海、青縣屬焉。併丁入地議起，莽鵠立以山東竈丁丁多地少，請以其半入地，其半仍按丁徵賦。下部議，從之。四年，以御史顧琮巡視鹽政，仍命莽鵠立監理。尋調禮部，令與顧琮監造天津水師營房，工久未竣，上以責莽鵠立，調刑部，召還京。五年，復調禮部，仍署長蘆鹽政。

授甘肅巡撫。六年，師入西藏，諭莽鵠立赴西寧料理。西寧道劉之珍等誤軍興，總督岳鍾琪疏劾，上以責莽鵠立，解巡撫，召還京。署正藍旗滿洲副都統，兼管理藩院侍郎。七年，擢正藍旗蒙古都統。八年，命協同辦理直隸水利營田。十年，調鑲白旗滿洲都統。十三年，與都統襲英誠公豐盛額並命辦理軍機事務。高宗卽位，改設總理事務處，莽鵠立與豐盛額罷直回本任。尋署工部尚書，又調正藍旗滿洲都統。乾隆元年，卒，賜祭葬，諡勤敏。

杭奕祿，完顏氏，滿洲鑲紅旗人。初授中書。雍正元年，授額外員外郎。未幾，補御史，卽遷光祿寺少卿。三年，遷光祿寺卿。上蠲蘇州、松江田賦四十五萬，杭奕祿疏言：「此爲未有殊恩。有田納賦，既邀蠲免；無田而佃種人田者，納租業主，亦宜酌減，俾貧富均霑實惠。」上謂此奏甚公，下廷臣議，定業戶免額一錢，佃戶免租穀三升。上命如議速行。擢左副都御史，仍兼管光祿寺。

五年，命與內閣學士任蘭枝使安南宣諭。初，雲南總督高其倬奏安南國界有百二十里舊屬內地，應以賭咒河爲界，安南國王黎維祹奏辯。上命雲貴總督鄂爾泰覆覈，予地八十里，以鉛廠山下小河內四十里爲界，維祹復奏辯。上敕維祹毋以侵占內地爲嫌，疑懼申辯。至是，復命杭奕祿等往諭意，未至，維禕上表謝罪。六年，命鄂爾泰以鉛廠山下地四十里予安南，別頒敕命杭奕祿等齎往宣諭。杭奕祿至鎭南關，維禕使出關迎。進次貊瑶營，維禕復使迎勞，請儀注，議行其國禮，五拜三叩。杭奕祿等持不可，乃請聽命。渡富良江至長安門，維禕跪迎。杭奕祿等捧敕入自中門，維禕率將吏等聽宣敕，敕曰：「朕前令守土各官清理疆界，未及於安南也。總督高其倬職任封疆，考志乘，訪輿論，知開化府與安南分界當在逢春里之賭咒河，乃奏聞設汛。王疏陳，復命總督鄂爾泰秉公辦理。鄂爾泰體朕懷遠之心，定界於鉛廠山下小河，縮地八十里。誠爲仁至義盡，此皆地方大臣職分所當爲。朕統馭寰區，凡屬臣服之邦，皆隸版籍。安南既列藩封，尺地莫非吾土，何必較論此區區四十里之地？若王以至情懇求，朕何難開恩賜與？祇以兩督臣定界時，王激切奏請，過於觖望，失事上之禮，朕亦無從施惠。頃鄂爾泰以王本章呈奏，詞意虔恭。王既知盡禮，朕自可加恩，將此地仍賜王世守，並遣大臣前往宣諭。王其知朕意！」宣畢，維禕行三跪九叩禮。杭奕祿等復宣諭恩德，維禕誓世世子孫永矢臣節。杭奕祿等使還，維禕送至長安門，餽賮杭奕祿等，不受。至鎭南關，維禕使齎謝表請轉奏。杭奕祿等還京師，疏聞，請宣付史館，允之。授刑部侍郎，署吏部尚書。

六年，湖南靖州諸生曾靜遣其徒張熙變姓名投書川陝總督岳鍾琪，略言清爲金裔，鍾琪乃鄂王後，勸令復金、宋之仇，同謀舉事。鍾琪大駭，鞫熙，熙不肯言其實；乃置熙密室，陽與誓，將迎其師與謀，始得熙及靜姓名，奏聞。上命杭奕祿及副都統覺羅海蘭如湖南，會巡撫王國棟捕靜嚴鞫。靜言因讀呂留良評選時文論夷、夏語激烈，遣熙求得留良遺書，與留良子毅中，及其弟子嚴鴻逵，鴻逵弟子沈在寬等往還，沉溺其說，妄生異心。留良，浙江石門諸生，康熙初講學負盛名，時已前死。上命逮靜、熙、毅中、鴻逵、在寬等至京師。靜至，廷鞫，自承迂妄，爲留良所誤，手書供辭，盛稱上恩德。上命編次爲大義覺迷錄，令杭奕祿以靜至江寧、杭州、蘇州宣講。事畢，命幷熙釋勿誅，戮留良尸，誅毅中並鴻逵、在寬等，戍留良諸子孫。高宗卽位，乃命誅靜、熙。

七年，授杭奕祿鑲紅旗滿洲副都統。八年，命解部事，尋復補禮部侍郎，署前鋒統領。上命杭奕祿偕侍郎衆佛保宣諭準噶爾。九年，師征準噶爾，上慮陜、甘民或以用兵爲累，命杭奕祿與左都御史史貽直、署內務府總管鄭運寶，率庶吉士、六部學習主事、國子監肄業拔貢生等宣諭化導。尋命杭奕祿協辦軍需。十年，命署西安將軍，授欽差大臣，察閱甘、涼及山西近邊營伍。十一年，諭責杭奕祿驕奢放縱，擾累兵民，奪官，在肅州荷校。

乾隆元年，召至京師，授額外內閣學士，補工部侍郎，充世宗實錄副總裁。遣駐西藏辦事。四年，奏言：「西藏西南三千里外巴爾布國有三汗：一曰庫庫木，一曰顏布，一曰葉楞，雍正十一年嘗通貢。近三汗交惡，貝勒頗羅鼐宣諭罷兵，三汗聽命，使呈進部落戶口數，並貢金銀、絲緞、珊瑚、念珠諸物。」報聞。尋召還，調刑部。五年，擢左都御史，列議政大臣。十年，以老乞休，諭留之。十一年，上察其老憊，命致仕。十三年，卒。

傅鼐，字閣峰，富察氏，滿洲鑲白旗人。初授侍衞。雍正二年，授鑲黃旗漢軍副都統、兵部侍郎。三年，調盛京戶部侍郎。世宗在潛邸，夙知傅鼐好事，既即位，令隆科多察其爲人。隆科多稱傅鼐安靜。傅鼐在上前嘗言隆科多子岳興阿甚怨其父，謂「我家受恩深，當將生平行事據實奏聞，若稍有隱飾，罪更不可逭」。及隆科多被譴追贓，岳興阿隱其父財產。上以與傅鼐言不符，疑傅鼐與隆科多交結，慮且敗，預爲岳興阿地。會傅鼐任侍衞時，浙江糧道江國英被劾，爲關說，得銀萬餘。事發，上命奪官，械繫逮詣京師，下刑部按治。讞上，免死，發遣黑龍江。

九年，召還，赴大將軍馬爾賽軍營効力。尋予侍郎銜，授參贊大臣。十年，準噶爾台吉噶爾丹策零入寇，額駙策凌禦之額爾德尼昭，噶爾丹策零大敗，自推河竄走。時馬爾賽駐拜里城，有兵萬三千。策凌檄速發兵斷噶爾丹策零歸路，馬爾賽不能用。傅鼐進曰：「賊敗亡之餘，可唾手取也！請發輕騎數千，俾率以戰，事成，功歸大將軍；事敗，願獨受其罪。」

馬爾賽默然，再三言不應，至長跪以請，終不許。傅鼐憤甚，將所部出城逐敵。噶爾丹策零已遁走，得輜重、牛羊萬計。事聞，上誅馬爾賽，賚傅鼐花翎。

平郡王福彭代爲大將軍，傅鼐參贊如故。噶爾丹策零既大創，不敢深入，師亦未能遠征。上召策凌及大將軍查郎阿詣京師廷議，莊親王允祿及策凌等主進討，大學士張廷玉等言不若先撫之，不順則進討。兩議上，上問傅鼐，傅鼐贊撫議。降旨罷兵，遣傅鼐偕內閣學士阿克敦、副都統羅密諭噶爾丹策零。噶爾丹策零欲得阿爾泰山故地，傅鼐力折之。十三年，使還，予都統銜，食俸。

高宗卽位，命署兵部尙書，尋授刑部尙書，仍兼理兵部。乾隆元年，疏言：「刑罰世輕世重。我朝律例，頒布於順治三年，酌議於康熙十八年，重刊於雍正三年。臣伏讀世宗遺詔曰：『凡諸條例，或前本嚴而朕改從寬，此乃昔時部臣定議未協，朕與廷臣悉心斟酌而後更定，應照更定之例行；若前本寬而朕改從嚴，此以整飭人心風俗，暫行一時，此後遇事斟酌，若應照舊例者，仍照舊例行。』臣思聖心惓惓於此，蓋必有所軫念而未及更正者也。皇上以世宗之心爲心，每遇奏讞，斟酌詳愼。臣見大淸律集解附例一書，現今不行之例猶載其中，恐刑官援引舛錯，吏胥因緣爲奸。請簡熟悉律例大臣，詳加釐議。律文律注，當仍其舊。所載條例，有今已斟酌改定者，應從改定；有應斟酌而未逮者，悉照舊章：務歸於平允，逐條繕摺，恭請欽定纂輯頒布。」得旨允行。又疏言：「斷獄引用律例，宜審全文。若摘引律語，入人重罪，是爲深文周內。律載：『官吏懷挾私仇，故勘平人致死者，斬監候。』又載：『若因公事干連在官，事須問鞫，依法拷訊，邂逅致死者，勿論。』律意本極平允。數年來，各督撫遇屬員誤將在官人犯拷訊致死，輒摘引『故勘平人』一語，擬斬監候。尚書張照又奏准：『如將笞杖人犯故意夾拷致死二命以上，及徒流人犯四命以上，俱以故勘平人論。』不思旣非懷挾私仇，於故勘之義何居？若謂在官之人本屬無罪，則必有誣告之人，應照律抵罪；若謂輕罪不應夾訊，命盜等案，當首從未分，安能預定爲笞杖爲徒流？若謂拷訊不依法，自有『決罰不如法』律在，致死二人、四人以上，當議以加等。請敕法司酌改平允。」下部議行。是秋，以勒借商銀，回奏不實，奪官。尋命暫署兵部尚書。二年，授正藍旗滿洲都統。三年，坐違例發俸，發往軍臺効力。尋卒。

陳儀，字子翽，順天文安人。康熙五十四年進士，改庶吉士，散館授編修。爲古文辭，治經世學，大學士朱軾器之。雍正三年，直隸大水，諸河泛濫，壞田廬。世宗命怡親王允祥偕軾相度濬治。王求諳習畿輔水利者，軾以儀對。延見，諮治河所宜先，儀曰：「朱子言治河先低處。天津爲古渤海逆河之會，百川之尾閭。今南北二運河、東西兩淀盛漲，爭趨三岔口，而强潮復來拒之，牴牾洄漩而不時下，下隘則上溢，其勢宜然。故欲治河，莫如先擴達海之口。欲擴海口，莫如先減入口之水。入口之水減，則達海之口寬。北永定，南子牙，中七十二沽，皆得沛然入三岔口而東注矣。」四年春，從王行視水利，敎令章奏皆出儀手。軾以憂歸，王薦於朝，命以侍講署天津同知。轉侍讀，擢庶子，仍署同知如故。

五年，王奏設水利營田四局，儀領天津局，兼督文安、大城隄工。二縣地卑下，積潦不消。是秋復大水，隄内外皆巨浸。儀購秫稭十餘萬束，立表下樁以禦水。隄本民工，儀言於王，請發帑興修，招民就工代賑，隄得完固。南運河長屯隄地隸靜海，吏舞法，歲調發霸州、文安、大城民協修，百里裹糧，咸以爲苦，儀爲除其籍。畿輔大小諸河七十餘，疏故濬新，儀所勘定殆十六七云。

八年，擢侍講學士。時議設營田觀察使二員，分轄京東西，以督率州縣。命儀以僉都御史充京東營田觀察使，營田於天津。倣明汪應蛟遺制，築十字圍，三面開渠，與海河通。潮來渠滿，閉渠蓄水以供灌溉，白塘、葛沽間斥鹵盡變膏腴。豐潤、玉田地多沮洳，儀敎之開渠築圩，皆成良田。十一年，大雨，山水暴發，沒田廬。儀疏聞，諭籌賑，卽命儀董其事，凡賑三十四萬餘口。十二年，轉侍讀學士。尋罷觀察使，還京師。

儀篤於內行，先世遺田數百畝，悉推以讓兄。旣仕，分祿畀昆弟，周諸故舊。有故人子貧甚，囑門生爲謀生業，事爲人所訐，吏議當降調。乾隆二年，授鴻臚寺少卿。儀以老乞歸。七年，卒，年七十三。子玉友，雍正八年進士，官臺灣知府。勤其官，有惠政。

劉師恕，字艾堂，江南寶應人。父國黻，康熙二十一年進士，改庶吉士，授戶科給事中，歷督捕理事官。在戶科，建言民田畝有大小，地有上中下，請具載簡明賦役全書，明示天下。在督捕，詳考則例刊布之。往時以逃人爲根，以一累百十，以逃案爲市。取所歷州縣官職名待劾，弊不勝詰，皆剔除之，乃裁併兵部。改授鴻臚寺卿。

師恕，三十九年進士，選庶吉士，授檢討。累遷國子監祭酒。雍正元年，授貴州布政使。四年，遷通政使，轉左副都御史，擢工部侍郎。上以宜兆熊署直隸總督，調師恕禮部，協理總督事。五年，奏獲交河妖民孫守禮，嚴鞫治罪。上奬其遇事直達，不稍隱諱。師恕與兆熊議裁學政陋規，學政孫嘉淦言：「學政舊規，日得五十五兩，今減半即足用。」師恕言：「減至一兩亦不可行，當另奏撥解公費。」師恕與兆熊奏已與嘉淦會商裁革，嘉淦以實奏。上諭曰：「孫嘉淦非騷擾貪饕者比，爾等何不量至此？可仍循舊例而行。嘉淦，端士也，宜作成之。」初夏，保定諸府少雨，上以爲憂。師恕等言：「今歲遇閏，此後得雨不遲。」上責其怠忽。尋奏裁驛站夫馬工料羨餘銀，上諭曰：「陋規自應裁，第當量情酌理爲之，毋過刻，令後來地方諸事難於措辦也。」調吏部，仍留協理。大名諸生竇相可訴知府曾逢聖貪劣，布政使張适杖殺之，以獄斃報，兆熊、師恕匿不以聞。上命尚書福敏等按治得實，兆熊坐降調，上寬師恕，諭責其徇隱，命何世璂署直隸總督，仍令師恕協理。

七年，命師恕以內閣學士充福建觀風整俗使。八年，疏言：「海澄公舊以轄兵給印，後兵裁而印未繳。今海澄公黃應纘濫行印文，非所宜，當令繳銷。」並言外省世襲武職，年及二十，當令咨部引見，分京外學習。部議從之。十一年，師恕以病告，省觀風整俗使不復設。乾隆七年，寶應災，治賑，非貧民例不給。師恕族人諸生洞嗾不得賑者，鬨堂罷市。上責師恕不能約束，奪官。南巡迎謁，賜侍讀學士銜。二十一年，卒。

是時廣東、湖南皆置觀風整俗使。焦祈年，字穀貽，山東章丘人。雍正元年進士，改庶吉士，授編修。考選雲南道御史，擢順天府丞，權府尹，遷右通政。八年，命充廣東觀風整俗使，修建十府、二州書院，延通人爲之師。濱海多盜，設策鉤捕，得劇盜百餘置諸法，盜差熄。奸民以符籙惑衆，擒治之，赦其株連者。西洋人置天主堂，使徙歸澳門。簡閱營伍，軍政以肅。擢光祿寺卿，召爲順天府尹，旋調奉天。行次山海關，疾作，乞歸，卒於里。

李徽，字元綸，山西崞縣人。康熙五十二年，鄉試舉第一。雍正元年進士，改庶吉士，散館刑部主事。尋復授檢討。考選浙江道御史。是時遣御史巡察順天直隸諸府，順天、永平、宣化爲一員，保定、正定、河間爲一員，順德、廣平、大名爲一員，徽巡察順德、廣平、大名三府。曾靜、張熙事起，上慮湖南士民爲所惑，議遣使循行訓迪。以大學士朱軾薦，遣徽勸諭化導。尋授僉都御史，充湖南觀風整俗使。徽在官四年，察吏安民，能稱其職。坐事，降授倉監督。高宗卽位，命復官，遽卒。

廣西學政衞昌績請設觀風整俗使，御史陳宏謀繼請。上諭宏謀等曰：「廣西通籍者本少，乃已有狂悖如謝濟世、陸生柟者，風俗薄劣可見。爾等不能端本澂源，躬先表率，而望秉鐸司教之官，家喻戶曉，易俗移風，所謂逐末而忘其本也。」議寢未行。

王國棟，字左吾，漢軍鑲紅旗人。康熙五十二年進士，改庶吉士，授檢討。累遷光祿寺卿。雍正初，查嗣庭、汪景祺坐文字謗訕見法。上謂浙江士習澆漓，四年，設浙江觀風整俗使，以授國棟。國棟至官，巡行宣諭，清逋賦，懲唆訟，飭營伍，嚴保甲，次第疏聞，上溫諭獎之。遷宗人府府丞。五年，上以浙江被水，米貴，命國棟同巡撫李衞發庫帑四萬，於杭州、嘉興、湖州三府修城、濬河、築隄，俾饑民就傭食力。國棟奏：「杭州至海寧塘河淤，當濬治。太湖隄閘及嘉興石塘多傾圮，當修理。冬春雨雪，工作多費，請俟九、十月水落興工。」上韙之。

尋擢湖南巡撫，以許容代爲浙江觀風整俗使。上諭國棟曰：「初欲令爾在浙整飭數年，俾收成效。但湖南廢弛久，今以命爾，爾其勉之！」上命湖廣總督邁柱修兩省隄工。國棟疏言：「湘陰、巴陵、華容、安鄉、澧、武陵、龍陽、沅江、益陽九州縣環繞洞庭，居民築隄堵水而耕。地勢卑下，江漲反灌入湖，隄岸衝決，現有四百餘處。正飭刻期完築，務加高培厚，工程堅固。」僉都御史申大成奏貴州屯田，民間賤價頂種，易啓紛爭。請倣民田買賣，畝納稅五錢，給照爲業，並推行各省。國棟疏言：「湖南屯田瘠薄，應分別差等，微價頂種，令完稅五錢，給照如時價平買。未過戶者，視屯糧石稅五錢，已過戶者二錢。龍陽、武陵、長靖諸屯賦重，按券值兩稅三分。」均下部議行。

曾靜、張熙事起，上令侍郎杭奕祿至湖南會鞫。國棟聽靜自列，未窮究黨羽，允禩、允禟門下太監以罪徙廣西，流言於路，直隸、河南督撫俱疏上聞。國棟奏言：「湖南監送兵役未聞一語。」又茶陵民陳蒂西傳播流言，敕國棟按鞫，亦不得實證，坐是失上指，奪官，召還京。八年，命治刑部侍郎事，署山東巡撫。九年，河南祥符、封丘等縣水災，命往治賑。迭署江蘇、浙江巡撫。十年，仍還刑部。十二年，以議福建民藍厚正殺兄獄失當，吏議降調。十三年，復命署刑部侍郎。卒。

許容，河南虞城人。康熙五十年舉人，授陝西府谷知縣。內遷工部員外郎，考選廣西道御史。雍正元年，改會考府郎中，仍兼御史。出爲直隸口北道，遷陝西按察使。劾河東巡鹽御史馬喀以積鹽變價入己，上奪馬喀官，命兼管河東巡鹽御史，按治。尋聞容刑逼商人，解容任，令總督岳鍾琪覆按。鍾琪言容無刑逼商人事，上擢浙江布政使。五年，代國棟爲浙江觀風整俗使。尋偕廣東巡撫楊文乾清察福建倉庫。六年，遭母喪，給假治喪畢，命仍還浙江。旋擢甘肅巡撫，以蔡仕舢代爲浙江觀風整俗使。容疏議更正律例，出贓過付人宜視完贓減二等，得贓者完贓減一等，倍完方減二等，連斃二命宜加等。上皆謂不當，責容愚妄。

八年，師征噶爾丹，上以容治軍需多推諉，命尚書查弼納赴陝西爲之董理。及事竟，上諭容曰：「此次軍需，朕爲挽將覆之轍，回已頹之波，救汝身家性命。較自御史五年內擢至巡撫之恩大矣！汝當知之。」上聞容追逋賦抵兵餉，限一年全完，民以大擾。諭曰：「朕念甘肅自軍興以來，輓運轉輸，資於民力，特將雍正八年額徵錢糧蠲免。容何得於蠲免之年行催徵之舉？令卽停止。」九年，復以容查核錢糧過刻，諭毋累民。十二年，疏劾丁憂知府李綺虧空軍需，綺，衞兄也。上知容與衞有怨，戒容毋遷怒報復。容旋奏檄綺赴蘭州，虧空七千有奇，限半年回籍措繳。上諭曰：「所虧既有田房可抵，但當速遣回籍折變完補，何須勒限逼迫？」

乾隆元年，固原、環二縣歉收，容請借給貧民三月口糧，大口日三合，小口日二合。高宗諭曰：「政莫先於愛民。甘肅用兵以來，百姓急公踴躍。今值歉收，當加恩賑恤。汝治事實心，而理財過刻。國家救濟貧民，非較量錙銖時也。」尋，專筦軍儲大臣劉於義奏請加賑兩月，上責容褊隘卑庸，命解任。於義及陝西總督查郎阿劾容匿災殃民，奪官逮詣京師論罪，赦免。二年，署山西布政使。三年，調江蘇，署巡撫。四年，遭父喪，去官。

五年，命署湖南巡撫。請終喪，不許。服闋，眞除。八年，以劾糧道謝濟世狂縱營私失實，奪官，發順義城工効力。事互詳濟世傳。九年，復命署湖北巡撫。御史陳大玠等疏諍，謂容旣以欺罔得罪，不當復用，上命罷之。十五年，上巡中岳，迎謁，復原銜。尋授內閣學士。以病乞歸，卒。

蔡仕舢，福建南安人。康熙三十二年舉人。五十八年，自刑部主事考選御史，出爲浙江糧道。雍正六年，授僉都御史，充浙江觀風整俗使。七年，署巡撫。八年，坐事降調。上諭曰：「浙江風俗已漸改移，又有總督李衞善於訓導，不必再遣觀風整俗使。」仕舢旋卒。

論曰：海望、莽鵠立皆逮事聖祖，雍正、乾隆間參與政事。海望聞世宗末命，在軍機處較久，雖建樹未宏，要爲當時親信大臣。杭奕祿使安南，傅鼐諭噶爾丹策零，皆不辱君命，傳鼐尤知兵。儀領屯田，有惠於鄉州。師恕、國棟等使車問俗，與民爲安靜。以皆世宗特置之官，特謹而書之。杭奕祿又與史貽直宣諭陝西，非專官，貽直相高宗，故不著於斯篇。

清史稿卷二百九十二

列傳七十九

高其倬 金鉷 楊宗仁 子文乾 孔毓珣 裴𠑊度 子宗錫

唐執玉 楊永斌

高其倬，字章之，漢軍鑲黃旗人。父𦡆爵，官口北道。其倬，康熙三十三年進士，改庶吉士，散館授檢討。尋兼佐領。五遷內閣學士。五十八年，河南南陽鎮兵挾忿圍辱知府沈淵，命偕尚書張廷樞按治，誅首事者，總兵高成等論罪有差。

五十九年，授廣西巡撫。鄧橫苗叛，其倬親撫之降。六十一年，世宗即位，擢雲貴總督。疏言：「土司承襲，向有陋規，已嚴行禁革。咨部文册，如無大舛錯，請免駁換。」得旨嘉獎。青海台吉羅卜藏丹津叛侵西藏，其倬以中甸爲入藏要道，檄諸將劉宗魁、劉國俟等嚴爲備。並遵上指，令提督郝玉麟將二千人自中甸進駐察木多，副將孫宏本將五百人赴中甸爲聲援。雍正二年，師定青海，中甸喇嘛、番酋等率三千五百戶納土請降。上嘉其倬能，予世職拜他喇布勒哈番。其倬規畫安撫中甸，疏「請設同知以下官：番酋營官外，又有神翁、列賓諸號，聽堪布、喇嘛指揮，請改授守備、千把總劄付，聽將吏統轄。僧寺喇嘛以三百爲限，收兵械入官。沿江數百里及山谷曠土，招民開墾。舊行滇茶，視打箭爐例，設引收課」。魯魁山者，自國初爲盜藪，夷、倮雜處，推楊、方、普、李四姓爲渠。有方景明者，挾倮、夷掠元江。其倬遣兵擊破之，擒景明，殲倮、夷數百，疏請於其地駐兵，號普威營。參將駐普洱，守備駐威遠、茶山，改威遠歸流，設同知以下官。土官刁光煥及其孥移置會城，而以新開二鹽井充新設兵餉。設義塾，教夷人子弟。元江府學額外增額二名，待其應試。勸夷人墾田，旱田十年後、水田六年後升科。貴州仲家苗酋阿近及其弟阿臥爲亂，其倬使撫定傍近諸苗寨。阿近等失援，遣兵擒戮之，並按治定番、廣順諸苗酋不順命者。疏請改設定廣協，分置營汛，防定番、廣順及西孟、青藤、斷杉樹、長寨、遮貢、羊城埡諸地。又移都勻守備駐獨山，改湖廣五開衞爲縣，移隸黎平。並言貴州地連川、楚，奸人掠販貧家子女爲民害，請飭地方官捕治，歲計人數爲課最。貴州民間陋俗，被人劫殺，力不能報，則掠質他家人畜，令轉爲報仇；不應則索贖，謂之「拏白放黑」。請加等治罪。土司貧困，田賦令屬苗代納，請淸察，責執業者完賦。土司下設權目人等，請令報有司，有罪倂懲。詔悉如所請。

三年，進兵部尚書銜，加太子少傅，調福建浙江總督。瀕行，疏言：「鄧川、嵩明、騰越、太和、浪穹諸州縣土軍丁銀，起明嘉靖、萬曆間，遣民防夷，立太和、鳳梧二所，丁徵賦一兩。是於本貫已完民賦，請豁除軍糧。」詔從之。四年，疏言：「福、興、漳、泉、汀五府地狹人稠，無田可耕，民且去而爲盜。出海貿易，富者爲船主、爲商人，貧者爲頭舵、爲水手，一舟養百人，且得餘利歸贍家屬。曩者設禁例，如慮盜米出洋，則外洋皆產米地；如慮漏消息，今廣東估舟許出外國，何獨嚴於福建？如慮私販船料，中國船小，外國得之不足資其用。臣愚請弛禁便。」下怡親王會同大學士九卿議行。五年，臺灣水連社番爲亂，其倬遣兵討之，擒其渠骨宗等，諸社悉降。尋以李衞爲浙江總督，命其倬專督福建。迭疏請整飭鹽政，改造水師戰船，釐定營汛，並下部議行。入覲，加太子太保。

上以其倬通堪輿術，命詣福陵相度。其倬還奏：「陵前左畔水法，因溢流更故道，弓抱之勢微覺外張。當順導河流，方爲盡善。」下大學士等，如所議修濬。八年，調江南江西總督。復召至京師，令從怡親王勘定太平峪萬年吉地，進世職三等阿思哈尼哈番。命署雲貴廣西總督。十一年，普洱屬思茅土把總刁國興糾苦蔥蠻及元江夷爲亂，攻普洱，通關大寨儸夷復附苦蔥蠻，渡阿墨河攻他郎。其倬檄提督蔡成貴等分道捕治，擒其酋並所屬五百餘，亂乃定。是歲春，命其倬回兩江總督。秋，命以總督銜領江蘇巡撫。十二年，坐徇知縣趙崑瑆償海塘工欵，部議降調，卽授江蘇巡撫。

乾隆元年，召還京師，復授湖北巡撫，調湖南。討平城步、綏寧二縣瑤亂。三年，擢工部尚書，調戶部。其倬詣京師，過寶應，疾作，卒於舟次，賜祭葬，謚文良。

金鉷，字震方，漢軍鑲白旗人，世居登州。父延祚，從世祖入關，官至工部侍郎。鉷初自監生授江西廣昌知縣，洊升山西太原知府。雍正五年，擢廣西按察使，尋遷布政使。六年，就擢巡撫。討平西隆州八達寨叛苗。以汛兵少，粵土蕪不治，奏開屯田，與民牛，招之耕，敎以技勇。每名給水田十畝，一畝爲公田；旱田二十畝，二畝爲公田：存公田租於社倉。行之數年，闢田數萬畝，倉廩亦實。又奏請召商開桂林屬諸鑛，及採梧州金砂供鼓鑄。乾隆元年，提督霍昇劾鉷言躁氣浮，失封疆大臣之體，高宗召入京，授刑部侍郎。鉷瀕行，裝不治，以印券囑蒼梧道黃岳牧借銅務充公銀千二百，巡撫楊超曾論劾，奪官，交刑部嚴訊。上以非正項錢糧，鉷以印券支借，岳牧以印册申解，非侵蝕比，命免罪，毋追所借銀。五年，授河南布政使，而鉷已卒。

鉷才通敏。自太原入覲，方議耗羨歸公，鉷奏曰：「財在上不如在下。州縣親民官，寧使留其有餘，養廉不能胥足，一遇公事，動致侜張。上意豈不曰凡是官辦，皆許開支正供？但從司院按覈以至戶部，層層隔閡，報銷甚難，從此州縣恐多苟且之政。上意在必行，臣請養廉外多增公費，或存縣，或存司，庶於事有濟。」上乃敕直省覈定公費。及爲廣西布政使，奏請州縣分衝、繁、疲、難四項，許督撫量才奏補，上嘉納之。州縣缺分四項自此始。

楊宗仁，字天爵，漢軍正白旗人。監生。康熙三十五年，授湖廣慈利知縣。苗酋虐，其衆走縣境，苗酋求之，不與。上官檄與之，宗仁持不可，乃止。調藍山。八排苗爲亂，巡撫趙申喬遣兵討之，將不恤兵，兵將爲變，宗仁單騎撫定之。舉卓異，四遷甘肅西寧道。五十三年，授浙江按察使，丁父憂歸。五十七年，起廣西按察使，署巡撫。旋擢廣東巡撫。聖祖以各直省錢糧多虧空，諭督撫清理。宗仁疏言：「廣東虧空現正嚴飭追完。至防杜將來，惟有督撫、司道、府廳交相砥礪，勿藉事勒索。州縣正雜錢糧，當責知府不時察覈，毋許虧缺。倘敢徇縱，本官治罪，上司從重議處，庶上下皆知儆惕。地方有不得已事，當以督撫等所得公項抵補。不敷，則濟以公捐，必不使課帑虛懸。」下部議，如所請。

六十一年，世宗卽位，授湖廣總督。雍正元年，丁母憂，命在任守制。宗仁疏停本身封廕，爲父母求諭祭，許之，仍給封廕。尋賜孔雀翎。疏言：「湖廣舊習，文武大吏收受所屬規禮，致州縣橫徵私派，將弁虛兵冒餉，兵民挾比逞私，不敢過問。臣今概行禁革，庶驕兵玩吏錮習潛消。各官貪得鹽規，鹽價增長，民間嗟怨，總督鹽規漸次加至四萬。臣亦行禁革，令商平價以惠窮民。」上深嘉之。又疏言：「官有俸，役有工，朝制也。湖廣州縣以上，俸工報捐已十餘年，官役枵腹，安能禁其不擾民？請自雍正元年起，俸工如額編支。從前有公事，令州縣分捐，實皆轉派於民。令州縣於加一耗羨內，節省二分，交藩庫充用，此外絲毫不得派捐。」上諭曰：「所言皆是。勉之！」尋薦廣東南海知縣宋瑋擢湖南寶慶知府，廣州左衞守備范宗堯改湖北漢陽知縣，上允之，命後勿踵行。

宗仁病作，請以子榆林道文乾自侍，上加文乾按察使銜，馳驛速往，並遣御醫診視。宗仁力疾視事，飭諸州縣編保甲，立社倉，罷荆州關私設口岸百五十處。三年，加太子少傅。尋卒，贈少保，予拜他喇布勒哈番世職，賜祭葬，謚清端。

宗仁砥節矢公，始終一節，上爲製像贊，謂「廉潔如冰，耿介如石」。嘗言：「士當審其所當爲，嚴其所不可爲。」其馭屬吏寬平忠厚，務安上全下，使各稱其職而止。

文乾，字元統。以監生効力永定河工。康熙五十三年，授山東曹州知州，遷東昌知府。舉卓異，遷陝西榆林道。雍正元年，加按察使銜，命侍宗仁任所。三年，宗仁病有間，入謝。上問湖廣四鎭營制及設鎭始末，文乾具以對，上嘉其詳審，擢河南布政使。未幾，遷廣東巡撫，入謝，賜孔雀翎、冠服、鞍馬。宗仁卒，命在任守制。

廣東省城多盜，文乾令編保甲，以滿洲兵與民連居，會將軍編察，疏聞，上嘉之。廣東歲歉米貴，文乾令吏詣廣西買穀平糶。滿洲兵閻尚義等羣聚掠穀，文乾令捕治。將軍李枚庇兵，文乾請遣大臣按治。上命侍郎塞楞額、阿克敦往勘，枚及尚義等論罪如律。文乾莅政精勤，多所釐正。疏言：「廣東民納糧多用老戶，臣令改立的名，杜詭寄、飛灑諸弊，民以爲便。丁銀隨糧辦者十四五，餘令布政使確核，盡歸地糧。」得旨嘉獎。又疏言：「廣東地狹人衆，現存倉穀一百六十餘萬石，爲民食久遠計，應加貯二百餘萬石，擇地建倉貯穀。」下廷議，令於海陽、潮陽、程鄉、饒平、海豐、瓊山加貯穀三十四萬石，從之。又疏言：「廣東公使銀歲六七萬，取諸火耗。臣爲裁省，歲計需四萬餘。擬以民間置產推糧易戶例納公費及屯糧陋規兩項充用。州縣火耗，每兩加一，實計一錢三四分有奇，十之五六留充州縣養廉，十之七八爲督撫以下各官養廉。」上諭之曰：「但務得中爲是。民不可令驕慢，屬吏亦不可令窘乏。天下事惟貴平，當徹始終籌畫，愼毋輕舉。」

五年，乞假葬父。福建巡撫常賚劾文乾徵粵海關稅，設專行六，得銀二十餘萬；又疏劾文乾匿粵海關羨餘銀五萬餘，縱綢緞出洋，得銀萬餘，番銀加一扣收，得銀四萬餘，選洋船奇巧之物入署，令專行代償，又銀二萬餘，又以銀交鹽商營運。上嚴諭文乾，令愧悔痛改。文乾令尋以福建倉庫虧空，命文乾與浙江觀風整俗使許容等往按，而移常賚署廣東巡撫。文乾令分路察核官虧民欠，分別追納，不敷，責前巡撫毛文銓償補。上奬文乾秉公無瞻顧。文乾疏言：「福建府、州、縣各官都計八十員，前後劾罷五十餘員。新補各官，守倉庫有餘，理繁劇不足。請選熟諳民事者，詣福建補繁要州縣。」上爲敕各督撫各選謹愼敏練之吏咨送福建。

文乾强幹善折獄。初知曹州，有婦告夫爲人殺者。文乾視其履白，問曰：「若夫死，若預知之乎？」曰：「今旦乃知之。」曰：「然則汝何辨白履之夙也？」婦乃服以姦殺夫。五人者同宿，其一失金，訟其四，文乾令坐於庭，視久之，曰：「吾已得盜金者，非盜聽去。」一人欲起，執之，果盜金者。曹民有僞稱朱六太子者，挾妖術惑愚民，朝命侍郎勒什布、湯右曾按治。檄至，文乾秘之，密捕得送京師。在東昌，請運糧饋軍出西寧，先期至，以是受知於世宗。

然頗與同官多齟齬。赴廣東，途中疏劾布政使朱絳倚總督孔毓珣有連，虧帑三萬餘。毓珣疏先入，上命文乾毋聽屬吏離間。既上官，疏言盜案塵積，請概爲速結。上諭曰：「孔毓珣緝捕盜賊甚盡力。彼擒之，汝縱之，恐汝不能當此論。縱虎歸山，豈爲仁政？宜加意斟酌。」在福建，毓珣入覲，上命侍郎阿克敦署兩廣總督。文乾疏言盜劫龍門營軍器，阿克敦令從寬結案；將軍標兵竊盜，將軍石禮哈袒兵，謂告者誣良。既，上命常賚還福建，而以阿克敦署廣東巡撫。六年，文乾還廣東，劾阿克敦勒索暹羅商船規禮，布政使官達縱幕客納賄，皆奪官。命文乾與毓珣會鞫，未及訊，文乾卒，賜祭葬。子應琚，自有傳。

孔毓珣，字東美，山東曲阜人，孔子六十六世孫。父恩洪，福建按察使。康熙二十三年，上幸曲阜釋奠，毓珣以諸生陪祀，賜恩貢生。二十九年，授湖廣武昌通判。舉卓異，遷江南徐州知州。徐州民斂於丁賦，毓珣在官七年，拊循多惠政。三十九年，河道總督張鵬翮以毓珣熟於河務，薦授邳睢同知。四十三年，遷山西平陽知府，未上，改雲南順寧。四十六年，調開化，以母憂去官。五十年，服終，除四川龍安。毓珣歷守邊郡，皆因俗爲治，弊去其太甚，邊民安之。再舉卓異。五十五年，遷湖廣上荆南道。築隄捍江，民號曰孔公隄。

五十六年，遷廣西按察使。廣西地瘠民悍，猺、獞爲民害。靈川獞酋廖三𡭐出焚掠，毓珣白巡撫陳元龍，遣兵捕得置諸法，諸苗讋服。五十七年，授四川布政使。西藏方用兵，毓珣轉餉出察木多，不以勞民。重築灌江口堰，四川民尤德之。六十一年，擢廣西巡撫。雍正元年，加授總督。廣西提鎭標空糧，毓珣飭募補。疏言：「各官俸不足自贍，請於定例外量加親丁名糧。」上命酌中爲之。廣西諸州縣舊有常平倉，毓珣議：「春耕借於民，秋收還倉，年豐加息，歉免息，荒緩至次年還本。日久穀多，分貯四鄉，建社倉，擇里中信實者爲司出入。」又言：「地多盜，猺、獞雜處，保甲不能徧立。諸鄉多有團練，令選誠幹者充鄉勇，得盜者賞，怠惰者罰。」又言：「廣西邊遠，鹽商多滯運，民憂淡食。請發藩庫銀六萬，官爲運銷。行有嬴餘，本還藩庫，並可量減鹽價。」並從之。柳州獞莫貴鳳出掠馬平、柳城、永福諸縣，毓珣遣兵捕治，毀其寨，置貴鳳於法。來賓僮覃扶成等出掠，未傷人，毓珣令予杖荷校，滿日，充撫標兵，散其黨類。疏聞，上嘉其寬嚴兩得。

二年，授兩廣總督。上諭之曰：「廣東武備廢弛，劫掠公行，舉劾官吏，百無一公，爾當盡心料理。」毓珣疏請釐定鹽政，竈丁鹽價、船戶水脚增十之一，並免埠商羨餘；設潮州運同、鹽運司經歷。大金、蕉木兩山產礦砂，東隸開建、連山，西隸賀縣、懷集。舊制，懷集汛屬潯州協，毓珣請改屬梧州協，賀縣、開建、連山並增兵設汛。廣東香山澳西洋商船，毓珣請以二十五艘爲限。皆下部議行。潮州田少米貴，民賴常平倉穀以濟。毓珣請提鎭各營貯穀借兵，散餉時買還，概免加息，上特允之。三年，加兵部尚書銜。

四年，毓珣請入覲，上以毓珣習河事，令詳勘黃、運諸河水勢，協同齊蘇勒酌議。毓珣疏言：「宿遷縣西，黃河與中河相近，舊有汰黃壩。運河水大，引清水刷黃，黃河水大，引黃水濟運。舊時黃水入中河不過十之一二，今河南岸沙漲，逼水北行，水流甚急。齊蘇勒議收小汰黃壩口以束水勢。臣詳勘南岸漲沙曲處，宜濬引河以避此險。仍俟齊蘇勒相度定議。」又陳江南水利，言：「吳淞、劉河、七浦、白茆諸閘，宜令管閘官役隨潮啓閉。江蘇地形四高中下，宜令力勸築區立圩。濱河諸地民占爲田廬，其無甚害者，姑從民便，餘宜嚴禁。支河小港，宜令於農隙深濬，卽取土培圩。」並敕部議行。又言：「道經宿州靈璧，見溝洫不通，積雨成潦，請飭安徽巡撫疏濬。」上嘉毓珣實陳。

五年，還廣東，巡撫楊文乾劾署巡撫阿克敦、布政使官達，上命通政使留保等往按。毓珣失察，當下吏議，上命寬之。尋調江南河道總督。上以天然壩洩水，慮溢浸民田，命毓珣相度築隄束水歸湖。毓珣疏言：「天然南、北二壩分洩水勢，年年開放，隄口殘缺。當如上指築隄束水，請於南岸王家庵至趙家莊築新隄一道。舊隄尾距湖尚二十餘里，請於南岸馬家圩至應家集、北岸周家圩至李艮橋，各築新隄一道，並將南北舊隄加培高廣，庶兩隄夾束湍流，無患旁溢。」上又以高家堰爲蓄淸敵黃關鍵，發帑百萬，命毓珣籌畫。毓珣疏言：「高家堰石隄，自武家墩至黃莊，地高工固，惟侯二門等四壩，及小黃莊至山盱古溝東壩，當一律加高。」又言：「各隄加培高廣，宜視地勢緩急、舊隄厚薄，分年修增，期三年而畢。嗣後仍按年以次加培。」又請修築宿遷鈔關前、桃源沈家莊河隄，瓜洲由閘上游濬越河一道，並建草壩束水。諸疏入，並報可。毓珣積瘁遘疾，上賜以藥餌，命其子刑部郎中傳熹偕御醫馳驛往視。未至，毓珣卒，賜祭葬，謚溫僖。

裴倖度，字晉武，山西曲沃人。少爲諸生，工詩，能書畫。入貲爲主事。康熙三十五年，授刑部主事。洊擢戶部郎中。四十九年，授雲南澂江知府，調廣南。以大計入覲，聖祖聞其能詩，命題應制，稱旨。五十五年，遷河東鹽運使，尋改兩浙。海寧築塘，巡撫徐元度檄倖度董其事。潮大至，撼塘，塘欲裂，倖度據地坐督役力護，久之乃定。倖度自是中濕，病重腿，終其身。五十九年，遷湖北按察使。六十年，遷貴州布政使。

雍正元年，擢江西巡撫。九江舊設關榷稅，後徙湖口。湖口當江、湖衝，水急，商舟時覆溺。倖度疏言：「九江舊關，上有龍開河、官牌夾，下有老鶴塘、白水港，地勢寬平，泊舟安穩。離湖四十里曰大姑塘，爲商舟所必經，水漲則有女兒港、張家套，皆可泊舟；水落則平湖一綫，夾岸泥沙，無風濤礁石之險。請仍移關九江，而於大姑塘設口分抽。」上令會同總督查弼納料理。南昌、袁州、瑞州三府賦額，明沿陳友諒之舊，視他府偏重。順治間，減袁、瑞二府賦額，而南昌未及。倖度疏言：「常賦未易屢更，同省實難歧視。請將南昌賦額視袁、瑞二府同予核減。」下部議減南昌浮額七萬五千五百兩有奇。

福建、廣東流民入江西，就山結棚以居，蓺靛葉、煙草，謂之「棚民」，往往出爲盜。萬載溫上貴、寧州劉允公等，皆以棚民爲亂，倖度捕治論如律。上令編保甲，倖度疏言：「棚民良莠淆雜，去留無定，或散居山箐，或爲土民傭工墾地。臣飭屬嚴察，凡萬五千餘戶，編甲造册，按年入籍。」上獎勉之。上聞江西里長催徵累民，民多尙邪教，諭倖度禁革。倖度疏言：「臣察知里長累民，已勒石永禁，令糧戶自封投櫃。距城較遠畸零小戶，願輸雇交納者聽其便，仍嚴防不得干累。邪教自當捕治，醫卜星相往往假其術以惑民，雖非邪教，亦當以時嚴懲。」上深嘉之。

總督查弼納議開廣信封禁山，諭倖度酌度。倖度疏言：「封禁山舊名銅塘山，相傳産銅，然有名無實，故自明封禁至今。順治間有議採木者，郡縣力陳不便，勒碑永禁。臣揆查弼納意，或以棚民巢穴在此山中，故爲破巢擣穴之計。此山荆榛充塞，毯毒滋藏，並非有梗化頑民盤踞在內。臣詳度此山開則擾累，封則安寧，成案俱存，確有可據。」諭曰：「當開則不得因循，當禁則不宜依違。但不存貪功之念，實心爲地方興利除害，何事不可爲？在卿等秉公相度時宜而酌定之。」仍封禁如初。

四年，遷戶部侍郎，擢左都御史。上遣侍郎邁柱勘江西諸州縣倉穀，命倖度留任。邁柱疏言：「倉穀虧空甚多，例定穀一石折銀二錢，州縣交代，按此數接收，不敷糴補。」上奪倖度及歷任布政使張楷、陳安策官，命以所存折價買穀還倉。十年，事畢，釋還里。乾隆五年，卒。

子宗錫，入貲爲同知。十五年，授山東濟南同知，屢遷轉。二十八年，授直隸霸昌道，遷直隸按察使。疏言：「古北口外山場產菠蘿樹，此卽橡樹，葉可飼蠶。臣在濟東，飭屬通栽，頗有成效。請令用東省養蠶法，廣栽試養。」命交總督方觀承試行。三十二年，以母憂去官。宗錫在任，誤應驛站車馬，部議當降調。總督楊廷璋咨部，言宗錫當自行檢舉。上諭曰：「宗錫，朕知其爲人，頗可造就。按察使管理驛站，偶有一二誤應，原屬公過。今已丁憂，安得自行檢舉？廷璋乃令作此趨避，愛之適以害之也。」三十五年，宗錫服將闋，仍授直隸按察使。

俄擢安徽布政使，就遷巡撫。疏言：「安慶瀕江舊有漳葭港，上通潛山、太湖、望江三縣，下達江，漕艘商船往來停泊，淤久漸成平陸。前巡撫張楷於上游別開新河，地高水急，重載逆上，遇風每虞覆溺。請仍濬漳葭港故道。」命總督高晉履勘，如宗錫議行。又疏言：「鳳、泗所屬州縣，高地宜多作池塘，低地宜厚築圩圍，以備灌溉、資捍禦。鳳陽地多高岡曠野，不宜五穀，令視土宜種樹。」諭獎其留心本務。

四十年，調雲南。旋命署貴州。疏言：「貴州地處邊圉，請敕部撥銀三十萬貯司庫。」從之。又疏請增設鎮遠稅口，上嚴斥不許。又疏言：「貴州額輸京師及湖廣白鉛歲七百餘萬斤，鉛廠僅三處，年久產絀。臣察知松桃廳巴壩山、遵義縣新寨產鉛，近水次，已飭設廠，歲各得鉛百餘萬斤。分撥京師、湖廣，歲節省運費銀四萬三千有奇。」得旨嘉允。又疏言：「貴州古州有牛皮大箐，亙數百里，列屯置軍，應將箐內平曠之土開墾成田，寓防於屯，安屯養軍。丹江雷公院地平衍，可墾四五百畝，歐收、甬荒高箐二地畸零，可墾三四百畝，應令附近震威堡屯軍派撥試墾，並於丹江營移撥千總一、兵五十，入箐設卡駐守。」時上已命宗錫還雲南，命交後政圖思德如所議行。四十四年，以病乞解任。旋卒，賜祭葬。

唐執玉，字益功，江南武進人。康熙四十二年進士，授浙江德清知縣。德清盛科第，多鉅室，執玉執法無所撓。將編審，吏以例餽金，執玉卻之，而罪其吏。召縣民親勘，有田無糧者令自首，有糧無田者除之，富無隱糧，貧無賠累。行取工部主事，考選戶科給事中。五十八年，疏言：「戶部錢糧款項最易作弊，當先驅除作弊之人。乃有所謂『缺主』者，或一人占一司，或數人共一省，占為世業，句通內外書吏，舞文弄法，當嚴行查禁。」因劾山西司缺主沈天生包攬捐馬事例，下九卿議，逮治。六十年，遷鴻臚寺卿。歷奉天府府丞、大理寺少卿。雍正二年，歲三遷禮部侍郎。五年，擢左都御史。

七年，命署直隸總督。執玉治事勤，州縣稍歉收，必籌畫賑卹。隆平報產瑞禾三十三本，執玉於報秋成摺附奏，上嘉之。適貢荔支至，命以賜執玉，方有疾，治事如常。時宗人府府丞冀棟以醫進，上命視執玉疾，賜人葠，諭令：「愛養精神，量力治事。若欲棟料量方藥，保定咫尺，可再命之來也。」熱河徵落地稅，司其事者議增歲額，並於榜什營等地設口徵稅。下執玉議，執玉言：「商稅多寡，視歲收豐歉，故止能折中定額。榜什營距一百八十餘里，已收落地稅，又抽進路鈔銀，恐商賈不前，正稅反缺，請如舊便。」議乃寢。長蘆巡鹽御史鄭禪寶以商人虧帑，請增鹽價，上以詢執玉。執玉言：「上於商民無歧視。諸商不謹身節用，先公後私，乃至虧帑。欲增鹽價厲民，臣以爲非宜。」亦罷不行。

八年春，入覲。灤、盧龍、遷安、撫寧、昌黎、樂亭諸州縣米貯喜峯口倉，虧二千五百餘石，執玉請視通州中、西二倉例免追償。部議不許，上特允之。密雲城臨白河，舊築土木隄壩盡圮，僅存石隄。上游有積土斜出，激水使怒，俗謂之「土嘴」。執玉疏請疏治，使水得暢流；仍築土隄，務堅厚，用楡囤載石爲基，使輔石隄護縣城。上褒其妥協，命於夏月水漲前竟工。遷兵部尚書，仍署總督。是歲秋，積雨，永定、滹沱諸水皆盛漲。執玉疏報災，上命侍郎牧可登、副都統阿魯等分往治賑。執玉奏言：「諸州縣被水，消長不一。有上諭所及，而水消未成災者；有上諭所未及，而水大成災，田廬被淹，急須拯卹者：請飭治賑諸臣勘實。」上特允之。

國初以民地予滿洲將士，謂之「圈地」。民地既圈，以鄰近州縣地撥補，糧額從舊貫，於是有寄糧；佃租戶移新地，於是有寄莊。歷年既久，百弊叢起。上令執玉勘察，更除改正，並舉懷安、宣化、萬全、寶坻、豐潤、三河諸縣爲例。執玉奏言：「此外所在皆有，如晉州武丘村、孔目莊，趙州馬圈村糧有在贊皇者；蔚縣夾道溝、細賢莊糧有在宣化者；宣化井頭莊糧有在西寧者：官苦追呼，民勞跋涉。凡地在此處，糧寄彼處，皆令從地所在，糧隨產轉，此收彼除，不使有交錯之病，亦無庸存代徵之名，經界各正，田賦悉清。」直隸驛馬一，每歲雜支大率至十兩。執玉奏定馬一每歲雜支三兩六錢。昌平、延慶、宣化諸驛事煩，撥僻地馬協濟，而牧養仍責原驛。執玉奏請改隸受協州縣牧養。皆下部議行。

直隸耗羨歸公，自雍正三年始。部議元、二年耗羨在三年補納者，州縣充公用，仍當追償。霸、文安等七州縣民借倉穀，逋米二萬一千石、穀一萬六千石各有奇，部議責州縣追償。執玉言：「元、二年耗羨在未著令歸公以前，前督臣許州縣充公用。今欲追償，是爲小費而失大言。」又言：「倉穀民欠歷年已久，人產胥絕。今欲追償，此數十年官州縣者無慮百數，悉逮其子孫而加以追比，於情可憫。」上並如執玉議，寬之。

九年，以病甚乞解任，許之。十年，病少瘳，命領刑部尙書。十一年春，復命署直隸總督，力辭，上勉之行。三月，卒於官，賜祭葬。

執玉重民事，每請從寬大，疏入輒報可。執玉嘗曰：「吾才拙，政事不如人，可自力者勤耳。勤必自儉始。」養廉歲用十三四，餘歸之司庫。

楊永斌，字壽廷，雲南昆明人。康熙三十八年舉人。以知縣發廣西，補臨桂知縣，以廉能聞。遭喪去，服除，授直隸阜平知縣，署平山，調大城，皆有惠政。以捕治內監陳永忠未即獲，奪官。大城民乞巡撫疏留，會世宗即位，知永斌賢，許復官。遷涿州知州。

雍正三年，特諭永斌才守俱優，授貴州威寧知府。威寧界滇、蜀，諸土司虐使其衆，時出掠境外。烏蒙祿萬鍾、鎭雄隴慶侯尤强悍。永斌被檄定界，單騎入諭其渠，陰使人僞爲商賈，分道圖地形。鄂爾泰督雲、貴，永斌以圖上，且曰：「二酋不懲，終爲邊患。萬鍾幼，諸土司未附。今四川總督劾萬鍾不職，請發兵壓境，召萬鍾出就質。不出，以兵入。烏蒙平，鎭雄勢孤，亦且降。」鄂爾泰從之，召萬鍾不至，令游擊哈元生與永斌督兵入。萬鍾走鎭遠，與慶侯同詣四川降。凡三十三日而事定。米貼土婦陸氏爲亂，鄂爾泰遣兵討之，永斌語元生曰：「賊以晁山、巴補爲後路，事急則渡金沙江而逸。以重兵扼其前，奇兵越江攻之，賊可殲也。」元生用其策，克米貼。

鄂爾泰疏薦永斌可大用，擢貴東道，旋調糧驛道，署按察使。朝議加稅軍田畝五錢，永斌議曰：「軍田糧以屯租爲準，已數倍於民田。且今轉相授受，與民田交易無異。名爲軍屯，實皆民產，而畝稅之，是重科也，民必不服。當多事之秋，增剝膚之患，驅之爲亂耳。」鄂爾泰以聞，事乃寢。七年，遷湖南布政使。湖南方議淸察軍田計畝，未定，永斌援貴州議以請，亦得免。

九年，調廣東。十年春，命署巡撫，是秋眞除。廣東生齒繁，民不勤稼穡，米值高。永斌飭諸州縣勸墾，高亢不宜禾，令藝豆麥，諸山坡麓栽所宜木。又以惠、潮兩府民最悍，招墾官田，租入充粵秀書院膏火。奏聞，嘉奬，命勘明墾地畝數。尋又奏言：「勘明可墾地六千八百餘頃，此外或山深箐密，或夾沙帶鹵，體察民情，恐磽地薄收，糧賦無出。臣思瘠田產穀雖少，若多墾數十萬畝，年豐可得數十萬石，卽歉歲亦必稍有所獲，事益於民。察通省糧額，新寧斥鹵，輕則畝徵銀四釐有奇、米四合有奇。擬請凡承墾磽瘠之地，概準此例，十年起科。」下部議行，於是墾田至百十八萬餘畝。

乾隆元年，兼署兩廣總督。上命除落地稅，因請併免漁課、埠稅，革粵海關贏餘陋例未盡汰者，上悉從之。永斌在廣東數年，坦懷虛己，淬厲諸將吏。獲劇盜余猊、陳美倫數十輩置之法，收曲江乳源諸峒猺歸化。西洋估舶互市至者，悉令寄椗澳門，不得泊會城下。粵民頌其績。二年，調湖北，兼署湖廣總督。令嚴保甲，繕城堡，課農桑，實社倉，興學校，諸政畢舉。

未幾，調江蘇。按行奉賢、南匯、上海、寶山四縣海塘，以築塘取土成渠，塘根浸損，議於塘內開河，南接華亭運河，北達寶山高橋。又察華亭金山嘴、倪家路，寶山楊家嘴地當衝要，議視地所宜，或增築石壩，或就舊塘加築寬厚，或改築石塘。又請於寶山建海神廟。並從之。三年，以老病乞休，召詣京師，署禮部侍郎。尋授吏部。四年，致仕。五年，卒。孫漟，蔭生，初授主事，官至江蘇按察使。

論曰：其倬、宗仁、毓珣，皆聖祖所擢用，丕著勳勩；世宗畀以兼圻，忠誠靡懈，恩禮始終，宜矣！倖度居官不擾民，執玉、永斌尤懃懃施惠，文乾、宗錫能濟其美。世宗治尙明肅，諸臣皆以開敏精勤稱上指，爲政持大體，與夫急功近名，流於谿刻，重爲世詬病者，固大異矣。

清史稿卷二百九十三

列傳八十

李紱　蔡珽　謝濟世　陳學海

李紱，字巨來，江西臨川人。少孤貧，好學，讀書經目成誦。康熙四十八年，成進士，改庶吉士，散館授編修。累遷侍講學士。五十九年，擢內閣學士，尋遷左副都御史，仍兼學士。六十年，充會試副考官。出榜日，黃霧風霾，上語大學士等曰：「此榜或有亂臣賊子，否亦當有讀書積學之士不得中式，怨氣所致。」命磨勘試卷，劣者停殿試。又賜滿洲舉人留保、直隸舉人王蘭生進士。下第舉子羣聚紱門，投瓦石喧鬨。御史舒庫疏劾，下部議，責紱匿不奏，奪官，發永定河工效力。雍正元年，特命復官，署吏部侍郎，赴山東催漕。尋授兵部侍郎。上令截留湖南等省漕糧於天津收貯，旋又命估價出糶。

二年四月，授廣西巡撫。奏言：「廣西賀縣大金、蕉木二山產礦砂，五十里外爲廣東梅峒汛，又數里爲宿塘寨，礦徒盤據，時時竊發。臣方擬嚴禁，聞總督孔毓珣條陳開採，因而中止。將來或恐滋事。」毓珣奏同時至，廷議寢其事。上命以諭毓珣者示紱，令協力禁止。紱疏陳練兵，列舉嚴賞罰、演陣法、習用鎗礮、豫備帳房鑼鍋諸事，上嘉其留心武備。康熙中，巡撫陳元龍奏請開捐，都計收穀百十七萬石有奇，石折銀一兩一錢，而發州縣買穀石止三錢，不足以糴。至紱上官，尚虧四萬餘石，紱奏請限一月補足。會提督韓良輔條奏墾荒，下紱議，紱請以桂林、柳州、梧州、南寧四府收貯捐穀動支爲開墾費。上曰：「朕觀紱意，不過借開墾以銷捐穀。當時陳元龍等首尾不清，朕知之甚詳。應令元龍等往廣西料理。」並諭紱詳察，毋隱諱瞻徇，自承虧空。尋紱奏察出督撫、司道、府廳分得羨餘銀八十二萬有奇，勒限分償，上嘉紱秉公執正。紱在吏部時，年羹堯子富等捐造營房，下部議敍，不肯從優，爲羹堯所嫉；及上命天津截漕估糶盈餘銀五千交守道桑成鼎貯庫，紱至廣西，成鼎使賫以畀紱。紱具摺送直隸巡撫李維鈞會奏。維鈞匿不上，紱乃奏聞。先是，羹堯朝京師，入對，舉此訐紱，謂紱乾沒。上以問維鈞，維鈞言紱取數百金治裝，餘尚貯庫。紱奏至，上謂維鈞與羹堯比，欲陷紱。諭獎紱，命留充公用。

三年六月，紱奏言：「太平、思恩府界流言安南內亂。有潘騰龍者，自言爲莫姓後，其黨黃把勢、陳亂彈等煽誘爲亂。嚴飭將吏捕治。」上諭曰：「封疆之內，宜整理振作。至於安邊柔遠，最忌貪利圖功，當慎之又慎！」九月，奏：「瑤、僮頑梗，修仁十排、天河三疃爲尤甚，常出劫掠。臣遣吏入十排，捕得其渠。三疃阻萬山中，所種田在隘外。臣發兵守隘，斷其收穫。其渠今亦出自歸。」上獎其辨理得宜。

旋授直隸總督。四年，紱入覲。初，左都御史蔡珽薦起其故吏知縣黃振國授河南信陽知州，忤巡撫田文鏡。文鏡馭吏嚴，尤惡科目，劾振國貪劣。紱過河南，詰文鏡胡爲有意蹂踐士人。入對，因極言文鏡貪虐，且謂文鏡所劾屬吏，如振國及邵言綸、汪誠皆枉，振國已死獄中。文鏡因紱語，先密疏聞，謂紱與振國同年袒護。紱疏辨，上不直紱，而振國實未死，逮至京師，上更謂紱妄語。良輔奏雲南、廣西所屬土司與貴州接壤者，皆改歸貴州安籠鎮節制，命紱往與雲貴總督高其倬會勘，疏請循舊制，從之。

紱還直隸，時上譴責諸弟允禩、允禟等，更允禟名塞思黑，幽諸西寧，復移置保定，命胡什禮監送。紱語胡什禮：「塞思黑至，當便宜行事。」胡什禮以聞，上以爲不可，命諭紱，紱奏初無此語。塞思黑至保定，未幾，紱以病聞，尋遂死。是冬，御史謝濟世劾文鏡貪虐，仍及誣劾振國等。上奪濟世官，下大學士九卿會鞫，戍濟世阿爾泰軍前。上以濟世奏與紱語同，疑紱與爲黨，召紱授工部侍郎。紱在廣西捕亂苗莫東旺置天河縣獄，獄未竟，紱移督直隸去。久之，蠻、僮集衆破獄，劫東旺去。五年春，良輔署廣西巡撫，奏聞。上以詰紱，下部察議。會都察院奏廣西州判程旦詣院訴土司羅文剛掠村落抗官兵，上責紱與繼任巡撫甘汝來逡巡貽害，命紱與汝來至廣西捕治，不獲，當重譴。紱至廣西，東旺聞而自歸，文剛亦捕得。直隸總督宜兆熊劾知府曾逢聖、知縣王游虧空錢糧，上以逢聖、游皆紱所薦，命詰紱。戶部議覆，紱在直隸奏報懷來倉圮，穀爲小民竊食，當下直隸總督詳察。上曰：「穀至六千餘石，豈能竊食至盡？明係紱市恩，爲縣吏脫罪。當責紱償補，以成其市恩。」兆熊又劾知縣李先枝私派累民，上以先枝亦紱所薦，責紱欺罔，奪官，下刑部、議政大臣等會鞫，紱罪凡二十一事，當斬。上諭曰：「紱既知悔過，情詞懇切，且其學問尚優，命免死，纂修八旗通志効力。」

七年，又以順承郡王錫保奏濟世在阿爾泰供言劾文鏡實受紱及斑指，下紱等刑部。會曾靜、張熙獄起，上召王大臣宣諭，並命紱入，諭曰：「朕在藩邸，初不知斑、紱姓名。有馬爾濟哈者，能醫。朕問：『更有能醫者否？』以斑對。召斑來見，斑謂不當與諸王往來，辭不至，以是朕重之。年羹堯來京，亟稱斑，朕告以嘗招之不來，羹堯以語斑，斑復辭不至，以是朕益重之。及出爲四川巡撫，詣熱河行在，始與相見，爲朕言李紱。朕知紱自此始。旣卽位，延訪人才，起紱原官。旋自侍郎出撫廣西，至爲直隸總督，徇私廢公，沽名邀譽，致吏治廢弛，人心玩愒。又如塞思黑自西大通調回，令暫住保定。未幾，紱奏言遘病，不數日卽死。姦黨遂謂朕授意於紱，使之戕害。今紱在此，試問朕嘗授意否乎？塞思黑罪本無可赦，豈料其遽死？紱不將其病死明白於衆，致生疑議，紱能辭其過乎？田文鏡公忠，而紱與斑極力陷害，使濟世誣劾，必欲遂其私怨。此風何可長也？」復下紱刑部嚴鞫，獄上，請治罪，上寬之。

高宗即位，賜侍郎銜，管戶部三庫，尋授戶部侍郎。乾隆元年，方開博學鴻辭科，紱所舉已衆，又以所知囑副都御史孫國璽薦舉，事聞上，上詰紱，紱自承妄言，上謂「紱乃妄舉，非止妄言，避重就輕」。降授詹事。二年，以母憂歸。六年，補光祿寺卿，遷內閣學士。八年，以病致仕，入辭，上問：「有欲所陳否？」紱以慎終如始對，賜詩獎及之。十五年，卒。

紱偉岸自喜。其論學大指，謂朱子道問學，陸九淵尊德性，不可偏廢，上聞而韙之。孫友棠，乾隆十年進士，自編修累遷至工部侍郎。新昌舉人王錫侯撰字貫，坐悖逆死。友棠有題詩，並奪官，賜三品卿銜。卒。

蔡珽，字若璞，漢軍正白旗人，雲貴總督毓榮子。康熙三十六年進士，改庶吉士，散館授檢討。洊擢少詹事，進翰林院掌院學士，兼禮部侍郎。時世宗在潛邸，聞其能醫，欲見之，珽謝不往。六十年，四川巡撫年羹堯入覲，世宗命達意，仍堅辭。六十一年，羹堯授川陝總督，以珽代爲四川巡撫，覲聖祖熱河行在，世宗方扈從，乃詣謁而去。雍正二年，羹堯請川、陝開採鼓鑄，珽疏言四川不產鉛，開採非便，羹堯劾珽阻撓，下部議，當奪官。珽辱重慶知府蔣興仁，憤自殺，珽以病卒聞，羹堯劾之，上詰責再三，始自承。下部議，擬斬，詔逮至京師，召入見，具言羹堯貪暴及所以抗拒羹堯狀，上諭曰：「珽罪應如律，然劾之者羹堯，人將謂朕以羹堯故殺珽，是羹堯得操威福柄也。其免珽罪。」特授左都御史，兼正白旗漢軍都統。尋進兵部尙書，仍兼左都御史。會羹堯得罪，直隸總督李維鈞隱其財產，上命珽偕內大臣馬爾賽往按，得實，奪維鈞官，以珽署總督。

直隸方被水，議蠲賑，復發帑修河間、靜海諸城，俾饑民就傭受食。珽奏言省會米貴，令按察使浦文倬至天津運截留漕米二萬石，以萬石運保定平糶，留萬石賑經過諸地，上如所請，敕再運通倉米十萬石往天津，加賑一月。珽奏：「請察地方官侵冒，懲胥役虛報，訪衿棍挾制，貧民戶給印券，每村給村名紙旗，以次給領。賑滿，續修城工，卽以賑時所給印券交驗受傭。」從之。調補吏部尙書，仍兼領兵部、都察院及都統事。四年，以珽所領事多，先後解左都御史、都統、吏部尙書，專任兵部尙書。旋以在直隸時徇庇昌平營參將楊雲棟，坐奪官，上命降授奉天府尹。

初，上以岳鍾琪代年羹堯爲川陝總督，珽入對，言鍾琪叵測。鍾琪入覲，過保定，珽方署直隸總督，造蜚語，冀以撼鍾琪。事聞，上嚴旨詰責。五年，召回京按訊，上閱羹堯幕客舉人汪景祺所著書，載珽撫四川時得夔州府知府程如絲賄，保治行第一。如絲守夔州，鬻私鹽，而捕湖廣民鬻私鹽者得輒殺之，爲羹堯劾罷。珽入對，言其寃。上命免如絲罪，且擢爲四川按察使。至是，上頗疑景祺言。會巡撫馬會伯劾如絲營私網利疏至，命侍郎黃炳如四川按其事，以珽偕炳還奏，事實，下法司彙讞。尋議珽挾詐懷私，受夔關稅銀、富順縣鹽規，冒銷庫帑，並得如絲銀六萬六千、金九百，讒毀鍾琪，交結查嗣庭，凡十八事，應斬決，妻子入辛者庫，財產沒入官，命改斬監候。

六年，管理正白旗信郡王德昭又奏珽家藏硃批奏摺三件未繳進，大不敬，應立斬，詔逮至京師。初，珽故吏知縣黃振國坐事奪官，珽薦起河南信陽知州，巡撫田文鏡劾貪劣不法。李紱自廣西巡撫遷直隸總督，入對，力陳振國無罪，御史謝濟世劾文鏡亦及之，言與紱合。上疑紱與濟世爲黨，召紱還京師，戍濟世。及珽至，諭暴珽等結黨欺罔、傾陷文鏡諸罪狀，命斬振國，珽仍改斬監候，下獄。十三年，高宗卽位，赦免。乾隆八年，卒。

謝濟世，字石霖，廣西全州人。康熙四十七年，舉鄉試第一。五十一年，成進士，改庶吉士，授檢討。雍正四年，考選浙江道御史。未浹旬，疏劾河南巡撫田文鏡營私負國，貪虐不法，列舉十罪。上方倚文鏡，意不懌，命還濟世奏，濟世堅持不可。上諭曰：「文鏡秉公持正，實心治事，爲督撫中所罕見者，貪贓壞法，朕保其必無，而濟世於督撫中獨劾文鏡，朕不知其何心？朕訓誡科道至再至三，誠以科道無私，方能彈劾人之有私者。若自恃爲言官，聽人指使，顚倒是非，擾亂國政，爲國法所不容。朕豈不知誅戮諫官史書所戒？然誅戮諫官之過小，釀成人心世道之害大。禮義不愆，何恤於人言，朕豈恤此區區小節哉？」奪濟世官，下大學士、九卿、科道會鞫，濟世辨甚力。刑部尚書勵杜訥問：「指使何人？」對曰：「孔、孟。」問：「何故？」曰：「讀孔、孟書，當忠諫。見姦弗擊，非忠也！」讞上，以濟世所言風聞無據，顯係聽人指使，要結朋黨，擬斬。

文鏡劾屬吏黃振國、邵言綸、汪誠等，李紱訟言其枉，並謂河南諸吏張球最劣，文鏡縱弗糾。入對，具爲上言之。上先入文鏡言，不直紱，而濟世罪狀文鏡又及枉振國、言綸、誠庇球諸事。上召大學士、九卿、科道等入見，舉前事，謂：「濟世言與紱奏一一脗合，今詰濟世劾文鏡諸事，濟世皆茫無憑據，俯首無詞，是其受人指使，情弊顯見。」命奪濟世官，往阿爾泰軍前効力贖罪。濟世至軍，大將軍平郡王福彭頗敬禮之，濟世講學著書不稍輟。七年，振武將軍順承郡王錫保以濟世撰古本大學注毀謗程、朱，疏劾，請治罪。上摘「見賢而不能舉」兩節注，有「拒諫飾非，拂人之性」語，責濟世怨望謗訕，下九卿、翰詹、科道議罪。

有陸生柟者，自舉人選授江南吳縣知縣，引見，上有所詰問，不能對，改授工部主事。復引見，上見其傲慢，以其廣西人，疑與濟世爲黨，命奪官發軍前，令與濟世同効力。生柟撰通鑑論十七篇，錫保以爲非議時政，別疏論劾。上並下九卿、翰詹、科道議罪，尋議濟世詆訕怨望，怙惡不悛，生柟憤懣猖狂，悖逆恣肆，皆於軍前正法。上密諭錫保誅生柟，縛濟世使視，生柟既就刑，宣旨釋之。

濟世在戍九年，高宗卽位，詔開言路，爲建勳將軍欽拜草奏，請責成科道嚴不言之罰，恕妄言之罪，上嘉納焉。旋召濟世還京師，復補江南道御史。濟世以所撰大學注、中庸疏進上，略言：「大學注中，九卿、科道所議諷刺三語，臣已改删，惟分章釋義，遵古本不遵程、朱，習舉業者有成規，講道學者無厲禁。千慮一得，乞舍其瑕而取其瑜。」得旨嚴飭，還其書。乾隆二年，濟世疏曰：「臣今所言者有二：一曰去邪勿疑，一曰出令勿貳。有罪而復用，如程元章、哈元生者，輿論猶有恕詞；至於隆昇，國人皆曰不可，猶未罷斥。不惟不罷斥隆昇而已，如王士俊以加賦爲墾荒，肆毒中州，又請爲田文鏡立賢良祠。皇上旣深惡之，乃調回而仍用，逮勘而復赦，乃者淸問及之，議者謂將用爲藩臬。藩臬總一省刑名錢穀，豈辜恩負罪之督撫所能勝任乎？易言渙汗，禮稱綸綍，信而已矣。今則元年諭旨，二年卽廢格或改易矣；特諭停止在任守制，近日督撫又漸次請行。天下之大，何患無才？記曰『金革無辟』，又曰『君子不奪人之親』，安用此食祿忘親者爲哉？特諭監生准入場不准考職。昨世宗升祔恩詔，監生仍准考職。考職者入仕之門，既准捐監，又准考職，復開捐例之張本也。卽止給虛銜，不准實授，而後命前命相違，亦不宜如此。臣聞不退不遠，大學所譏，世間君子少、小人多，已敗露者不行放流，未敗露者益無忌憚。若發號施令，小人得以搖奪，君子無所適從，國事未有不隳者也。」

三年，疏言：「母蔣年七十一，行動艱難，耳目昏憒。臣欲歸養，則貧不能供甘旨；欲迎養，則老不能任舟車；欲歸省，則往返動經半年。在家不過數月，乍逢又別，既別難逢，慈母之涕淚轉添，游子之方寸愈亂。臣才不稱道府，例又從無自請遷轉。乞敕部以州縣降授湖南、廣東，量予近地，臣得母子聚首，無任哀懇。」上特授濟世湖南糧儲道。

八年，濟世聞衡陽知縣李澎徵賦縱丁役索浮費，易服僞爲鄉民納賦者以往，察得實，善化知縣樊德貽與同弊，濟世詳劾。巡撫許容庇德貽等，以濟世蕩檢踰閑列狀入告。上命解任，交總督孫嘉淦會鞫，濟世捕衡陽丁役下長沙知府張琳，讞得徵收浮費有據。容令岳常澧道倉德代濟世，布政使張璨附容指，貽書倉德，令更易長沙府詳牒。倉德初官給事中，嘗劾濟世奏事失儀，至是不直璨所爲，發其書上嘉淦及漕運總督顧琮，嘉淦庇容，寢其事。諭倉德委曲善處，琮咨都察院奏聞。御史胡定糾容挾私誣劾，採湖南民謠，斥容與璨等朋謀傾濟世。上命侍郎阿里衮如湖南會嘉淦按治，而倉德以嘉淦寢其事，復揭都察院奏聞。上責嘉淦草率扶同，召還京師，解容、璨任，奪琳、德貽、澎官。阿里衮尋奏濟世被誣劾，請復官，容、璨及按察使王玠皆坐奪官，上命幷罷嘉淦，而奬倉德及定，調濟世驛鹽道。

蔣溥代爲巡撫，嗛濟世密進所著書，斥爲離經畔道，上曰：「朕不以語言文字罪人。」置不問。未幾，復言其老病，乃命休致。歸家居十二年，卒，年六十有八。

陳學海，字志澄，江西永豐人。康熙五十二年進士，改庶吉士。與濟世友，授山東恩縣知縣，行取刑部主事，遷員外郎。文鏡劾振國等，上遣侍郎海壽、史貽直往按，請以學海從，得文鏡欺罔狀，將以實入告，繼乃反之，學海爭不得。使還，擢御史，嘗以語濟世，濟世用是劾文鏡。旣譴，學海不自安，次年，以病告。都察院劾僞病，並及與濟世交關狀，奪官，命與濟世同効力軍前。雍正七年，召還，授檢討。十一年，卒。

論曰：田文鏡與鄂爾泰、李衞同爲世宗所激賞。高宗謂三人者文鏡爲最下，允哉！文鏡馭屬吏苛急，待士尤虐。紱固以好士得時譽，宜其惡之深，而所爭以爲枉者，爲珽所薦吏。濟世又繼以爲言，世宗疑珽使紱入告，不納；又嗾濟世露章論劾，互相結，務欲傾文鏡。獄遂不可解，然終未卽誅死。高宗嗣服，諸人皆得湔祓，紱復起，濟世亦見用。孰謂世宗嚴？不肯戮諫臣，固明言之矣。

清史稿卷二百九十四

列傳八十一

李衞　田文鏡　憲德　諾岷　陳時夏　王士俊

李衞，字又玠，江南銅山人。入貲爲員外郎，補兵部。康熙五十八年，遷戶部郎中。世宗卽位，授直隸驛傳道，未赴，改雲南鹽驛道。雍正二年，就遷布政使，命仍管鹽務。三年，擢浙江巡撫。四年，命兼理兩浙鹽政。疏言：「浙江戶口繁多，米不敷食。請撥鹽政歸公銀十萬，委員赴四川採運減糶，款歸司庫；有餘，以修理城垣。」衞整理鹽政，疏言：「諸場有給丁灘蕩者，以丁入地，計畝徵收；無給丁灘蕩者，暫令各丁如舊輸納。」又言：「浙省私販出沒，以海寧長安鎭爲適中孔道，請設兵巡隘。」又言：「江南蘇、松、常、鎭四府例食浙鹽，鎭江接壤，淮鹽偸渡。請敕常鎭道及京口將軍標副將、城守參將等督飭將吏水陸巡緝。」五年，奏修海寧、海鹽、蕭山、錢塘、仁和諸縣境海塘。

尋授浙江總督，管巡撫事。六年，奏言：「江、浙界上盜賊藏匿，浙省究出從盜，咨江南震澤縣捕治，竟以替身起解。案中諸盜，江南督臣范時繹留以待讞。今察出有舉人金士吉等徇庇，當請褫奪，並提江南所留諸盜窮究黨羽，剪除巢穴。」得旨嘉獎。溫、台接壤，瀕海有玉環山，港嶴平衍，土性肥饒。前總督滿保因地隔海汊，禁民開墾。衞遣吏按行其地，奏請設同知，置水陸營汛。招民墾田，於本年起科；設竈煎鹽，官爲收賣；漁舟入海，給牌察驗；魚鹽徵稅，充諸項公用。衞經畫浙東諸縣水利：鄞縣大嵩港溉田數萬畝，歲久淤淺，衞令疏濬，築塘設閘，開支河溉田。鎭海靈巖、大丘二鄉有浦口通海，舊有閘已圮，衞令修築。定海多曠土，衞令察丈淸理。上虞瀕海潮汐沒民田，衞爲奏請除額；縣有夏蓋湖，積淤多已成田，衞令察丈，許民承業升科。

上以江南多盜，時繹及巡撫陳時夏非戢盜之才，命蘇、松等七府五州盜案，令衞兼領，將吏聽節制。時議增築松江海塘，並以舊塘改土爲石，上復以時繹未能董理，令衞勘議。衞詣勘，奏言：「松江海塘已築二千四百餘丈，未築者當令仿傚海鹽舊塘，石塘後附築土塘，宜一例高厚，歲派員修治。」上從之，仍令衞會時繹、時夏董理。上以衞留心營務，江南軍政舉劾，復命衞會同考核。尋遣侍郎彭維新等如江南淸察諸州縣積欠錢糧，亦令衞與聞。七年，加兵部尚書。入覲，遭母喪，命回任守制。尋復加太子少傅。江寧有張雲如者，以符呪惑民，衞遣詗察，得其黨甘鳳池、陸同庵、蔡思濟、范龍友等私相煽誘狀。八年，衞令遊擊馬空北往捕，時繹故與雲如往還，與按察使馬世烆庇不遣，賄空北還稟衞。衞疏劾，上遣尙書李永升會鞫，時繹奪官，世烆、空北皆坐譴，雲如等論斬。九年，疏請改定蘇州府營制。

衞在浙江五年，蒞政開敏，令行禁止。上以查嗣庭、汪景祺之獄，停浙江人鄉會試，衞以文告嚴督。逾年，與觀風整俗使王國棟疏言兩浙士子感恩悔過，士風丕變，乃命照舊鄉會試。上督責各直省淸釐倉庫虧空、錢糧逋欠，衞召屬吏喻意，簿書、期會、吏事皆中程，民間亦無擾。

十年，召署刑部尙書，授直隸總督，命提督以下並受節制。十一年，疏劾步軍統領鄂爾奇壞法營私，紊制擾民。上爲奪鄂爾奇官，命果親王及侍郎莽鵠立、海望按治，得實，請罪鄂爾奇。上以鄂爾奇爲鄂爾泰弟，曲宥之；獎衞，命議敍。乾隆元年，命兼管直隸總河，裁營田觀察使，敕衞覈議。衞請以營田交諸州縣收管，分轄通永、霸昜、天津、淸河、大名五道，統率經理。下部如所議。二年，疏發誠親王府護衞庫克與安州民爭淤池，赴州囑託。上命治庫克罪，嘉衞執法秉公，賜四團龍補服。三年，疏劾總河朱藻貪劣，藻弟蘅挾制地方官，干預賑事。上命尙書訥親、孫嘉淦按治，奪藻官，並罪蘅如律。

衞在直隸六年，蒞政如在浙江時。屢奏請審正府縣疆界，改定營汛，增置將吏。衞尤長於治盜。盜匿山澤間，詗得其蹤跡，遣將吏捕治，必盡得乃止。以是所部乃無盜。病作，乞解任，遣御醫診視。卒，賜祭葬，謚敏達。

世宗在藩邸，知衞才，眷遇至厚，然察衞尚氣，屢教誡之。其在雲南，或有餽於衞，衞又令製「欽用」牌入儀仗。上諭之曰：「聞汝恃能放縱，操守亦不純。川馬骨董，俱當檢點。又製『欽用』牌，是不可以已乎？爾其謹愼，毋忽！」衞奏言：「受恩重，當不避嫌怨。」上又諭之曰：「不避嫌怨，與使氣凌人、驕慢無禮，判然兩途。汝宜勤修涵養，勉爲全人，方不負知遇。」及赴浙江，時河決朱家海，上命中途與河道總督齊蘇勒議施工。衞見齊蘇勒，決口已合龍，議頗不相協。衞錄問答語以聞。會衞族弟懷謹等居鄉放縱，衞令淮徐道捕送拘禁，族人騰謗。衞疏言：「臣開罪范時繹，又與齊蘇勒不無芥蒂，皆臣本籍大吏，恐因家事心迹難明。」上諭之曰：「時繹不足論，齊蘇勒與有芥蒂，或汝禮貌疏慢所致，咎不在齊蘇勒。凡審事辨公私最爲不易，向日於鄰里鄉黨間先存嫌怨，則又當別論。朕每言公中私、私中公，樞機正在於此。」及在直隸，上復諭之曰：「近有人謂卿任性使氣，動輒肆詈。丈夫立身行己，此等小節不能操持，尚何進德修業之可期？當時自檢點，從容涵養。」

高宗南巡，見西湖花神廟衞自範像並及其妻妾，號「湖山神位」，諭曰：「衞仰借皇考恩眷，任性驕縱，初非公正純臣。託名立廟，甚爲可異！」命撤像燬之。

田文鏡，漢軍正黃旗人。康熙二十二年，以監生授福建長樂縣丞，遷山西寧鄉知縣，再遷直隸易州知州。內擢吏部員外郎，歷郎中，授御史。五十五年，命巡視長蘆鹽政，疏言：「長蘆鹽引缺額五萬七千餘道，商人願先輸課，增復原引。自五十六年爲始，在長清等縣運行。」得旨：「加引雖可增課，恐於商無益。」下九卿議行。山東巡撫蔡定題覆如所議。尋擢內閣侍讀學士。雍正元年，命祭告華嶽。是歲山西災，年羹堯入覲，請賑。上詔巡撫德音，德音言無災。及文鏡還，入對，備言山西荒歉狀。上嘉其直言無隱，令往山西賑平定等諸州縣，卽命署山西布政使。

文鏡故有吏才，淸釐積牘，剔除宿弊，吏治爲一新。自是遂受世宗眷遇。二年，調河南，旋命署巡撫。疏請以陳、許、禹、鄭、陝、光六州升直隸州。尋命眞除。文鏡希上指，以嚴厲刻深爲治，督諸州縣淸逋賦，闢荒田，期會促迫。諸州縣稍不中程，譴謫立至。尤惡科目儒緩，小忤意，輒劾罷。疏劾知州黃振國，知縣汪誠、邵言綸、關㻿等。上遣侍郞海壽、史貽直往按，譴黜如文鏡奏。四年，李紱自廣西巡撫召授直隸總督，道開封，文鏡出迓。紱責文鏡不當有意蹂躪讀書人，文鏡密以聞，幷謂紱與振國爲同歲生，將爲振國報復。紱入對，言振國、誠、言綸被論皆寃抑，知縣張球居官最劣，文鏡反縱不糾。上先入文鏡言，置不問。

球先以盜案下部議，文鏡引咎論劾。是冬，御史謝濟世劾文鏡營私負國、貪虐不法，凡十事，仍及枉振國、言綸、誠，庇球諸事，與紱言悉合。上謂濟世與紱爲黨，有意傾文鏡，下詔嚴詰，奪濟世官，遣從軍，振國、誠論死，戍言綸、陳於邊。振國故蔡珽屬吏，旣罷官，以珽薦復起。及珽得罪，上益責紱、珽、濟世勾結黨援，擾國政，誣大臣，命斬振國。

文鏡疏請以河南丁銀均入地糧，紳衿富戶，不分等則，一例輸將，以雍正五年始。部議從之。五年，疏言黃河盛漲，險工迭出。宜暫用民力，每歲夏至後，將距隄一二里內村莊按戶出夫，工急搶護，事竟則散。若非計日可竣者，按名給工食。下部議行。尋授河南總督，加兵部尚書。文鏡初隸正藍旗，命擡入正黃旗。六年，上褒文鏡公正廉明，授河南山東總督，諭謂此特因人設官，不爲定例。文鏡疏言：「兩省交界地易藏匪類，捕役越界，奸徒奪犯，每因拒劫，致成人命，彼界有司仍復徇庇。請嗣後越界捕盜，有縱奪徇庇者，許本省督撫移咨會劾。」上從之。文鏡先以河南漕船在衞輝水次受兌，道經直隸大名屬濬、滑、內黃三縣，隔省呼應不靈。請以三縣改歸河南。旣，又以河南徵漕舊例，河北三府起運本色，餘皆徵折，在三府採買，偏重累民。請以儀封、考城及新改歸河南濬、滑、內黃等五縣增運本色。距水次最遠靈寶、閿鄉二縣，減辦米數，歸五縣徵輸。南陽、汝寧諸府，光、汝諸州，永寧、嵩、盧氏諸縣，皆以路遠停運，分撥五縣協濟，按道路遠近，石加五分至二錢三分各有差。又疏言：「山東倉庫虧空，挪新掩舊。請如河南交代例，知府、直隸州離任，所轄州縣倉庫，令接任官稽察，如有虧空，責償其半，方得赴新任。道員離任，所轄府、直隸州倉庫亦視此例。」又疏言：「山東錢糧積虧二百餘萬，雍正六年錢糧應屆全完之限，完不及五分，由於火耗太重、私派太多。請敕山東巡撫、布政使協同臣清察，期以半年參追禁革，毋瞻徇，毋容隱。」上皆用其議。七年，請設青州滿洲駐防兵，屯府北東陽城址，下議政王大臣議行。尋加太子太保。疏請以高唐、濮、東平、莒四州升直隸州，改濟寧直隸州降隸兗州府。

旋命兼北河總督。是歲山東水災，河南亦被水，上命蠲免錢糧。文鏡奏今年河南被水州縣，收成雖不等，實未成災，士民踴躍輸將，特恩蠲免錢糧，請仍照額完兌。部議應如所請，上仍命文鏡確察歉收分數，照例蠲免，現兌正糧，作下年正供。九年，諭曰：「上年山東有水患，河南亦有數縣被水，朕以田文鏡自能料理，未別遣員治賑。近聞祥符、封丘等州縣民有鬻子女者。文鏡年老多病，爲屬吏欺誑，不能撫綏安集，而但禁其鬻子女，是絕其生路也。豈爲民父母者所忍言乎？」並令侍郎王國棟如河南治賑。文鏡以病乞休，命解任還京師。病痊，仍命回任。十年，復以病乞休，允之。旋卒，賜祭葬，謚端肅。命河南省城立專祠。又以河道總督王士俊疏請，祀河南賢良祠。

高宗即位，尚書史貽直奏言士俊督開墾，開捐輸，累民滋甚。上諭曰：「河南自田文鏡爲督撫，苛刻搜求，屬吏競爲剝削，河南民重受其困。即如前年匿災不報，百姓流離，蒙皇考嚴飭，遣官賑恤，始得安全，此中外所共知者。」並命解士俊任，語詳士俊傳。乾隆五年，河南巡撫雅爾圖奏河南民怨田文鏡，不當入河南賢良祠。上諭曰：「鄂爾泰、田文鏡、李衞皆皇考所最稱許者，其實文鏡不及衞，衞又不及鄂爾泰，而彼時三人素不相合。雅爾圖見朕以衞祀賢良，借文鏡之應撤，明衞之不應入。當日王士俊奏請，奉皇考允行，今若撤出，是翻前案矣！」寢雅爾圖奏不行。

憲德，西魯特氏，尚書明安達禮孫也。父善，官頭等侍衞。憲德初以廕生授理藩院主事，再遷刑部郎中。雍正四年，授湖北按察使。時布政使張聖弼坐虧空論罪，憲德上官，聖弼詣謁，憲德下諸獄。疏聞，上獎其能執法。尋就遷巡撫。

五年，調四川。張獻忠之亂，四川民幾盡。亂初定，吳三桂叛，其將吳之茂、王屏藩等入川，與我師久相持，民受其害，土曠人稀。康熙間，休養久，墾闢漸廣，經界未正，田糧多不實。巡撫馬會伯奏請清丈，以調湖北未行，上以諮憲德。憲德奏：「四川昔年人民稀少，田地荒蕪。及至底定，歸復祖業，從未經勘丈，故多所隱匿。歷年既久，人丁繁衍。奸猾之徒，以界畔無據，遂相爭訟。川省詞訟，爲田土者十居七八，亦非勘丈無以判其曲直。」上復諮川陝總督岳鍾琪，奏與憲德略同，乃下九卿議行。遣給事中高維新、馬維翰，御史吳鳴虞、吳濤如四川，會同松茂、建昌、川東、永寧四道分往諸州縣丈量：維新永寧道，維翰建昌道，鳴虞松茂道，濤川東道。鳴虞先期示復明舊額，憲德阻止之。他道凡民間屋基、墳墓、界埂、水溝、園林皆不入勘丈，鳴虞獨不然，民驚擾，又需索丈費。憲德疏請罷鳴虞，維新事先竟，上令續勘松茂道。濤治事迂鈍，維翰事亦竟，憲德請以佐濤。萬縣民愬濤丈量不公，懸旗聚衆，墊江、忠州民亦以爲言。維新松茂道事又竟，憲德又疏請罷濤，以維新、維翰分勘川東道。七年十一月，通省勘丈畢。舊册載上、中、下田地都計二十三萬餘頃，丈得四十四萬餘頃，增出殆及半；而諸土司地納糧以石計，亦次第具報，視原額加增。戶部奏請視丈出田地照則徵糧，上諭曰：「從前隱瞞，科則止據實更定，毋追咎。至額糧稍重諸州縣，卽比照就近適中科則核減，俾紓民力。」憲德奏：「各屬徵糧科則，輕重懸殊。原重通江諸縣，籲請減輕；原輕郫、灌、溫江三縣，亦據實呈請願增。臣等擬原重田地，令與接壤地方相等比照科算；原輕田地，亦應按則加增，不致小民偏枯委曲。」於是成都、華陽、新津、郫、溫江、長壽諸縣俱增上則，灌縣增中則，綿州、綏寧改分上、中、下三則，江油增下則，潼川、屛山、雅州、名山、滎經、蘆山、峨眉、夾江、通江賦偏重，均視鄰縣量減，巴縣賦最輕，上田不及一分，以地瘠不增，他州縣皆仍舊則。其有丈見田少糧多，經原戶聲請，皆予開除。上命招他省民入川開墾丈增田畝，憲德奏請以丈增地畝分科則編字號，計數均分，戶給水田三十畝，或旱地五十畝；有餘丁，增水田十五畝或旱地二十五畝。丁多不能養贍，臨時酌增。或有多餘三五畝，亦一併給墾；畸零不成丘段者，酌量安置，給以照票，並牛種口糧，分年升科。皆下部如所議行。

八年，墊江、忠州民楊成勳等羣聚爲亂，署川陝總督查郎阿遣兵捕治，成勳自經死。獲其徒陳文魁、楊成祿等，得所爲怨白，言禍起戊申年奉旨清丈，科派需索累民。查郎阿疏聞，諭曰：「四川清丈之議，始於馬會伯，而成於憲德。朕愼選科臣前往料理，誡以剔除積弊，安插善良，並非爲加增賦稅而起。勘丈造冊，各官供應，皆令動帑支給，不使幾微煩擾我民。今年事竟，憲德具本代川民謝恩，謂通省士民，咸稱清理疆界，使强無兼併，弱無屈抑；又將田不敷糧之戶，悉予開除。疆界既已分明，額賦尤爲公溥，朕以爲經理得宜矣；豈意奸民嘯聚，竟以清丈苛虐爲言？怨白稱奉旨清丈，豈憲德等但以清丈稱爲奉旨，於前者奏請未曉諭於衆耶？陳文魁訴狀，並稱頌川省上司，是必憲德等沽譽干名，何不將朕德意宣播，而乃蒙混含糊，使奸民得以藉口耶？憲德旣稱通省士民歡呼感戴，何以尙有陳文魁等暗結邪黨、肆行誹謗？可見平日化導未周，董戒不力，令憲德將朕此旨刊布曉諭。」

憲德撫四川七年，屢請更定州縣疆界，有所省置，收天全土司改流設州，並升雅州爲府隸焉。憲德議開紫古鑛廠，會兒斯堡生番入邊殺掠商民，上令封閉。憲德以川省米貴，請暫停商販。逾年歲稔，上令弛禁毋遏糴。初上官，以四川驛、鹽、茶三政皆屬按察使兼領，未足司稽覈，請增設驛鹽道專司其事，從之。及清丈事將竟，奏言鹽、茶積弊，請令清查地畝科道諸員兼司搜查。上諭曰：「川省鹽、茶既特設道員，自有責成，如不能勝任，當予參劾，別擇賢能。鹽、茶積弊，相沿已久，應從容清理，安可如此嚴急？奏請搜查，更屬謬妄。汝諸事料理過於促迫，不肯實心任事，於此奏畢見，後當深戒。」十一年，憲德奏鹽道曹源邠混發引目累商，諭曰：「鹽課引務，汝有督率之責。曹源邠果不法，當列款糾參。若止改撥不當，何難商酌更正。今但請敕部察議，將鹺政視如無涉，誠不知汝何意？朕甚鄙汝玷督撫統轄訓飭之任也！」

尋召還京，授工部尙書。十二年，調刑部，仍兼工部，署正紅旗滿洲都統。乾隆元年，命赴泰陵督工。五年，卒。子夢麟，自有傳。

諾岷，納喇氏，滿洲正藍旗人。先世居輝發。祖恩國泰，習漢書，天聰八年舉人，直秘書院，授禮部理事官，洊擢尙書。父那敏，官鑲黃旗滿洲都統。

諾岷，自筆帖式授戶部主事，再遷郎中。雍正元年，擢內閣學士，授山西巡撫。各直省徵賦，正供外舊有耗羡，數多寡無定。州縣以此供上官，給地方公用而私其餘；上官亦往往藉公用，檄州縣提解因以自私。康熙間，有議歸公者，聖祖慮官俸薄，有司失耗羡，虐取於民，地方公用無從取辦，寢其議不行。諾岷至山西，值歲屢歉，倉庫多虧空。諾岷察諸州縣虧空尤甚者，疏劾奪官，離任勒追；餘州縣通行調任，互察倉庫；並慮州縣不得其人，請敕部選賢能官發山西補用。二年，諾岷疏請將通省一歲所得耗銀提存司庫，以二十萬兩留補無著虧空，餘分給各官養廉。各官俸外復有養廉自此起。

布政使高成齡奏言：「直省錢糧向有耗羡，百姓既以奉公，卽屬朝廷財賦。臣愚以爲州縣耗羡銀兩，自當提解司庫，憑大吏酌量分給，均得養廉。且通省遇有不得已例外之費，卽以是支應。至留補虧空，撫臣諾岷先經奏明，臣請敕下各直省督撫，俱如諾岷所奏，將通省一歲所得耗銀約計數目先行奏明，歲終將給發養廉、支應公費、留補虧空各若干一一陳奏，則不肖上司不得借名提解，自便其私。」上命總理事務王大臣九卿集議，議略謂提解火耗，非經常可久之道，請先於山西試行。上諭曰：「州縣火耗原非應有之項，因通省公費、各官養廉不得不取給於此。朕非不願天下州縣絲毫不取於民，而勢有所不能。州縣徵收火耗分送上司，州縣藉口而肆貪婪，上司瞻徇而爲容隱，此從來之積弊所當剷除者也。與其州縣存火耗以養上司，何如上司撥火耗以養州縣。至請先於山西試行，此言尤非。天下事惟有可行不可行兩端。譬如治病，漫以藥試之，鮮有能愈者。今以山西爲試，朕不忍也。提解火耗，原一時權宜之計；將來虧空清楚，府庫充裕，有司皆知自好，各省火耗自漸輕以至於盡革，此朕之深願。各省能行者聽，不行者亦不强也。」自後各直省督撫以次奏請視山西成例提解耗羨，上以諾岷首發議，諭奬其通權達變，於國計民生均有裨益。上屢飭各省督察有司，耗羨既歸公，不得巧立名目，復有所取於民。給養廉，資公用，尚有所餘，當留備地方公事。河南耗羨餘欵最多，特免地丁錢糧四十萬，即以所餘抵補。上諭謂此項出自民間，若公用充裕，仍當加恩本地官民，不令歸入公帑也。三年，諾岷以病乞假，命回旗調理。

初，貝子允禟以罪徙西寧，道出平定，太監李大成毆諸生，諾岷按讞，以大成方病，置未深究。上責諾岷瞻徇，命繼任巡撫伊都立覆讞，罪大成，奪諾岷官。十二年，卒。

陳時夏，字建長，雲南元謀人。康熙四十五年進士，考授內閣中書。三遷工部郎中，考選廣西道御史。雍正元年，授河南開歸道，仍帶御史銜。尋奏河北連年歉收，請發帑治賑，蠲免錢糧，上嘉允之。二年，遷湖北按察使，以在開歸道任封丘生員罷考，坐不能彈壓，奪官。三年，授直隸正定知府。四年，遷長蘆鹽運使，加布政使銜，署江蘇巡撫。疏陳蘇、松水利，請發帑興工。命副都統李淑德、原任山東巡撫陳世倌會勘，議先濬婁江，常熟福山塘、昭文白茆河、太倉七浦河、上海嘉定吳淞江、武進孟瀆、德勝新河、丹陽九曲河次第疏治。時夏復疏言江南錢糧，請視直隸、河南正耗統解布政使，督撫以下各給養廉，地方公事用耗銀報銷，從之。上知時夏有老母，命雲南督撫贈資斧，護至蘇州，復賜人葠。

六年，江蘇布政使張坦麟調山東，時夏以坦麟任內錢糧未清，疏請停赴新任；坦麟亦奏時夏令新任布政使趙向奎勒揹交代。上責時夏褊淺，才識不足，不能勝巡撫，命改署山東布政使，卽以坦麟署江蘇巡撫。是時江蘇巡撫所屬七府五州，自康熙五十一年至雍正四年，積虧地丁錢糧至八百十三萬有奇，巡撫張楷請分年帶徵。及時夏至江蘇，催追促迫，民艱於輸納，事久未竟，上命時夏留江蘇會辦虧空。時夏請以舊欠均派新糧，分年徵收，上諭曰：「舊欠自有本人，舍此不追而均派新糧，是刁民因積欠而得利，良民因先輸而倍徵。從此人人效尤，誰復輸供正賦？且舊欠派入新糧，必致舊欠未完，新糧又欠。時夏因朕留之在蘇，乃欲藉此草率完結。」命暫停徵比，交新任巡撫尹繼善淸察。上又遣侍郎彭維新等佐尹繼善察出積欠實一千萬有奇，上命以其中侵蝕、包攬四百數十萬分十年帶徵，民欠五百數十萬分二十年帶徵，並令視直隸、河南諸省已行例，每歲帶徵若干，次年免正賦若干。諭謂「蠲逋賦使頑戶偏蒙其澤，不若免新徵使衆民普受其惠也」。

七年，尹繼善劾時夏所舉知縣蔡益仁貪黷不職，下部議，降調。八年，以母憂歸。十二年，詣京師，命以僉都御史銜授霸州營田觀察使。奏文安、大城兩縣界內修築橫隄，請於隄東南尙家村建閘，隄內濬河，引子牙河水溉田，仍於北岸多用涵洞，俾水得宣洩。乾隆二年，奏請用區田法，選屬吏租民地試行。皆從之。授內閣學士。三年，卒。

王士俊，字灼三，貴州平越人。康熙六十年進士，改庶吉士。雍正元年，上特命以知州發河南待缺，除許州。田文鏡爲巡撫，惡以科第起家者，有意督過之，士俊懼將及。文鏡增鹻地稅，民不堪，士俊具牒爭，冀以是劾罷邀名。布政使楊文乾奇士俊，曲護之。三年，文乾遷廣東巡撫，奏以士俊從。四年，題授肇高廉羅道。五年，署巡撫阿克敦察士俊所轄黃江廠稅虧稅銀千餘，疏劾。上諭之曰：「王士俊尙有用，小過猶可諒。當嚴飭令悛改。」尋召士俊詣京師。士俊發黃江廠庫官爲布政使官達索規禮，阿克敦卽令官達按鞫。士俊請改員嚴訊，阿克敦令按察使方願瑛會鞫。士俊卽以阿克敦、官達、方願瑛朋謀徇私，揭吏部奏聞。會文乾亦以他事劾阿克敦、官達，上命解官達、願瑛任，令總督孔毓珣及文乾會鞫，並令士俊署布政使。士俊行至曲江，聞命，還廣東上官。會文乾卒，上命傅泰署巡撫，復遣通政使留保等如廣東會鞫，阿克敦等皆坐譴。六年，實授廣東布政使。九年，擢湖北巡撫。

十年，文鏡解任還京師，擢士俊河東總督，兼河南巡撫。十一年，疏劾學政兪鴻圖納賄行私，命侍郎陳樹萱按鞫，得實，鴻圖坐斬。文鏡在河南督州縣開墾，士俊承其後，督促益加嚴，又令州縣勸民間捐輸。高宗卽位，戶部尙書史貽直奏言：「河南地勢平衍，沃野千里，民性純樸，勤於稼穡，自來無土不耕，其不耕者大都斥鹵沙磧之區。臣聞河南各屬廣行開墾，一縣中有報開十頃、十數頃至數十頃者，積算無慮數千百頃，安得荒田如許之多？推求其故，不過督臣授意地方官多報開墾，屬吏迎合，指稱某處隙地若干、某處曠土若干，造册申報。督臣據其册籍，報多者超遷議敍，報少者嚴批申飭，或別尋事故，掛之彈章。地方官畏其權勢，冀得歡心，詎恤後日官民受累，以致報墾者紛紛。其實所報之地，非河灘沙礫之區，卽山岡犖确之地；甚至墳墓之側，河隄所在，搜剔靡遺。目下行之，不過枉費民力，其害猶小；數年後按畝升科，指斥鹵爲膏腴，勘石田以上稅，小民將有鬻兒賣女以應輸將者。又如勸捐，乃不得已之策，今則郡縣官長，驅車郭門，手持簿籍，不論鹽當紳民，慰以好言，令其登寫，旋索貲鏹。地方官一年數換，則籍簿一年數更，不惟大拂民心，亦且有損國體。請敕廉明公正大臣前往清察。」上諭曰：「田文鏡爲總督，苛削嚴厲，河南民重受其困。士俊接任，不能加意惠養，借墾地之虛名，成累民之實害。河南民風淳樸，竭蹶以從，甚屬可嘉。然先後遭苛政，其情亦至可愍矣！河南仍如舊例，止設巡撫。」以傅德代士俊。士俊至京師，命署兵部侍郎。

乾隆元年，復命署四川巡撫。士俊在河南，上蔡知縣賈金馬奉檄開墾，迫縣民加報地畝錢糧，武生王作孚等詣縣辨訴。賈金馬以聚衆鬨堂揭士俊，士俊諭定讞毋及開墾，妄坐作孚等勒減鹽價，擬斬。傅德疏劾，下部議，士俊當奪官，上命仍留任。

士俊密疏陳時政，略言：「近日條陳，惟在翻駁前案，甚有對衆揚言，只須將世宗時事翻案，卽係好條陳。傳之天下，甚駭聽聞。」又言大學士不宜兼部，又言各部治事，私揣某省督撫正在褒嘉，其事宜准；某省督撫方被詰責，其事宜駁。不論事理當否，專以逢合爲心。又言廷臣保舉，率多徇情，甚或藉以索賄。上覽奏，怒甚，發王大臣公閱。御史舒赫德因劾：「士俊奸頑刻薄，中外共知。其爲河南總督，勒令州縣虛報墾荒，苦累小民。近日巡撫傅德論劾，外間傳說士俊已命逮治，皇上猶冀其改惡向善，曲賜矜全。乃士俊喪心病狂，妄發悖論，請明正其罪。」上召王、大臣、九卿等諭之曰：「從來爲政之道，損益隨時，寬猛互濟。記曰：『張而不弛，文武弗能；弛而不張，文武弗爲。』堯因四岳之言而用鯀，鯀治水九載，績用弗成；至舜而後殛鯀。當日用鯀者堯，誅鯀者舜，豈得謂舜翻堯案乎？皇考卽位之初，承聖祖深仁厚澤，休養生息，物熾而豐；皇考加意振飭，使紀綱整齊，此因勢利導之方，正繼志述事之善。迨雍正九年以來，人心已知法度，吏治已漸澄清，又未嘗不敦崇寬簡，相安樂易。朕纘承丕緒，泣奉遺詔，向後政務應從寬者悉從寬。凡用人行政，兢兢焉以皇考誠民育物之心爲心，以皇考執兩用中之政爲政。蓋皇祖、皇考與朕之心初無絲毫間別。今王士俊皆爲翻駁前案，是誠何心？朕躬有闕失，惟恐諸臣不肯盡言；至事關皇考，而妄指前猷，謂有意更張，實朕所不忍聞。至謂大學士不宜兼部，大學士兼部正皇考成憲，士俊欲朕改之，是又導朕以翻案也，彼不過爲大學士鄂爾泰而發。士俊河南墾荒，市興利之善名，行剝民之虐政，使敗露於皇考時，豈能寬宥？彼欲掩飾從前之罪，且中傷與己不合之人，其機詐不可勝詰。至謂部件題駁，懷挾私心，保舉徇情，夤緣賄囑，諸臣有則痛自湔除，無則益加黽勉，毋爲士俊所訕笑，以全朕委任簡用之體可也。」解士俊任，逮下刑部，王大臣等會鞫，請用大不敬律擬斬立決，命改監候。二年，釋爲民，遣還里。

六年，以爭佔甕安縣民羅氏墓地，縱僕毆民，民自經死，民子走京師叩閽。命副都御史仲永檀如貴州，會總督張廣泗鞫，得實，論罪如律。二十一年，卒。

論曰：世宗以綜覈名實督天下，肅吏治，嚴盜課，實倉庫，清逋賦，行勘丈，墾荒土，提耗羨，此其大端也。衞、文鏡受上眷最厚，衞以斂集事，文鏡以驕府怨；然當時謂衞、文鏡所部無盜賊，斯亦甚難能矣。勘丈激亂，四川爲最著；耗羨歸公，山西爲最先；田賦懸逋，江蘇爲最鉅；開墾害民，河南爲最劇。世宗親決庶政，不歸罪臣下，故諸帳蒙褒，而憲德不尸其咎；

時夏才短，事未克竟，亦不深責也。士俊及高宗初政，絀而猶用，乃創翻案之說，欲以熒主聽，箝朝議。心險而術淺，其得譴宜哉。

清史稿卷二百九十五

列傳八十二

隆科多 年羹堯 胡期恆

隆科多，佟佳氏，滿洲鑲黃旗人，一等公佟國維子，孝懿仁皇后弟也。康熙二十七年，授一等侍衞，擢鑾儀使，兼正藍旗蒙古副都統。四十四年，以所屬人違法，上責隆科多不實心任事，罷副都統、鑾儀使，在一等侍衞上行走。五十年，授步軍統領。五十九年，擢理藩院尚書，仍管步軍統領。六十一年十一月，聖祖大漸，召受顧命。世宗卽位，命與大學士馬齊總理事務，襲一等公，授吏部尚書。旋以總理事務勞，加一等阿達哈哈番，以其長子岳興阿襲。次子玉柱，自侍衞授鑾儀使。雍正元年，與川陝總督年羹堯同加太保。二年，兼領理藩院事。纂修聖祖實錄、大清會典並充總裁，監修明史。復與羹堯同賜雙眼花翎、四團龍補服、黃帶、紫轡。

三年，解步軍統領。玉柱以行止甚劣，奪官，交隆科多管束。羹堯得罪，上以都統范時捷疏劾欺罔貪婪諸狀，及妄劾道員金南瑛等，並下吏部議處。上諭曰：「前以隆科多、年羹堯頗著勤勞，予以異數，乃交結專擅，諸事欺隱。」命繳上所賜四團龍補服，並不得復用雙眼花翎、黃帶、紫轡。及議上，以時捷劾，請罷羹堯任；以妄劾南瑛，請嚴加治罪。上以前議徇庇，後議復過當，責隆科多有意擾亂，削太保及一等阿達哈哈番世職，命往阿蘭善等處修城墾地，諭曰：「朕御極之初，隆科多、年羹堯皆寄以心腹，毫無猜防。孰知朕視爲一德，彼竟有二心，招權納賄，擅作威福，欺罔悖負，朕豈能姑息養奸耶？向日明珠、索額圖結黨行私，聖祖解其要職，置之閒散，何嘗更加信用？隆科多、年羹堯若不知恐懼，痛改前非，欲如明珠等，萬不能也！殊典不可再邀，覆轍不可屢蹈，各宜警懼，毋自干誅滅。」四年，隆科多家僕牛倫挾勢索賕，事發，逮下法司，鞫得隆科多受羹堯及總督趙世顯、滿保，巡撫甘國璧、蘇克濟賄。讞上，上命斬倫，罷隆科多尚書，令料理阿爾泰等路邊疆事務。尋命勘議俄羅斯邊界。

初，隆科多與阿靈阿、揆敍相黨附，既又與羹堯交結。至是，上盡發阿靈阿、揆敍及羹堯罪狀，宣示中外。又侍郎查嗣庭爲隆科多所薦，坐悖逆誅死，上詰隆科多，隆科多不以實對。五年，宗人府復奏劾輔國公阿布蘭以玉牒界隆科多藏於家，阿布蘭坐奪爵幽禁。上命奪隆科多爵，召還京，命王大臣會鞫。以聖祖升遐，隆科多未在上前，妄言身藏匕首以防不測；又自擬諸葛亮，奏稱「白帝城受命之日，卽死期將至之時」；上躬祀壇廟，妄謂防刺客，令於案下搜查；上謁陵，妄奏「諸王心變」。具獄辭：大不敬之罪五，欺罔之罪四，紊亂朝政之罪三，黨姦之罪六，不法之罪七，貪婪之罪十六，凡四十一款，當斬，妻子入辛者庫，財產入官。上諭曰：「隆科多罪不容誅，但皇考升遐，大臣承旨者惟隆科多一人。今以罪誅，朕心有所不忍，可免其正法，於暢春園外築屋三楹，永遠禁錮；妻子免入辛者庫，岳興阿奪官，玉柱發黑龍江。」六年六月，隆科多死於禁所，賜金治喪。

年羹堯，字亮工，漢軍鑲黃旗人。父遐齡，自筆帖式授兵部主事，再遷刑部郎中。康熙二十二年，授河南道御史。四遷工部侍郎，出爲湖廣巡撫。湖北武昌等七府歲徵匠役班價銀千餘，戶絕額缺，爲官民累。遐齡請歸地丁徵收，下部議，從之。疏劾黃梅知縣李錦虧賦，奪官。錦淸廉得民，民爭完逋賦，諸生吳士光等聚衆閉城留錦。事聞，上命調錦直隸，士光等發奉天，遐齡與總督郭琇俱降級留任。四十三年，遐齡以病乞休。

羹堯，康熙三十九年進士，改庶吉士，授檢討。迭充四川、廣東鄉試考官，累遷內閣學士。四十八年，擢四川巡撫。四十九年，斡偉生番羅都等掠寧番衞，戕游擊周玉麟。上命羹堯與提督岳昇龍剿撫。昇龍率兵討之，擒羅都，羹堯至平番衞，聞羅都已擒，引還。川陝總督音泰疏劾，部議當奪官，上命留任。五十六年，越嶲衞屬番與普雄土千戶那交等爲亂，羹堯遣游擊張玉剿平之。

是歲，策妄阿喇布坦遣其將策凌敦多卜襲西藏，戕拉藏汗。四川提督康泰率兵出黃勝關，兵譁，引還。羹堯遣參將楊盡信撫諭之，密奏泰失兵心，不可用，請親赴松潘協理軍務。上嘉其實心任事，遣都統法喇率兵赴四川助剿。五十七年，羹堯令護軍統領溫普進駐裏塘，增設打箭爐至裏塘驛站，尋請增設四川駐防兵，皆允之。上嘉羹堯治事明敏，巡撫無督兵責，特授四川總督，兼管巡撫事。五十八年，羹堯以敵情叵測，請赴藏爲備。廷議以松潘諸路軍事重要，令羹堯毋率兵出邊，檄法喇進師。法喇率副將岳鍾琪撫定裏塘、巴塘。羹堯亦遣知府遲維德招降乍丫、察木多、察哇諸番目，因請召法喇師還，從之。

五十九年，上命平逆將軍延信率兵自青海入西藏，授羹堯定西將軍印，自拉里會師，並諮羹堯孰可署總督者。羹堯言一時不得其人，請以將軍印畀護軍統領噶爾弼，而移法喇軍駐打箭爐，上用其議。巴塘、裏塘本雲南麗江土府屬地，既撫定，雲貴總督蔣陳錫請仍隸麗江土知府木興；羹堯言二地爲入藏運糧要路，宜屬四川，從之。興率兵往收地，至喇皮，擊殺番酋巴桑，羹堯疏劾。上命逮興，囚雲南省城。八月，噶爾弼、延信兩軍先後入西藏，策凌敦多卜敗走，西藏平。上諭羹堯護凱旋諸軍入邊，召法喇還京師。

羹堯尋遣兵撫定裏塘屬上下牙色、上下雅尼，巴塘屬桑阿壩、林卡石諸生番。六十年，入覲，命兼理四川陝西總督，辭，還鎮，賜弓矢。上命噶爾弼率兵駐守西藏，行次瀘定橋，噶爾弼病不能行，羹堯以聞。上命公策旺諾爾布署將軍，額駙阿寶、都統武格參贊軍務，駐西藏。青海索羅木之西有郭羅克上中下三部，爲唐古特種人，屢出肆掠。阿寶以聞，上令羹堯與鍾琪度形勢，策進討。羹堯疏言：「郭羅克有隘口三，悉險峻，宜步不宜騎。若多調兵，塞上傳聞，使賊得爲備，不如以番攻番。臣素知瓦斯、雜谷諸土司亦憾郭羅克肆惡，願出兵助剿。臣已移鍾琪令速赴松潘，出塞督土兵進剿。」尋，鍾琪督兵擊敗郭羅克，下番寨四十餘，獲其渠，餘衆悉降。

六十一年，羹堯密疏言：「西藏喇嘛楚爾齊木臧布及知府石如金呈策旺諾爾布委靡，副都統常齡、侍讀學士滿都、員外郞巴特瑪等任意生事，致在藏官兵不睦。」因請撤駐藏官兵。下廷臣議，以羹堯擅議撤兵，請下部嚴議，上原之，命召滿都、巴特瑪、石如金、楚爾齊木臧布等來京師，遣四川巡撫色爾圖、陝西布政使塔琳赴西藏，佐策旺諾爾布駐守。

自軍興，陝西州縣饋運供億，庫帑多虧缺。羹堯累疏論劾州縣吏，嚴督追償。陝西巡撫噶什圖密奏虧項不能速完，又與羹堯請加徵火耗墊補。上諭曰：「各省錢糧皆有虧空，陝西尤甚。蓋自用兵以來，師所經行，資助馬匹、盤費、衣服、食物，倉卒無可措辦，勢必挪用庫帑。及撤兵時亦然。卽如自藏回京，將軍以至士卒，途中所得，反多於正項。各官費用，動至萬金，但知取用，不問其出自何項也。羹堯等欲追虧項以充兵餉，追比不得，又議加徵火耗。火耗止可議減，豈可加增？朕在位六十一年，從未加徵火耗。今若聽其加派，必致與正項一例催徵，肆無忌憚矣。著傳旨申飭。」命發帑銀五十萬送陝西資餉。

世宗卽位，召撫遠大將軍允禵還京師，命羹堯管理大將軍印務。雍正元年，授羹堯二等阿達哈哈番世職，並加太保。尋又加羹堯太保。詔撤西藏駐防官軍。羹堯疏陳邊防諸事，請於打箭爐邊外中渡河口築土城，移嵐州守備駐守；大河南保縣，移威茂營千總駐守；越巂衞地方寥闊，蠻、倮出沒，改設游擊，增兵駐守；松潘邊外諸番，阿樹爲最要，給長官司職銜；大金川土目莎羅奔從征羊峒有功，給安撫司職銜；烏蒙蠻目達木等凶暴，土舍祿鼎坤等請擒獻，俟其至，給土職，分轄其地。下部議，從之。論平西藏功，以羹堯運糧守隘，封三等公，世襲。

青海台吉羅卜藏丹津爲顧實汗孫，糾諸台吉吹拉克諾木齊、阿爾布坦溫布、藏巴札布等，劫親王察罕丹津叛，掠青海諸部。上命羹堯進討，諭撫遠大將軍延信及防邊理餉諸大臣，四川、陝西、雲南督、撫、提、鎭，軍事皆告羹堯。十月，羹堯率師自甘州至西寧，改延信平逆將軍，解撫遠大將軍印授羹堯，盡護諸軍。羹堯請以前鋒統領素丹、提督岳鍾琪爲參贊大臣，從之。論平郭羅克功，進公爵二等。

羹堯初至西寧，師未集，羅卜藏丹津詗知之，乃入寇，悉破傍城諸堡，移兵向城。羹堯率左右數十人坐城樓不動，羅卜藏丹津稍引退，圍南堡。羹堯令兵斫賊壘，敵知兵少，不爲備，驅桌子山土番當前隊；礮發，土番死者無算。鍾琪兵至，直攻敵營，羅卜藏丹津敗奔，師從之，大潰，僅率百人遁走。羹堯乃部署諸軍，令總兵官周瑛率兵截敵走西藏路，都統穆森駐吐魯番，副將軍阿喇納出噶斯，暫駐布隆吉爾，又遣參將孫繼宗將二千人與阿喇納師會。敵侵鎮海堡，都統武格赴援，敵圍堡，戰六晝夜，參將宋可進等赴援，敵敗走，斬六百餘級，獲多巴囊素阿旺丹津。羅卜藏丹津攻西寧南川口，師保申中堡。敵圍堡，堡內囊素與敵通，欲鑿牆而入。守備馬有仁等力禦，可進等赴援，夾擊，敵敗走，諸囊素助敵者皆殺之。羹堯先後疏聞，並請副都統花色等將鄂爾多斯兵，副都統查克丹等將歸化土默特兵，總兵馬覿伯將大同鎮兵，會甘州助戰，從之。

西寧北川、上下北塔蒙回諸衆將起應羅卜藏丹津，羹堯遣千總馬忠孝撫定下北塔三十餘莊。上北塔未服，忠孝率兵往剿，擒戮其渠，餘衆悉降。察罕丹津走河州，羅卜藏丹津欲劫以去。羹堯令移察罕丹津及其族屬入居蘭州。青海台吉索諾木達什爲羅卜藏丹津誘擒，脫出來歸，羹堯奏聞，命封貝子，令羹堯撫慰。敵掠新城堡，羹堯令西寧總兵黃喜林等往剿，斬千五百餘級，擒其渠七，得器械、駝馬、牛羊無算。以天寒，羹堯令引師還西寧。

尋策來歲進兵，疏：「請選陝西督標西安、固原、寧夏、四川、大同、榆林綠旗兵及蒙古兵萬九千人，令鍾琪等分將，出西寧、松潘、甘州、布隆吉爾四道進討，分兵留守西寧、甘州、布隆吉爾，並駐防永昌、巴塘、裏塘、黃勝關、察木多諸隘。軍中馬不足，請發太僕寺上都打布孫腦兒孳生馬三千，巴爾庫爾駝一千，仍於甘、涼增買千五百。糧米，臣已在西安預買六萬石。軍中重火器，請發景山所製火藥一百駝，駝以一百八十斤計。」下廷議，悉如所請，馬加發千，火藥加發倍所請。

察罕丹津屬部殺羅卜藏丹津守者來歸，羹堯宣上指，安置四川邊外。墨爾根戴青拉查卜與羅卜藏丹津合力劫察罕丹津，其子察罕喇卜坦等來歸，羹堯令招拉查卜內附。又有堪布諾門汗，察罕丹津從子也，爲塔兒寺喇嘛，叛從敵，糾衆拒戰，至是亦來歸。羹堯數其罪，斬之。羅卜藏丹津侵布隆吉爾，繼宗與副將潘之善擊敗之。西寧南川塞外郭密九部屢出爲盜，羹堯招三部內附。餘部行掠如故，呈庫、沃爾賈二部尤暴戾。羹堯令鍾琪率瓦斯、雜谷二土司兵至歸德堡，撫定上下寺東策布，督兵進殲呈庫部衆，擒戮沃爾賈部酋，餘並乞降。

二年，上以羅卜藏丹津負國，叛不可宥，授鍾琪奮威將軍，趣羹堯進兵。西寧東北郭隆寺喇嘛應羅卜藏丹津爲亂，羹堯令鍾琪及素丹等督兵討之，賊屯哈拉直溝以拒。師奮入，度嶺三，毁寨十。可進、喜林及總兵武正安皆有斬馘，復毁寨七，焚所居室。至寺外，賊伏山谷間，聚薪縱火，賊殲焉，殺賊六千餘，燬寺，誅其渠。青海貝勒羅卜藏察罕、貝子濟克濟札布、台吉滾布色卜騰納漢將母妻詣羹堯請内屬，羹堯予以茶葉、大麥，令分居邊上。羹堯遣鍾琪、正安、喜林、可進及侍衞達鼐，副將王嵩、紀成斌將六千人深入，留素丹西寧佐治事。

二月，鍾琪師進次伊克喀爾吉，搜山，獲阿爾布坦溫布，喜林亦得其酋巴珠爾阿喇布坦等。師復進，羹堯詗知阿岡都番助敵，别遣涼莊道蔣泂等督兵攻之，戮其囊素。復擊破石門寺喇嘛，殺六百餘人，焚其寺。鍾琪師復進次席爾哈羅色，遣兵攻噶斯，逐吹拉克諾木齊。三月，鍾琪師復進次布爾哈屯。羅卜藏丹津所居地曰額母訥布隆吉，鍾琪督兵直入，分兵北防柴旦木，斷往噶斯道。羅卜藏丹津走烏蘭穆和兒，復走柴旦木，師從之，獲其母阿爾太哈屯及其戚屬等，並男婦、牛羊、駝馬無算。分兵攻烏蘭白克，獲吹拉克諾木齊及助亂八台吉。時藏巴扎布已先就擒，羅卜藏丹津以二百餘人遁走。青海部落悉平。論功，進羹堯爵一等，别授精奇尼哈番，令其子斌襲，封退齡如羹堯爵，加太傅；並授素丹、可進三等阿達哈哈番，喜林二等阿達哈哈番，按察使王景灝及達鼐、瑛、嵩、成斌拜他喇布勒哈番，提督郝玉麟及正安拖沙喇哈番。

阿拉布坦蘇巴泰等截路行劫，羹堯令繼宗往勦，逐至推墨爾，阿拉布坦蘇巴泰將妻子遁走。成斌等搜勦餘賊至梭羅木，擊斬堪布夾木燦垂扎木素。羹堯遣達鼐及成斌攻布哈色布蘇，獲台吉阿布濟車陳；又遣副將岳超龍討平河州塞外鐵布等七十八寨，殺二千一百餘人，得人口、牲畜無算。羹堯執吹拉克諾木齊、阿爾布坦溫布、藏巴扎布檻送京師。上祭告廟、社、景陵，御午門受俘。羹堯策防邊諸事，以策妄阿喇布坦遣使乞降，請罷北征師，分駐巴里坤、吐魯番、哈密城、布隆吉爾駐兵守焉，轄以總兵，每營撥餘丁屯赤金衛、柳溝所墾田；設同知理民事，衛守備理屯糧，游牧蒙古令分居布隆吉爾迤南山中。寧夏邊外阿拉善以滿洲兵駐防。上悉從所請。

莊浪邊外謝爾蘇部土番據桌子、碁子二山爲巢，皆穴地而居，官軍駐其地，奴使之；兵或縱掠，番禦之，盡殲，置不問，番始横。涼州南崇寺沙馬拉木扎木巴等掠新城張義諸堡。又有郭隆寺逸出喇嘛，與西寧納朱公寺、朝天堂、加爾多寺諸番相結，糾謝爾蘇部土番謀爲亂。羹堯遣鍾琪等督兵討之，納朱公寺喇嘛降。師進次朝天堂，遣成斌、喜林及副將張玉等四道攻加爾多寺，殺數百人，餘衆多入水死，焚其寺。游擊馬忠孝、王大勳戰和石溝，王序吉、范世雄戰石門口，洞戰喜逢堡，蘇丹師次旁伯拉夏口，土番僞降，詗之，方置伏，縱兵擊之，所殺傷甚衆。洞搜剿碁子山，逐賊巴洞溝，土司魯華齡逐賊天王溝，先密寺喇嘛縛其渠阿旺策凌以獻。師入，轉戰五十餘日，殺土番殆盡。羹堯以先密寺喇嘛反覆不常，併焚其寺，徙其衆加爾多寺外桌子山；餘衆降，羹堯令隸華齡受約束。

條上青海善後諸事，請以青海諸部編置佐領。三年一入貢，開市那拉薩拉。陝西、雲南、四川三省邊外諸番，增設衞所撫治。諸廟不得過二百楹，喇嘛不得過三百。西寧北川邊外築邊牆，建城堡。大通河設總兵，鹽池、保安堡及打箭爐外木雅吉達、巴塘、裏塘諸路皆設兵。發直隸、山西、河南、山東、陝西五省軍罪當遣者，往大通河、布隆吉爾屯田；而令鍾琪將四千人駐西寧，撫綏諸番。下王大臣議行。十月，羹堯入覲，賜雙眼花翎、四團龍補服、黃帶、紫轡、金幣。敍功，加一等阿思哈尼哈番世職，令其子富襲。

羹堯才氣凌厲，恃上眷遇，師出屢有功，驕縱。行文諸督撫，書官斥姓名。請發侍衞從軍，使爲前後導引，執鞭墜鐙。入覲，令總督李維鈞、巡撫范時捷跪道送迎。至京師，行絕馳道。王大臣郊迎，不爲禮。在邊，蒙古諸王公見必跪，額駙阿寶入謁亦如之。嘗薦陝西布政使胡期恆及景灝可大用，劾四川巡撫蔡珽逮治，上卽以授景灝，又擢期恆甘肅巡撫。羹堯僕桑成鼎、魏之耀皆以從軍屢擢，成鼎布政使，之耀副將。羹堯請發將吏數十從軍，上許之。覲還，劾罷驛道金南瑛等，而請以從軍主事丁松署糧道。上責羹堯題奏錯誤，命期恆率所劾官吏詣京師。三年正月，斑逮至，上召入見，備言羹堯暴貪誣陷狀，上特宥斑罪。

二月庚午，日月合璧，五星聯珠，羹堯疏賀，用「夕惕朝乾」語，上怒，責羹堯有意倒置，諭曰：「羹堯不以朝乾夕惕許朕，則羹堯青海之功，亦在朕許不許之間而未定也。」會期恆至，入見，上以奏對悖謬，奪官。上命更定打箭爐外增汰官兵諸事，不用羹堯議。四月，上諭曰：「羹堯舉劾失當，遣將士築城南坪，不惜番民，致驚惶生事，反以降番復叛具奏。青海蒙古饑饉，匿不上聞。怠玩昏憒，不可復任總督，改授杭州將軍。」而以鍾琪署總督，命上撫遠大將軍印。羹堯既受代，疏言：「臣不敢久居陝西，亦不敢遽赴浙江，今於儀徵水陸交通之處候旨。」上益怒，促羹堯赴任。山西巡撫伊都立、都統前山西巡撫范時捷、川陝總督岳鍾琪、河南巡撫田文鏡、侍郎黃炳、鴻臚少卿單疇書、原任直隸巡撫趙之垣交章發羹堯罪狀，侍郎史貽直、高其佩赴山西按時捷劾羹堯遣兵圍郃陽民堡殺戮無辜，亦以讞辭入奏，上命分案議罪。罷羹堯將軍，授閑散章京，自二等公遞降至拜他喇布勒哈番，乃盡削羹堯職。

十二月，逮至京師，下議政大臣、三法司、九卿會鞫。是月甲戌，具獄辭：羹堯大逆之罪五，欺罔之罪九，僭越之罪十六，狂悖之罪十三，專擅之罪六，忌刻之罪六，殘忍之罪四，貪黷之罪十八，僭蝕之罪十五，凡九十二款，當大辟，親屬緣坐。上諭曰：「羹堯謀逆雖實，而事蹟未著，朕念青海之功，不忍加極刑。」遣領侍衞內大臣馬爾賽、步軍統領阿齊圖齎詔諭羹堯獄中令自裁。遐齡及羹堯兄希堯奪官，免其罪；斬其子富；諸子年十五以上皆戍極邊。羹堯幕客鄒魯、汪景祺先後皆坐斬，親屬給披甲爲奴。又有靜一道人者，四川巡撫憲德捕送京師，亦誅死。五年，赦羹堯諸子，交遐齡管束。遐齡旋卒，還原職，賜祭。

希堯，初自筆帖式累擢工部侍郎。既，奪官，復起內務府總管，命榷稅淮安，加左都御史。十三年，爲江蘇巡撫高其倬劾罷。乾隆三年，卒。

胡期恆，字元方，湖廣武陵人。祖統虞，明崇禎末進士。國初授檢討，官至秘書院學士。父獻徵，自廕生授都察院經歷，官至湖北布政使。期恆，康熙四十四年舉人。獻徵與遐齡友，歡若弟昆，期恆少從羹堯游。上南巡，獻詩，授翰林院典籍。出爲夔州通判，有恩信，民爲建生祠。羹堯爲巡撫，薦期恆，遷夔州知府，再遷川東道。羹堯兼督陝西，復薦遷陝西布政使。期恆通曉朝章國故，才敏，善理繁劇，羹堯深倚之。羹堯挾貴而驕，惟期恆能以微言救其失。羹堯奴辱咸陽知縣，期恆執而杖之，自是諸奴稍斂戢。嘗諷羹堯善持盈，羹堯勿能用。及羹堯敗，諸爲羹堯引進者，爭劾羹堯以自解；期恆惟引咎，終不言羹堯，乃下獄頌繫。至高宗即位，始得釋。僑居江南，久之，卒。

論曰：雍正初，隆科多以貴戚，年羹堯以戰多，內外夾輔爲重臣。乃不旋踵，幽囚誅夷，亡也忽諸。當其貴盛侈汰，隆科多恃元舅之親，受顧命之重；羹堯自代允禵爲大將軍，師所向有功。方且憑藉權勢，無復顧忌，卽於覆滅而不自怵。臣罔作威福，古聖所誡，可不謹歟！

清史稿卷二百九十六

列傳八十三

岳鍾琪　季父超龍　超龍子鍾璜　鍾琪子濬　策楞　子成袞扎布　車布登扎布

岳鍾琪，字東美，四川成都人。父昇龍，初入伍，授永泰營千總。康熙十二年，吳三桂反，永泰營游擊許忠臣受三桂劄。昇龍使詣提督張勇告變，密結兵民，執忠臣殺之。十四年，從西寧總兵王進寶克蘭州，先登被創，遷莊浪守備；從克臨洮，平關隴，加都督僉事銜。累擢天津總兵。三十五年，上親征噶爾丹，昇龍將三百騎護糧。上命昇龍及馬進良、白斌，副將以次有違令退怯者，得斬之乃聞。昭莫多之捷，授拖沙喇哈番，擢四川提督。初，西藏營官入駐打箭爐，上使勘界。四川巡撫于養志言營官司貿易，不與地方事。居數年，營官喋吧昌側集烈發兵據瀘河東諸堡，昇龍以五百人防化林營。養志反劾昇龍擅發兵，昇龍亦訐養志。上使勘讞，養志坐斬，昇龍亦奪官。喋吧昌側集烈擊殺明正土司蛇蜡喳吧，傷官兵，提督唐希順討之，上命昇龍從軍。事定，希順以病解任，仍授昇龍提督。四十九年，乞休。昇龍本貫甘肅臨洮，以母年逾九十，乞入籍四川，許之。逾二年，卒。雍正四年，追諡敏肅。

鍾琪，初入貲爲同知。從軍，請改武職，上命以游擊發四川，旋授松潘鎮中軍游擊。再遷四川永寧協副將。五十八年，準噶爾策妄阿喇布坦遣其將策凌敦多卜襲西藏，都統法喇督兵出打箭爐，撫定裏塘、巴塘。檄鍾琪前驅，至裏塘，第巴不受命，誅之。巴塘第巴懼，獻戶籍。乍丫、察木多、察哇諸番目皆順命。五十九年，定西將軍噶爾弼師自拉里入，仍令鍾琪前驅。鍾琪次察木多，選軍中通西藏語者三十人，更衣間行至洛隆宗，斬準噶爾使人，番衆驚，請降。噶爾弼至軍，用鍾琪策，招西藏公布，以二千人出降。鍾琪遂督兵渡江，直薄拉薩，大破西藏兵，擒喇嘛爲內應者四百餘人。策凌敦多卜敗走，西藏平。六十年，師還，授左都督，擢四川提督，賜孔雀翎。命討郭羅克番部，鍾琪率師並督瓦斯、雜谷諸土司兵自松潘出邊。郭羅克番兵千餘出拒，鍾琪擊破之，取下郭羅克吉宜卡等二十一寨，殲其衆。乘夜督兵進至中郭羅克納務寨，番兵出拒，鍾琪奮擊，未終日，連克十九寨，斬三百餘級，獲其渠駿他爾咔索布六戈。復督兵進攻上郭羅克押六寨，番目旦增縛首惡假磕等二十二人以降。郭羅克三部悉定，予拜他喇布勒哈番世職。六十一年，討平羊峒番，於其地設南坪營。

雍正元年，師討青海，撫遠大將軍年羹堯請以鍾琪參贊軍事。鍾琪將六千人出歸德堡，撫定上寺東策卜、下寺東策卜諸番部。南川塞外郭密九部屢盜邊，而呈庫、活爾貫二部尤橫。鍾琪移師深入擣其巢，盡平之。二年，授奮威將軍，趣進兵。郭隆寺喇嘛應羅卜藏丹津爲亂，鍾琪會諸軍合擊，殲其衆，燬寺，擒戮其渠達克瑪胡土克圖。羅卜藏丹津居額穆納布隆吉爾，其大酋阿爾布坦溫布、吹拉克諾木齊分屯諸隘，鍾琪與諸將分道入。鍾琪及侍衛達鼐出南路，總兵武正安出北路，黃喜林、宋可進出中路，副將王嵩、紀成斌搜山。師進至哈喇烏蘇，方黎明，番衆未起，卽縱擊，斬千餘人，番衆驚走，逐之，一晝夜至伊克喀爾吉，獲阿爾布坦溫布。復進次席爾哈羅色，遣兵攻噶斯；復進次布爾哈屯，薄額穆納布隆吉爾，羅卜藏丹津西竄，鍾琪逐之，一晝夜馳三百里。其酋彭錯等來降，鍾琪令守備劉廷言監以前驅，鍾琪繼其後。其酋吹因來降，言羅卜藏丹津所在距師百五六十里。鍾琪令暫休，薄暮復進，黎明至其地。羅卜藏丹津之衆方散就水草，卽縱擊，大破之，擒諸台吉，並羅卜藏丹津母阿爾泰哈屯及女弟阿寶，羅卜藏丹津易婦人服以遁。廷言等亦得吹拉克諾木齊等。鍾琪復進至桑駝海，不見虜乃還。出師十五日，斬八萬餘級。大酋助羅卜藏丹津爲亂者皆就擒。青海平，上授鍾琪三等公，賜黃帶。

相糾合。莊浪邊外謝爾蘇部土番據桌子、碁子二山爲亂，納朱公寺、朝天堂、加爾多寺諸番與相糾合。羹堯遣鍾琪等督兵分十一路進剿，凡五十餘日，悉討平之。命兼甘肅提督。三年，復命兼甘肅巡撫。四月，解羹堯兵柄，改授杭州將軍，命鍾琪亦上奮威將軍印，署川陝總督，盡護諸軍。河州、松潘舊爲青海蒙古互市地，羹堯奏移於那喇薩喇。鍾琪奏言青海部長察罕丹津等部落居黃河東，請仍於河州、松潘互市。額爾德尼額爾克托克托鼐等部落居黃河西，請移市西寧塞外丹噶爾寺。蒙古生業，全資牲畜，請六月後不時交易。四川雜谷、金川、沃日諸土司爭界，羹堯令金川割美同等寨畀沃日，致讎殺不已。鍾琪奏請還金川，而以龍堡三歌地予沃日，上皆許之。

尋眞除川陝總督。疏言：「土司承襲，文武吏往往索費，封其印數年不與，致番目專恣讎殺。請定限半年，仍令應襲者先行署理。土司有外支循謹能治事者，許土官詳督撫給職銜，分轄其地，多三之一，少五之一，使勢相維、情相安。」入覲，加兵部尚書銜。疏言：「察木多外魯隆宗察哇、坐爾剛、桑噶、吹宗、衮卓諸部，距打箭爐遠，不便遙制。請宣諭達賴喇嘛，令轄其地。中甸、裏塘、巴塘及得爾格特、瓦舒霍耳諸地，並歸內地土司。」又言：「巴塘隸四川，中甸隸雲南，而巴塘所屬木咱爾、祁宗、拉普、維西諸地偪近中甸，總會於阿墩子，實中甸門戶。請改隸雲南，與四川裏塘、打箭爐互爲犄角。」下王大臣議，如所請。四年春，請選西安滿洲兵千人駐潼關。冬，請以陝、甘兩省丁銀攤入地畝徵收，自雍正五年始，著爲定例。逾年，復疏言甘屬河東糧輕丁多，河西糧多丁少，請將二屬各自均派：河東丁隨糧辦，河西糧照丁攤。下部議行。四川烏蒙土知府祿萬鍾擾雲南東川，鎭雄土知府隴慶侯及建昌屬冕山、涼山諸苗助爲亂。上命鍾琪與雲貴總督鄂爾泰會師討之。五年春，擒萬鍾，慶侯亦降。烏蒙、鎭雄皆改土歸流。冕山、涼山亦以次底定。

鍾琪督三省天下勁兵處，疑忌衆。成都訛言鍾琪將反，鍾琪疏聞，上諭曰：「數年以來，讒鍾琪者不止謗書一篋，甚且謂鍾琪爲岳飛裔，欲報宋、金之仇。鍾琪懋著勛勞，朕故任以要地，付之重兵。川、陝軍民，受聖祖六十餘年厚澤，尊君親上，衆共聞知。今此造言之人，不但謗大臣，並誣川、陝軍民以大逆。命巡撫黃炳、提督黃廷桂嚴鞫。」尋奏湖廣人盧宗寄居四川，因私事造蜚語，無主使者，論斬。

六年，疏請以建昌屬河西、寧番兩土司及阿都、阿史、紐結、歪溪諸地改土歸流，河東宣慰司以其地之半改隸流官，升建昌爲府，領三縣，並釐定營汛職制，及善後諸事。下部議，如所請。定新設府曰寧遠，縣曰西昌、冕寧、鹽源，又請改岷州兩土司歸流。尋分疏請升四川達州、陝西秦、階二縣爲直隸州。七年，又分疏請升甘肅肅州爲直隸州，陝西子午谷隘口增防守官兵，裏塘、巴塘諸地，置宣撫、安撫諸司至千百戶，視流官例題補。俱議行。雷波土司爲亂，遣兵討平之。

靖州諸生曾靜遣其徒張熙投書鍾琪，勸使反。鍾琪與設誓，具得靜始末，疏聞。上褒鍾琪忠，遣侍郎杭奕祿等至湖南逮鞫治，語詳杭奕祿傳。

羅卜藏丹津之敗也，走投準噶爾，其酋策妄阿喇布坦納之。策妄阿喇布坦死，子噶爾丹策零立，數侵掠喀爾喀諸部。上命傅爾丹爲靖邊大將軍，屯阿爾泰山，出北路；鍾琪爲寧遠大將軍，屯巴里坤，出西路：討之。加鍾琪少保，以四川提督紀成斌等參贊軍務。鍾琪率師至巴里坤，築東西二城備儲胥，簡卒伍爲深入計。八年五月，召鍾琪及傅爾丹詣京師授方略，鍾琪請以成斌護大將軍印。科舍圖嶺者，界巴密、巴里坤間，鍾琪設牧廠於此。準噶爾聞鍾琪方入覲，乘間以二萬餘人入犯，盡驅駝馬去。成斌使副參領查廩以萬人護牧廠，寇至不能禦，走過總兵曹勷壘呼救；勷以輕騎往赴，戰敗亦走。總兵樊廷及副將冶大雄等將二千人轉戰七晝夜。總兵張元佐督所部夾擊，拔出兩卡倫官兵，還所掠駝馬强半。成斌欲罪查廩，既而釋之，以捷聞。上已遣鍾琪還鎮，上謂當於卡倫外築城駐兵，出游兵擊敵，俾不敢深入，令鍾琪詳議。尋諭獎廷、大雄、元佐功，賜金予世職，遣內務府總管鄂善齎銀十萬犒師。立祠安西，祀陣亡將士。上以酒三爵遙酹，亦俾鄂善齎往設祭。

九年春，鍾琪請移兵駐吐魯番、巴爾庫爾，爲深入計。上諭曰：「鍾琪前既輕言長驅直入，又爲敵盜駝馬，既恥且憤，必欲進剿，直搗巢穴，能必勝乎？」九年正月，鍾琪部兵有自敵中脫歸者，言噶爾丹策零將移駐哈喇沙爾，以大隊赴西路，而令其將小策零敦多卜犯北路。鍾琪以聞，並言敵將自吐魯番侵哈密，擾安西、肅州邊界。我軍衆寡莫敵，當持重堅壁固守，告北路遣兵應援，並調兵自無克克嶺三面夾擊。上諭曰：「前以鍾琪軍寡，諭令持重堅守，今已有二萬九千人。樊廷馬步二千，敵彼二萬，轉戰七晝夜，猶足相當。乃以二萬九千人而云衆寡莫敵，何懦怯至此？且前欲直搗伊犂，豈有賊至數百里內轉堅壁而不出乎？賊果至巴爾庫爾，卽敗逃，亦從科舍圖直走伊爾布爾和邵而遁。無克克嶺相去二三百里，安所得夾擊？鍾琪於地勢軍機，茫然不知，朕實爲煩憂。」

三月，準噶爾二千餘犯吐魯番，成斌遣廷將四千人赴援，敵引退。四月，又以千餘人犯吐魯番，別以二百餘人犯陶賴卡倫。六月，又以二千餘人圍魯谷慶城。吐魯番回目額敏和卓等率所部奮擊，殺二百餘人。鍾琪議令元佐、勷及張存孝將三千人赴援。提督顏清如將二千人屯塔庫，成斌將四千人防陶賴，俟我軍進擊烏魯木齊，移回民入內地。上諭鍾琪：「今年秋間襲擊，是第一善策。援吐魯番，乃不得已之舉。若但籌畫應援，而不計及襲擊，是舍本而逐末也。」

魯谷慶城圍四十餘日不下，準噶爾移攻哈喇火州城，以梯登，回民擊殺三百餘人。元佐等兵將至，敵引退。七月，準噶爾大舉犯北路，傅爾丹之師大敗於和通腦兒，鍾琪請乘虛襲擊烏魯木齊。上諭鍾琪：「賊既得志於北路，今冬仍往西路，且增添賊衆，更多於侵犯北路，俱未可知。當先事圖維，臨時權變，勿貪功前進，勿坐失機宜。」並令略行襲擊，卽撤兵回營。鍾琪自巴爾庫爾經伊爾布爾和邵至阿察河，遇敵，擊敗之。逐至厄爾穆河，敵踞山梁以距。鍾琪令元佐將步兵爲右翼，成斌將馬兵爲左翼，勷及總兵王緒級自中路上山，參將黃正信率精銳自北山攻敵後，諸軍奮進，奪所踞山梁，敵敗走。諜言烏魯木齊敵帳盡徙，乃引兵還。疏聞，上奬鍾琪進退遲速俱合機宜。

十二月，上追舉科舍圖之役，責成斌怠忽，降沙州副將。十年正月，鏡兒泉邏卒遇敵，殺其二，掠其一以去。鍾琪劾副將馬順，上併以鍾琪下部察議。俄，準噶爾三千餘人犯哈密，鍾琪令勷、成斌將五千人自回落兔大坂，總兵紀豹將二千人自科舍圖嶺，分道赴援。又令副將軍石雲倬、常賚，鎭安將軍卓鼐分地設伏，待敵占天生圈山口，顏清如屯塔爾那沁，遣參將米彪、副將陳經綸分道禦戰，敵引去。勷等將至二堡，遇準噶爾五千餘人，卽縱兵奮戰一晝夜。敵登山，勷督兵圍山，力戰至午，敵潰遁。勷自二堡至柳樹泉，與經綸及副將焦景竑軍會，乘夜追剿。鍾琪使告雲倬等，遣兵至無克克嶺待敵，疏聞，上奬慰之。鍾琪議城穆壘駐軍，並命乘勝興工。雲倬等至無克克嶺，鍾琪令速赴梯子泉阻敵歸路，卓鼐繼其後。

雲倬遲發一日，敵自陶賴大坂西越向納庫山遁去。師至敵駐軍處，餘火猶未息，雲倬又令毋追襲。鍾琪劾雲倬僨事，奪官，逮京師治罪，以張廣泗代爲副將軍。上諭曰：「岳鍾琪素諳軍旅，本非庸才，但以懷游移之見，致戰守乖宜。前車之鑒，非止一端。嗣後當痛自省惕，壹號令，示威信，朕猶深望之！」大學士鄂爾泰等劾鍾琪專制邊疆，智不能料敵，勇不能殲敵。降三等侯，削少保，仍留總督銜，護大將軍印。六月，鍾琪疏報移軍穆壘。尋召鍾琪還京師，以廣泗護印。廣泗劾鍾琪調兵籌餉、統馭將士，種種失宜。穆壘形如釜底，不可駐軍。議分駐科舍圖、烏蘭烏蘇諸地。上命還軍巴爾庫爾，盡奪鍾琪官爵，交兵部拘禁。

十一年，以查郎阿署大將軍，又論鍾琪驕蹇不法，且劾成斌、元佐疏防，上命斬成斌，元佐降調。又劾勦縱賊，上命斬勦。十二年，大學士等奏擬鍾琪斬決，上改監候。乾隆二年，釋歸。十三年，師征大金川，久無功。三月，高宗命起鍾琪，予總兵銜。至軍，卽授四川提督，賜孔雀翎。時經略大學士訥親視師，而廣泗以四川總督主軍事。大金川酋莎羅奔居勒烏圍，其兄子郎卡居噶拉依。鍾琪至軍，訥親令攻黨壩。上以軍事諮鍾琪，鍾琪疏言：「黨壩爲大金川門戶，磡卡嚴密，漢、土官兵止七千餘。臣商諸廣泗，請益兵三千，廣泗不應。廣泗專主自昔嶺、卡撒進攻。此二處中隔噶拉依，距勒烏圍尚百餘里。黨壩至勒烏圍僅五六十里，若破康八達，卽直擣其巢。臣商諸廣泗，廣泗不謂然，而廣泗信用土舍良爾吉及漢奸王秋等，恐生他虞。」訥親亦劾廣泗老師糜餉，詔逮治；亦罷訥親大學士，傅恆代爲經略。鍾琪奏請選精兵三萬五千，萬人出黨壩及瀘河，水陸並進；萬人自甲索攻馬牙岡、乃當兩溝，與黨壩軍合，直攻勒烏圍；卡撒留兵八千，俟克勒烏圍，前後夾攻噶拉依；黨壩留兵二千護糧，正地留兵千防瀘河，餘四千往來策應。期一年擒莎羅奔及郎卡。臣雖老，請肩斯任。」命傅恆籌議，傅恆用其策。

鍾琪自黨壩攻康八達山梁，大破賊。師進戰塔高山梁，復屢破賊。鍾琪初佐年羹堯定西藏，莎羅奔以土目從軍；及爲總督，以羹堯所割金川屬寨還莎羅奔，且奏給印信、號紙，莎羅奔以是德鍾琪。師入，莎羅奔懼，遣使詣鍾琪乞降。鍾琪請於傅恆，以十三騎從入勒烏圍開諭。莎羅奔請奉約束，頂經立誓，次日，率郎卡從鍾琪乘皮船出詣軍前降。上諭獎鍾琪，加太子少保，復封三等公，賜號曰威信。入覲，命紫禁城騎馬，免西征追償銀七十餘萬，官其子洄、滂侍衞，賜詩褒之。尋命還鎭。十五年，西藏珠爾默特爲亂，鍾琪出駐打箭爐，事旋定。十七年，雜谷土司蒼旺爲亂，鍾琪遣兵討擒之。十九年，重慶民陳琨爲亂，鍾琪力疾親往捕治，還，卒於資州，賜祭葬，謚襄勤。上以所封公爵不世襲，予一等輕車都尉，令其子瀞襲。

鍾琪沈毅多智略，御士卒嚴，而與同甘苦，人樂爲用。世宗屢奬其忠誠，遂命專征。終清世，漢大臣拜大將軍，滿洲士卒隸麾下受節制，鍾琪一人而已。既廢復起，大金川之役，傅恆倚以成功。高宗御製懷舊詩，列五功臣中，稱爲「三朝武臣巨擘」云。

超龍，昇龍弟，初冒劉姓，名曰傑。入伍，屢遷建昌左營守備。引見，聖祖垂詢，乃復本姓名，超擢東川營游擊。以避鍾琪，改西寧左營。雍正二年，授河州協副將，剿定鐵布等寨亂番。又以避鍾琪，改張家口協。六年，遷天津總兵。八年，擢湖廣提督。烏蒙亂，超龍令總兵蘇大有率副將何勉、參將毋椿齡討平之。尋遣兵分防貴州界，上以深合機宜嘉之。十年，卒。

鍾璜，超龍子。雍正七年，以鍾琪奏赴西路軍効力，授藍翎侍衞，除鑾儀衞治儀正。乾隆初，擢四川威茂營參將。再遷總兵，歷建寧、南贛、開化、昭通諸鎮。擢廣西提督，鍾琪卒，代爲四川提督。疏言：「松潘總兵例出塞化番，三年一度。番性多猜，調集守候，彼此互防，甚非所願。又見小道遠費鉅，託病不至，惟附近土司領賞，有名無實。請停止，以節勞費。」上從之。金川土舍郎卡侵革布什咱土司，革布什咱合九土司兵攻金川，相持數年未決，郎卡乞令罷兵。鍾璜率兵出塞，至拉必斯滿安營，召郎卡出，令還所侵地及所掠穆爾津岡諸土司番民。九土司之兵悉罷。旋卒，賜祭葬，謚莊恪。

濬，鍾琪子。以二品廕生授西安同知，擢口北道，再擢山東布政使。雍正六年，調山西，署山東巡撫。鍾琪出師，命濬送至肅州。八年，召鍾琪詣京師，命濬就省。乾隆元年，請免郯城、蘭山諸縣水衝地應徵丁米。尋調江西。三年，請免南昌府屬浮糧三萬七千餘兩，復疏請發帑修築豐城江隄，濬江關河口，議行社倉，皆允所請。兩江總督楊超曾劾濬與屬吏朋比納賄，坐奪官。六年，授光祿寺卿，出爲福建按察使。再遷廣東巡撫，調雲南。兩廣總督陳大受劾濬誤舉糧道明福以婪贓敗，又採木修隄，任屬吏作弊，召還京師。十八年，授鴻臚寺少卿，轉通政使參議，卒。濬在巡撫任虧庫項，鍾琪請以公俸按年扣還，上特命免之。

策棱，博爾濟吉特氏，蒙古喀爾喀部人。元太祖十八世孫圖蒙肯，號班珠爾，與黃敎，西藏達賴喇嘛賢之，號曰賽音諾顏。其第八子丹津生納木扎勒，納木扎勒生策棱。康熙三十一年，丹津妻格楚勒哈屯自塔密爾攜策棱及其弟恭格喇布坦來歸，聖祖授策棱三等阿達哈哈番，賜居京師，命入內廷敎養。四十五年，尙聖祖女和碩純慤公主，授和碩額駙。尋賜貝子品級，詔攜所屬歸牧塔密爾。五十四年，命赴推河從軍，出北路防禦策妄阿喇布坦。五十九年，師征準噶爾，策棱從振武將軍傅爾丹出布拉罕，至格爾額爾格，屢破準噶爾，獲其宰桑貝坤等百餘人，俘馘甚衆。戰烏蘭呼濟爾，焚敵糧。師還，道遇準噶爾援兵，復擊敗之，授扎薩克。

策棱生長漠外，從軍久，習知山川險易。憤喀爾喀爲準噶爾凌藉，銳自磨厲，練猛士千，隸帳下爲親兵。又以敵善馳突而喀爾喀無紀律節制，每游獵及止而駐軍，皆以兵法部勒之，居常欽欽如臨大敵。由是賽音諾顏一軍雄漠北。

雍正元年，世宗特詔封多羅郡王。二年，入覲，命偕同族親王丹津多爾濟駐阿爾泰，並授副將軍，詔策棱用正黃旗纛。五年，偕內大臣四格等赴楚庫河，與俄羅斯使薩瓦立石定界，事畢，陳兵鳴礮謝天，議罪當削爵，上命改罰俸。九年，從靖邊大將軍順承郡王錫保討噶爾丹策零，偵賊自和通呼爾哈諾爾窺圖壘、茂海、奎素諸界，偕翁牛特部貝子羅卜藏等分兵擊卻之。準噶爾諸酋有大策零敦多卜、小策零敦多卜，皆噶爾丹策零同族，最用事。噶爾丹策零遣大策零敦多卜將三萬人入掠喀爾喀，聞錫保駐察罕廋爾，振武將軍傅爾丹軍科布多，乃遣其將海倫曼濟等將六千人取道阿爾泰迤東，分擾克魯倫及鄂爾海喀喇烏蘇，留餘衆於蘇克阿勒達呼爲聲援。策棱偕丹津多爾濟迎擊，至鄂登楚勒，遣台吉巴海將六百人宵入敵營，誘之出追，伏兵突擊，斬其驍將，餘衆驚潰，大策零敦多卜及海倫曼濟等遁去。詔進封和碩親王，賜白金萬。尋授喀爾喀大扎薩克。

十年六月，噶爾丹策零遣小策零敦多卜將三萬人自奇蘭至額爾德畢喇色欽，策棱偕將軍塔爾岱青禦於本博圖山。未至，準噶爾掠克爾森齊老，分兵襲塔密爾，掠策棱二子及牲畜以去。策棱不及援，侍郎綽爾鐸以轉餉至，語策棱曰：「王速率兵遏敵歸路，當大破敵。」策棱還軍馳擊，距敵二日程。初，招丹津多爾濟赴援，不至。準噶爾兵趨額爾德尼昭，八月，策棱率兵追敵，十餘戰，敵屢敗。小策零敦多卜據杭愛山麓，逼鄂爾坤河而陣；策棱令滿洲兵陣河南，而率萬人伏山側，蒙古諸軍陣河北，遂戰。敵見滿洲兵背水陣，兵甚弱，意輕之，越險進。滿洲兵卻走，準噶爾兵逐之，策棱伏起自山下，如風雨至，斬萬餘級，谷中尸爲滿，獲牲畜、器械無算。小策零敦多卜以餘衆渡河，蒙古兵待其半渡擊之，多入水死，河流盡赤。錫保馳疏告捷，首表策棱功，上嘉悅，賜號超勇，錫黃帶。諭：「此次軍功非尋常勞績可比，隨征兵弁，著從優加倍議敍。」上以策棱牧地被寇，賚馬二千、牛千、羊五千、白金五萬，賑所屬失業者，並命城塔密爾，建第居之。十二月，進固倫額駙，時純慤公主已薨，追贈固倫長公主。

十一年，定邊大將軍平郡王福彭統軍駐烏里雅蘇臺，詔策棱佩定邊左副將軍印，進屯科布多，尋授盟長。十二年五月，召來京諮軍務。六月，移軍察罕廋爾。十三年，準噶爾乞和，請以哲爾格西喇呼魯蘇爲喀爾喀游牧界，上諮策棱。策棱謂：「向者喀爾喀游牧尚未至哲爾格西喇呼魯蘇，此議可許。惟準噶爾游牧，必以阿爾泰山爲界，空其中爲甌脫。」準噶爾不從。乾隆元年，師還，命策棱將喀爾喀兵千五百人駐烏里雅蘇臺，分防鄂爾坤。上以策棱母居京師，策棱在軍久，不得朝夕定省，命送歸游牧，並賜白金五千治裝。二年，噶爾丹策零貽書策棱，稱爲車臣汗，申前請。策棱以聞，上命策棱以己意爲報書，書曰：「阿爾泰爲天定邊界。爾父琿台吉時，阿爾泰迤西初無厄魯特游牧。自滅噶爾丹，我來建城，駐兵其地，衆所共知。其不令爾游牧者，原欲以此爲隙地，兩不相及，以息爭端。今台吉反云難以讓給，試思阿爾泰爲誰地，誰能讓給？爾誠遵上指定議，我必不爲禍始，亦不復居科布多。又謂我等哨兵逼近阿爾泰，宜向內撤。哨兵乃聖祖時舊例，卽定界，豈能不設？台吉其思之！」冬，準噶爾使達什博爾濟奉表至，命策棱偕詣京師。

三年春，至京師。噶爾丹策零表請喀爾喀與準噶爾各照現在駐牧。上召達什博爾濟入見，諭曰：「蒙古游牧，冬夏隨時遷徙。必指定山河爲界，彼此毋得踰越。」遣侍郎阿克敦等使準噶爾，與達什博爾濟偕往。冬，噶爾丹策零復使哈柳從阿克敦等奉表至，請循布延圖河，南以博爾濟昂吉勒圖、無克克嶺噶克察諸地爲界，北以遜多爾庫奎、多爾多輝庫奎至哈爾奇喇博木、喀喇巴爾楚克諸地爲界，準噶爾人不越阿爾泰山，蒙古居山前，亦止在扎卜堪諸地，兩不相接。并乞移托爾和、布延圖二卡倫入內地。上以所議準噶爾不越阿爾泰山定界已就範，惟移托爾和、布延圖二卡倫不可許。四年春，賜敕遣還。哈柳詣策棱，哈柳曰：「額駙游牧部屬在喀爾喀，何弗居彼？」策棱答曰：「我主居此，予惟隨主居。喀爾喀特予游牧耳！」哈柳又曰：「額駙有子在準噶爾，何不令來京？」答曰：「予蒙恩尚公主，公主所出乃予子，他子無與也。卽爾送還，予必請於上誅之。」冬，噶爾丹策零使哈柳復奉表至，始定議準噶爾不過阿爾泰山梁，不復言徙卡倫事。自雍正間與準噶爾議界，策棱三詣京師，準噶爾憚其威重，卒如上指。上獎策棱忠，子陷準噶爾，不復以爲念，乃用宗室親王例，封其子成袞扎布世子。五年，命勘定喀爾喀游牧，毋越扎布堪、齊克愼、哈薩克圖、庫克嶺諸地，與準噶爾各守定界。六年，上以策棱老，命移軍駐塔密爾。初，喀爾喀凡三部；及是，土謝圖汗十七旗滋息至三十八旗，乃分二十旗與策棱，爲賽音諾顏部。以鄂爾昆河西北烏里雅蘇河爲游牧，爲三部屛蔽。自此喀爾喀爲四部。十五年，病篤，上遣其次子車布登扎布還侍，使侍衞德山等往存問。尋卒，遺言請與純慤公主合葬。喪至京師，上親臨奠，命配享太廟，謚曰襄，御製詩輓之。

子八，最著者長子成袞扎布，次子車布登扎布。

成袞扎布，初授一等台吉。乾隆元年，封固山貝子。四年，封世子，賜杏黃轡。十五年，襲扎薩克親王兼盟長，授定邊左副將軍。十七年，入覲。十八年，杜爾伯特台吉車淩等內附，成袞扎布遣兵赴烏里雅蘇臺防準噶爾追兵。準噶爾宰桑瑪木特以二百人追入邊，上命毋縱使還。瑪木特逸去，詔以責成袞扎布。十九年，命移軍烏里雅蘇臺。尋罷定邊左副將軍，命赴額爾齊斯督屯田。二十年，師定伊犁，屯田兵撤還，仍駐烏里雅蘇臺。二十一年，和托輝特青衮咱卜謀爲亂，成衮扎布發其謀。八月，亂作，仍授定邊左副將軍，率師討之，賜三眼孔雀翎。十二月，獲青衮咱卜，賜杏黄帶。二十二年，輝特巴雅爾爲亂，正月，授定邊將軍，率師赴巴里坤捕治。十二月，入覲，復授定邊左副將軍，駐烏里雅蘇臺。二十六年，以準噶爾及回部悉平，請展喀爾喀汛界，下軍機大臣議，以附近烏魯木齊四汛，令索倫、綠旗兵駐防；自蘇伯昂阿至烏拉克沁伯勒齊爾十一汛，令成衮扎布督理。二十八年，入覲。二十九年，以烏里雅蘇臺城圮，請築城，舊址外立木柵，内實以土，引水環之，報聞。三十六年，卒。

子七，獲青衮咱卜，封其第四子占楚布多爾濟爲世子，代掌扎薩克。卒，命其長子輔國公額爾克沙喇代掌扎薩克。卒，命次子輔國公伊什扎卜楚代掌扎薩克。及成衮扎布卒，以第七子拉旺多爾濟襲扎薩克親王。拉旺多爾濟，尚高宗女固倫和靜公主，授固倫額駙。從征臨清、石峯堡有功。嘉慶八年閏二月，仁宗乘輿入順貞門，有陳德者伏門側突出，侍衞丹巴多爾濟禦之，被三創，拉旺多爾濟捘其腕，乃獲而誅之，賜御用補褂，封其子巴彥濟爾噶勒輔國公。

車布登扎布，初授一等台吉。額爾德尼昭之役，力戰被創，封輔國公，賜雙眼孔雀翎。

十七年，成衮扎布請析所部授車布登扎布自爲一旗，上允之，別授扎薩克。十九年，督兵剿撫烏梁海，獲準噶爾宰桑，賜貝子品級。二十年，師征伊犂，車布登扎布將三百騎自察罕呼濟爾疾馳至集賽，擒宰桑齊巴漢，偵達瓦齊所在，奪舟渡伊犂河，逐達瓦齊，封多羅貝勒。阿睦爾撒納謀以伊犂叛，車布登扎布首發其奸，密以告將軍班第。師還，命招降烏梁海部落，即以隸焉。二十一年，烏梁海酋郭勒卓輝譌言哈薩克汗阿布賚與阿睦爾撒納連合，上命率師討之。有宰桑固爾班和卓者，攜千餘戶赴烏梁海謀偕遁，車布登扎布麾兵捕治，殲其衆。遂進兵哈薩克界，會尚書阿里衮自伊什勒諾爾轉戰至汗扎爾會，斬獲無算，封多羅郡王。

成衮扎布討青衮咱卜，詔車布登扎布還烏里雅蘇臺爲佐。二十二年，代成衮扎布署定邊左副將軍。尋命兆惠代成衮扎布爲定邊將軍，而以車布登扎布爲之副。二十三年正月，授定邊右副將軍，從兆惠出巴里坤，遣兵赴哈什崆格斯搜逸寇。尋命赴博囉塔拉，捕布庫察罕、哈薩克錫喇等。哈薩克部人擒布庫察罕，哈薩克錫喇及宰桑鄂哲特等走和落霍斯，車布登扎布督兵逐之，哈薩克錫喇度不得脫，悉衆據高岡拒戰。部將以兵寡，請待其走擊之，車布登扎布持不可，麾兵急進，擒鄂哲特，哈薩克錫喇僅以身免，詔以其父超勇號賜之。鄂哲特械至京師，言車布登扎布身先士卒，所向無前，上益嘉歎，賜金黃帶。

車布登扎布進次阿布勒噶爾，哈薩克縛布庫察罕以獻，因請赴阿克蘇與將軍兆惠會。上命還伊犁，進親王品級。尋以在軍久，令歸游牧休息。二十四年，令佐將軍兆惠進葉爾羌討霍集占，旋復命還伊犁。二十七年，使西藏。三十六年，代成袞扎布爲定邊左副將軍，授盟長。以牟利被訐，罷左副將軍，擅請展牧界，削親王品級，命以郡王兼扎薩克世襲。四十七年，卒。子三丕勒多爾濟，襲。

論曰：世傳鍾琪長身赬面，隆準而駢脅。臨陣挾二銅鎚，重百餘斤，指麾嚴肅不可犯。軍西陲久，番部皆讋其名。其受莎羅奔降也，傳恆升幄坐，鍾琪戎服佩刀侍。莎羅奔出語人曰：「我曹仰岳公如天人，乃傳公儼然踞其上，天朝大人誠不可測也！」策棱白皙微髭，善用兵，所部多奇士。有脫克渾者，日行千里，登高張兩手，若雕鼓翼，詗敵，敵不之察。事定，策棱欲官之，辭，賚以千金，酌酒勞之。脫克渾請出侍姬舞，起而歌，慷慨，策棱大悅，即以姬及所乘馬賜之。載籍言名將，往往舉其狀貌及其軼事，使讀者慕焉。鍾琪忠而毅，策棱忠而勇，班諸衞、霍、郭、李之倫，毋謂古今人不相及也。

清史稿卷二百九十七

列傳八十四

查郎阿　傅爾丹　馬爾賽 李杕　慶復 李質粹　張廣泗

查郎阿，字松莊，納喇氏，滿洲鑲白旗人。曾祖章泰，以軍功授拖沙喇哈番。祖查爾海，復以軍功進一等阿達哈哈番。父色思特，死烏闌布通之戰。查郎阿襲世職，兼佐領，遷參領。雍正元年，授吏部郎中。二年，超擢侍郎，署鑲黃旗滿洲都統。五年，遷左都御史，仍治吏部事。是歲冬，西藏噶布倫阿爾布巴等爲亂，戕總理藏務貝子康濟鼐，扎薩克台吉頗羅鼐馳聞，上命查郎阿偕副都統邁祿率兵入藏。六年，擢尙書。秋，師至藏，駐藏副都統馬喇等已擒阿爾布巴，卽按誅之，並殲其餘黨。查郎阿奏移達賴喇嘛暫居裏塘，留兵二千交駐藏大臣調遣；又奏請以頗羅鼐總理後藏，而前藏達賴喇嘛未還，畢昭新授噶布倫，慮未妥協，並令頗羅鼐兼領：皆從之。

七年，命查郎阿至西安，留佐川陝總督岳鍾琪，專理軍需。鍾琪授大將軍，出師，令署川陝總督兼西安將軍，加太子少保。八年，命往肅州專理軍需。九年，析置四川、陝西兩總督，查郎阿改署陝西總督。十年，召鍾琪還京師，以查郎阿署寧遠大將軍，命大學士鄂爾泰馳驛往肅州授方略，並賜白金萬。十一年，疏劾副將紀成斌防廈集、總兵張元佐防無克克嶺，敵入掠糧車，漫無偵察。上命斬成斌，元佐坐降調。又劾總兵曹勷防哈密，縱賊妄報，上命斬勷。又劾副都統阿克山、觀音保牧馬多死，玩愒軍事，下部議當斬。查郎阿復奏阿克山、觀音保所部兵久居南方，不知牧馬法，視退縮竊換者有間，請暫免死，令於通衢荷校，徧示諸軍。

十三年，噶爾丹策凌乞和，命查郎阿撤兵。奏請留兵戍哈密及三堡沙棗爾、塔勒納沁諸城，並於南山大坂、無克克嶺、塔勒納沁河源分設斥堠，又奏於安西及赤金、靖逆、柳溝、布隆吉爾、橋灣五處分兵駐防，部議如所請。授文華殿大學士，兼兵部尚書，仍改陝西總督爲川陝總督。乾隆元年，疏言甘肅地瘠，請撥陝西倉糧預籌協濟，命會巡撫劉於義確議。尋請撥陝西倉糧八萬石運貯慶陽、涇州、靜寧、固原諸處，從之。疏劾甘肅巡撫許容匿災營私，上命奪容官逮治。秋，入覲，諭速回任。奏言：「軍中馬駝被竊，當責大將軍償補。雍正十年以前，岳鍾琪任之；十一年，臣任之。惟鄂爾多斯牧廠所失及歷年馬駝多斃，請免追償。」

上許之。三年，奏劾肅州道黃文煒、軍需道沈青崖等侵帑，並及於義徇庇，遣左都御史馬爾泰會鞫論罪。

章嘉呼圖克圖請以裏塘、巴塘畀達賴喇嘛，查郎阿奏：「聖祖時克西藏，收裏塘、巴塘內屬。章嘉呼圖克圖以日用不敷爲辭，藏中大小廟千餘，常住喇嘛四十餘萬，需用良鉅。請視裏塘、巴塘諸地每歲徵收數目，以打箭爐商稅撥予達賴喇嘛，地仍內屬如故。」上嘉納之。寧夏地震，查郎阿馳往賑撫。五年，命還京入閣治事，加太子太保。六年，命與侍郎阿里袞淸察黑龍江、吉林烏喇開墾地畝。十二年，以衰病，命致仕。尋卒。

傅爾丹，瓜爾佳氏，滿洲鑲黃旗人，費英東曾孫，倭黑子也。康熙二十年，襲三等公，兼佐領，授散秩大臣。四十三年，上西巡，駐蹕祁縣鄭家莊，於行宮前閱太原城守兵騎射。有卒馬驚逸近御仗，傅爾丹直前勒止之，捽其人下。上悅，諭獎傅爾丹，賜貂皮褂。尋授正白旗蒙古都統。四十八年，授領侍衞內大臣。五十四年，以託疾未入直，罷領侍衞內大臣。命率土默特兵千赴烏蘭固木等處屯田。五十六年，復授領侍衞內大臣。

師討噶爾丹，授富寧安靖逆將軍，出西路；傅爾丹振武將軍，出北路：駐軍阿爾泰。五十七年，疏請與富寧安分路進兵，諭定師期。傅爾丹請與征西將軍祁里德將萬二千人，以七月出布魯爾，直抵額爾齊斯河。會策妄阿喇布坦使來乞和，令暫停進取，繕兵防守。上欲於烏蘭固木、科布多築城，衞喀爾喀游牧，命傅爾丹相度具奏。五十八年春，傅爾丹疏請築城鄂勒齊圖郭勒，上以鄂勒齊圖郭勒距師遠，命更於科布多築城。傅爾丹復疏言：「科布多阻大河，材木難致。請築城察罕廋爾，距鄂勒齊圖郭勒千里，中設十一站。」上從之。五十九年，將八千人自布拉罕進次格爾額爾格，準噶爾兵潰，擊斬二百餘級，擒宰桑等百餘，盡降其衆。又焚烏蘭呼濟爾敵糧，引還。雍正元年，命兼統祁里德軍，分兵駐巴里坤。三年，召還，授內大臣。四年，授黑龍江將軍。六年，授吏部尚書，賜雙眼孔雀翎。

初，青海羅卜藏丹津敗走，準噶爾策妄阿喇布坦納之。上屢遣使索獻，策妄阿喇布坦亦遣使請和，上罷兩路兵，久之議未決。策妄阿喇布坦死，子噶爾丹策零嗣，屢犯邊。七年二月，上命廷臣集議，大學士朱軾、左都御史沈近思皆言天時未至，副都統達福亦言不可，惟大學士張廷玉贊用兵，上意乃決，復出師。命傅爾丹為靖邊大將軍，出北路；發京師八旗兵六千、車騎營兵九千、奉天等處兵八千八百，以巴賽為副將軍，順承郡王錫保掌振武將軍印，陳泰、衮泰、石禮哈、岱豪、達福、覺羅海蘭為參贊。定壽將前鋒，魏麟、閃文繡將車騎營，納秦將奉天兵，塔爾岱、西彌賴將索倫兵，費雅思哈將寧古塔兵，阿三將右衞兵，素圖將寧夏兵，承保、常祿將察哈爾兵，馬爾齊、衮布將土默特兵，丹巴、沙津達賴將喀喇沁、土默特兵，法敏、伊都立、巴泰、西琳、傅德理餉，永國護印。上祭告太廟，幸南苑閱車騎營兵，御太和殿行授鉞禮，賜傅爾丹御用朝珠、黃帶、紫轡、白金五千，加少保。出駐阿爾泰。八年，噶爾丹策零表請執羅卜藏丹津以獻，上命緩進兵。尋召與岳鍾琪同詣京師議軍事，遣還軍。九年，疏言科布多爲進兵孔道，請仍於此築城，下廷議，如所請。

五月，傅爾丹移軍科布多，噶爾丹策零遣所部嗒蘇爾海丹巴爲間，爲守卡侍衞所獲，詰之，曰：「噶爾丹策零發兵三萬，使大策零敦多卜、小策零敦多卜分將犯北路。小策零敦多卜已至察罕哈達，大策零敦多卜以事宿留未至。」傅爾丹信其語，計及其未集擊之。令選兵萬人，循科布多河西以進，素圖、岱豪爲前鋒，定壽等領第一隊，馬爾薩等領第二隊，傅爾丹舉大兵繼其後，令衮泰護築城，陳泰屯科布多河東，斷奇蘭道。六月庚子，師發科布多，定壽等進次扎克賽河，獲準噶爾邏卒，言距察罕哈達止三日程，準噶爾兵不過千人，未立營。傅爾丹命乘夜速進，行數日不見敵。戊申，獲諜，言準噶爾兵二千屯博克托嶺。傅爾丹遣素圖、岱豪將三千人往擊之。敵出羸兵誘師，而伏二萬人谷中。己酉，定壽師次庫列圖嶺，遇敵，斬四百餘級，敵驅駝馬踰嶺遁。

庚戌，傅爾丹師至，素圖、定壽皆會。辛亥，逐敵入谷，伏發，據高阜衝擊。傅爾丹督戰，殺敵千餘，塔爾岱、馬爾齊督兵奪西山，敵據險，師攻之不能克。壬子，傅爾丹令移軍和通呼爾哈諾爾，定壽、素圖、覺羅海蘭、常祿、西彌賴據山梁東，塔爾岱、馬爾齊據其西，承保居中，馬爾薩出其東，達福、岱豪當前，舒楞額、沙津達賴等護後。師甫移，敵力攻山梁東西二軍，定壽等奮戰。大風雨雹，師爲敵所圍。傅爾丹遣兵援塔爾岱出，又令承保援定壽，日暮，圍未解。癸丑，海蘭突圍出，定壽、素圖、馬爾齊皆自殺；西彌賴令索倫兵赴援，兵潰，亦自殺。甲寅，敵環攻大營，傅爾丹督兵禦之，殺敵五百餘。科爾沁兵潰，沙津達賴奮戰入敵陣，師望見其纛，曰：「土默特兵陷賊矣！」遂大潰。乙卯，永國、海蘭、岱豪皆自殺。傅爾丹雜士伍中以出。敵大集，查弼納、巴賽、達福、馬爾薩、舒楞額皆戰死。傅爾丹率殘兵渡哈爾噶納河，敵追至，擊殺五百餘人。七月壬戌朔，還至科布多，收餘兵僅存二千餘。

方戰，科爾沁蒙古兵先敗，傅爾丹聞人言，謂先敗者土默特兵也。劾沙津達賴，論斬。歸化城土默特副都統衮布降敵，戮其孥。傅爾丹疏請罪，上諭曰：「損兵誠有罪，朕因爾等竭蹶力戰，特寬恕之。痛惻難忍，不覺淚下！解朕親束帶賜傅爾丹。爾等毋妄動，敵至能堅守，卽爾等之功。科布多不能守，可還軍察罕廋爾。」傅爾丹復疏請罪，上諭曰：「輕信賊言，冒險深入，中賊詭計，是爾之罪。至不肯輕生自殺，力戰全歸，此爾能辨別輕重。事定，朕自有處置。」尋命以錫保爲靖邊大將軍，傅爾丹掌振武將軍印，協辦軍務。十年七月，準噶爾侵烏遜珠勒，錫保令傅爾丹將三千人禦之，敗績。錫保疏劾，罷領侍衞內大臣、振武將軍，削公爵。十一年，錫保再疏劾傅爾丹，上察傅爾丹兵寡，原其罪，命留軍効力。

十三年，伊都立等侵軍餉事發，辭連傅爾丹，命侍郎海望逮詣京師下獄，並追論和通呼爾哈諾爾及烏遜珠勒失機罪，王大臣等依律擬斬。命未下，世宗崩，高宗卽位，命改監候。乾隆四年，與岳鍾琪並釋出獄。十三年，師討大金川未下，授內大臣、護軍統領，赴軍，尋命署川陝總督，與鍾琪治軍事。大學士傅恆出爲經略，奏傅爾丹衰老，惟熟於管理滿洲兵，請專治營壘諸事。十四年，命爲參贊。大金川師罷，授黑龍江將軍。十七年，卒，賜祭葬，謚溫愨。子兆德，襲爵；哈達哈，自有傳。

傅爾丹頎然嶽立，面微赬，美鬚髯。其爲大將軍，廷玉實薦之。鍾琪嘗過其帳，見壁上刀槊森然，問：「安用此？」傅爾丹曰：「此吾所素習者，懸以勵衆。」鍾琪出曰：「爲大將，不恃謀而恃勇，敗矣！」

馬爾賽，馬佳氏，滿洲正黃旗人，大學士、三等公圖海孫。馬爾賽，襲爵。康熙間，迭授護軍統領、鑲黃旗蒙古都統、領侍衞內大臣，掌鑾儀衞事。雍正二年，加贈圖海一等公，號曰忠達，仍以馬爾賽襲。調鑲藍旗滿洲。六年，授武英殿大學士，兼吏部尙書。八年，命與大學士張廷玉、蔣廷錫詳議軍行事宜。尋以翊贊機務，加一等阿達哈哈番世職。

九年，靖邊大將軍傅爾丹討噶爾丹策零，師敗績。授撫遠大將軍，調西路副將軍覺羅伊禮布爲參贊，率師駐圖拉。馬爾賽師行，聞準噶爾將犯科布多，奏請暫駐第十五臺。俄聞準噶爾兵屯科布多近處，又奏請進駐察罕廋爾；既又聞準噶爾兵至奎素，復奏請調蒙、漢兵七千人赴推河。上責馬爾賽輾轉不定，命駐第十四臺待命。旋命將蒙、漢兵五千人駐翁袞。上解傅爾丹靖邊大將軍印授順承郡王錫保，諭馬爾賽，蒙古諸扎薩克俱遵靖邊大將軍調遣，不得以撫遠大將軍印有所徵發。尋改授撫遠將軍，駐扎克拜達里克。

十年秋，準噶爾大舉內犯，掠喀爾喀諸部。喀爾喀親王策棱與戰額爾德尼昭，大破之，餘衆循鄂爾昆河源走推河。錫保劄馬爾賽，令與建勳將軍達爾濟合軍截擊，喀爾喀親王丹津多爾濟亦馳報，促馬爾賽發兵。馬爾賽集諸將議，諸爾瑋曰：「我等當速發兵迎截，遲且將不及。」諸將皆和之，獨都統李杕以爲但當守城，馬爾賽以杕言爲然。諸爾瑋、博爾屯等力請，傅鼐至跪求，馬爾賽持不可。達爾濟遣使約會師，馬爾賽終不應。士卒登城見敵過，奮欲出擊，參贊胡琳、傅鼐不待馬爾賽令，將所部以出，馬爾賽乃與偕行。至博木喀拉，令欽拜將七百人逐敵，馬爾賽引還。準噶爾兵去已遠，欽拜等亦無所獲而返。胡琳、欽拜、博爾屯、諾爾瑋等先後疏報，上命奪馬爾賽官爵治罪，錫保等請誅馬爾賽及杕，部議當貽誤軍機律斬。十二月，遣副都統索林赴扎克拜達里克，斬馬爾賽。

李杕，漢軍鑲藍旗人，李國翰四世孫。降襲三等伯，累擢至廣州將軍。坐駐防兵鬨巡撫官廨，逮京師論斬，上貸之，復授都統，仍令襲爵。至是，責其一言僨事，罪與馬爾賽等，奪官爵，論斬。

慶復，字瑞園，佟佳氏，滿洲鑲黃旗人，佟國維第六子。雍正五年，襲一等公，授散秩大臣。遷鑾儀使，兼領武備院事。七年，授正白旗漢軍副都統。八年，遷正藍旗漢軍都統。九年，列議政大臣。十一年，授工部尚書，署刑部，調戶部。十二年，授領侍衞內大臣。十三年，高宗即位，命代平郡王福彭爲定邊大將軍，出北路。乾隆元年，準噶爾乞和，罷兵。慶復請沿邊設卡倫，以侍衞或護軍一專管，喀爾喀台吉一協理；發土謝圖、賽因諸顏、扎薩克圖、車臣四部兵合三千人，歲六月集鄂爾坤出巡，九月罷歸牧：詔如所請。召還京，署吏部尚書，兼戶部，尋眞除刑部。二年，授兩江總督。劾江西巡撫俞兆岳貪鄙營私，奪官，論如律。疏言蘇、常、揚、鎭、通、泰諸屬例徵麥二萬餘石，請改徵米，從之。

移督雲、貴。四年，加太子少保。五年，疏言：「雲南府屬縣引南汁等六河溉田，山溪箐澗水發不常，沙石壅遏，堤埂易決。請以時修治。」上嘉之。又言：「滇、黔、粵、蜀四省接壤，猺、苗雜處，往往爭界搆訟，積案莫結。如廣西鎭安屬小鎭安土州與雲南廣南屬土目爭剝頭、者賴二村，臣令詳勘，以村入廣西境應歸廣西；而廣西又議以小鎭安土州歸雲南，畫昭陽關爲界。雲南、四川於金沙江分界，雲南屬江驛、七戛、則補、晉毛諸地越在江外，兩省駐汛分防，犬牙互制，而四川又欲劃江分界。現在民、夷寧帖，應仍舊貫，不必紛更。其或田在彼境，糧在此境，當以糧從田，俾免牽混。」下軍機大臣議行。又疏言錢價日昂，請省城增十爐，臨安增五爐，發餉銀七錢三。下部議行。又分疏請開姚州鹽井，南安州屬碍嘉、大小猛光、回子門諸地招墾，濬治金沙江。

旋移督兩廣，疏劾粵海關監督鄭伍賽需索侵蝕，擬罪如律。又疏言：「瓊州四面環海，中有五指山，黎人所居。請設義學，俾子弟就學應試，別編『黎』字，州縣額取一名。」八年，又疏言：「廣西東蘭州自雍正初改土爲流，置兵二百戍守。水土毒惡，山路崎嶇，民病於運糧。請以其半改駐三旺。」均從之。

復移督川、陝。郭羅克土番處青海界上，地寒不能畜牧，屢出爲「夾壩」，夾壩，華言盜也。慶復令捕其酋林噶架立誅之，番衆頂經誓奉約束。慶復令貧番三百餘戶授地課耕，歲五六月許出獵，限一次，寨限十五人。要隘設汛置兵，松潘鎭總兵歲出巡，駐阿壩。番人訟不決，詣總兵剖晰。上中下三部置土千戶一、土百戶二，種人爲盜，責三土目捕治。疏聞，下軍機大臣議行。又有瞻對土司在打箭爐邊外，處萬山中，恃險肆劫，掠及臺站兵，有司捕治。上瞻對土目四朗、下瞻對土目班滾匿罪人不出。

十年，慶復偕巡撫紀山、提督李質粹疏請發兵進剿，上命宜妥協周詳，毋少疏忽。慶復遂發兵，質粹進駐東俄洛，扼兩瞻對總隘；夔州副將馬良柱出裏塘爲南路，松潘總兵宋宗璋出甘孜爲北路，建昌總兵袁士弼出沙晉隆爲中路，刻期並發，四朗詣宗璋軍降。士弼自擴城頂趨納爾格，與番人戰加社丫卡諸地，屢勝。良柱攻嚓嗎所，焚其寨三，地雷發，番人死甚衆。上下瞻對夾江而居，四朗居江西地，曰撒墩，其從子肯朱居江東地，曰孺耳，班滾亦居江西地，曰如郎。江東木魯工爲要隘。四朗既降，宗璋兵越撒墩駐阿賽，去如郎數十里，良柱亦逼進如郎，質粹發兵往應，班滾力拒。宗璋分兵自然多會士弼，克臘蓋，破底朱。良柱亦撫定番寨四十六。班滾請降，慶復不許。疏入，上命毋恃勝輕敵。尋授慶復文華殿大學士，仍留總督。

十一年春，慶復進駐東俄洛，奏言：「前克底朱，班滾母率頭人至軍前請降，質粹遣令歸。臣咨詢質粹，令速進兵。」上責質粹失機，慶復又疏劾士弼意主招降，請奪官，仍戴罪効力。尋自東俄洛進駐靈雀，以明正土司汪結及降人騷達邦、俄木丁等爲導，自茹色以皮船渡，破十餘卡，逼如郎，攻泥日寨，圍之數日，焚碉。質粹咨慶復，言班滾已焚死，又言焚碉時，火光中望見番酋懸縊。慶復詢於衆，俄木丁於燼中得鳥槍銅掭，謂班滾物也，遂以班滾焚斃疏聞。上察慶復師逼如郎時，嘗奏班滾走沙加邦河，土目姜錯太迎入寨，未言至泥日；諭慶復，班滾渠魁斷不可漏網，毋留遺孽，毋墮狡計。尋加慶復太子太保。慶復又劾土弱怯懦乖張，奪官，逮下刑部論罪。

十二年，大金川土酋莎羅奔爲亂，上授張廣泗川陝總督，召慶復入閣治事，命兼管兵部。尋廣泗奏言訊土司汪結，言班滾尚匿如郎未死，慶復得班滾子沙加七立，爲更名德昌喇嘛，令仍居班滾大碉，冒稱經堂。上責慶復欺罔，奪官待罪。欽差大臣尚書班第奏言師克如郎，班滾已逃，僅得空寨。上逮質粹下刑部獄，召宗璋與質。質粹言：「曩報班滾焚斃，實未親見；後聞藏匿山洞，亦未告慶復追捕。」上命下慶復刑部獄，令軍機大臣會訊，按律定擬，坐貽誤軍機律論斬。十四年九月，賜自盡。

李質粹，漢軍正白旗人。雍正初，自把總擢藍翎侍衞。嘗從年羹堯出師，累擢陝西、固原提督。丁憂，命署四川提督。附和慶復妄言班滾死，慶復死之明年，斬質粹。

張廣泗，漢軍鑲紅旗人。以監生入貲授知府。康熙六十一年，選貴州思州。雍正四年，調雲南楚雄。雲貴總督鄂爾泰討亂苗，以廣泗佐其事，奏改調黎平。五年，擢貴州按察使。六年，廣泗率兵赴都匀、黎平、鎮遠、清平諸地化導羣苗，相機勦撫，超授巡撫。清平屬丹江苗最悍，廣泗遣兵分道攻克小丹江、大丹江及雞溝等寨。鎮遠屬上九股諸寨與接壤，亦次第降。下九股、清水江、古州諸苗悉定。疏聞，上命與鄂爾泰詳議善後諸事，語詳鄂爾泰傳。十年，廣泗疏言：「清水江及都江爲黔、楚、粵三省通流，當設哨船聯絡聲勢。古州應貯米，責成同知以下董理。譯人分別勤惰予稰，並授土官劄付，宣布條約，化導苗民。」下部議行。敍功，授拜他喇布勒哈番世職。

準噶爾擾邊，寧遠大將軍岳鍾琪率師出西路。上授廣泗副將軍，召詣京師授方略。廣泗至軍，鍾琪方自巴爾庫爾移軍穆壘。廣泗將四千人出鄂隆吉，與鍾琪會於科舍圖，至穆壘。上召鍾琪還京師，命廣泗護大將軍印。廣泗疏言：「穆壘地處兩山間，築城其中，形如釜底，非屯兵進取之地。今築城未竟，臣與副將軍常賚兩營當要衝，兵止二三百，即鍾琪營亦僅數百，遇警何以抵禦？準噶爾專用馬，我兵必馬步兼用，而鍾琪立意用車，沙磧殊非所宜。至馬步兵弓箭、鳥鎗之外，止攜木梃，全無刀戟，官兵莫不竊議。穆壘又無牧地，鍾琪留馬二千餘，悉就牧烏蘭烏蘇、科舍圖兩地，敵人窺伺可虞。駐兵數萬人，糧運最要。地多叢山大嶺，車駝分運，必繞出沙磧。鍾琪聞寇至，輒令停運，以此遲緩。鍾琪張皇剛愎，號令不明。題奏奉到諭旨，臨時宣傳，莫測誠僞。」上奪鍾琪官，命廣泗還軍巴爾庫爾。廣泗奏軍還巴爾庫爾，分兵防洮賚、無克克嶺，斷敵南走道，防庋集察罕、哈馬爾，斷敵西來道；巴爾庫爾北爲鏡兒泉、噶順、烏卜圖克勒克諸地，東北爲圖古里克、特爾庫勒諸地，敵自沙磧來，處處可通，皆置兵守。他諸要隘並設卡倫，巡護牧廠，哈密、塔勒納沁皆增兵爲備。尋以查郎阿爲大將軍，授廣泗正紅旗漢軍都統，留軍。十一年，廣泗將萬餘人分駐北山。十二年，詗寇至烏爾圖河，檄副都統班第達什、降調總兵張元佐及提督樊廷逐捕，越噶順至鄂隆吉大坂，擊破之，斬四百餘人，獲三十六人。捷聞，命議敍。十三年，準噶爾乞和，師還。授湖廣總督。

自鄂爾泰定苗疆，至是九股苗復爲亂。尚書張照偕將軍哈元生、副將軍董芳率兵討之，久無功。高宗卽位，授廣泗經略，赴貴州，將軍以下聽節制。廣泗疏劾照阻撓軍機，徵集兵數萬，元生沿途分布，用以攻剿者不過三千，顧此失彼。芳駐守八弓，僅事招撫。巡撫元展成治賑，條款紛錯，官民並困。上爲奪照、芳、展成等官，命廣泗兼領貴州巡撫；罷元生將軍，以提督聽廣泗驅策。十二月，廣泗至凱里，分兵三道進剿：副將長壽出空稗，總兵王無黨出台營，廣泗督兵出清江地曰雞擺尾，刻期並進。破上九股卦丁等寨，燬其巢，餘苗走入牛皮大箐。乾隆元年正月，廣泗令諸軍合圍，獲其渠包利等，斬萬餘級，諸苗悉定。授廣泗雲貴總督，兼領巡撫，進三等阿達哈哈番世職。奏定鎭遠、安順、大定、平遠諸營制，增貴州兵額，都計二千九百有奇。三年，復請濬治清水江、都江，增爐鑄錢。皆下部議行。五年，請入覲，會湖廣城步橫嶺等寨紅苗糾粵瑤爲亂，命廣泗往勘。九月，授欽差大臣，楚、粵提鎮以下受節制。十一月，亂定。六年正月，至京師，乞歸葬，賜其父母祭。貴州黎平黑苗復糾粵瑤爲亂，命廣泗還貴州按治，獲苗酋石金元等置之法。十年，加太子少保。

十一年，大金川土司莎羅奔爲亂，調川陝總督。廣泗至軍，小金川土司澤旺土舍良爾吉來降。八月，遣總兵宋宗璋、許應虎分道攻勒烏圍，副將馬良柱攻噶拉依，副將張興、參將買國良繼進。山險碉堅，轉戰逾二年，師無功。十三年，疏劾良柱自丹噶撤軍失礮械，命逮詣京師。上授大學士訥親經略，出視師，並起岳鍾琪赴軍，詔責廣泗師老氣怯，調度失機宜。廣泗奏報攻克戎布寨五十餘碉，諭曰：「此亦小小攻克耳。佇待捷音，以慰西顧。」訥親初至，督攻碉，師敗績。總兵任舉爲驍將，戰沒。乃議令官軍築碉，謂與賊共險。上以爲非策，責廣泗附和推諉，嚴諭詰難。訥親劾廣泗分十道進兵，兵力微弱，老師糜餉；鍾琪亦劾廣泗玩兵養寇，信用良爾吉及漢奸王秋，洩軍事於敵。上責廣泗貽誤軍機，奪官，逮至京師，上御瀛臺親鞫。廣泗極言其枉，命用刑，辨不已。上諭曰：「金川用兵，張廣泗、訥親前後貽誤。廣泗初至軍，妄爲大言，既久無成效，則諉過於部將。及訥親往，乃復觀望推諉，見訥親種種失宜，無一語相告。見其必敗，訕笑非議，備極險忮。蓋恐此時奏聞，猶或譴責，不若坐視決裂爲得計也。朕詳悉推勘，如見肺肝。訥親且在其術中而不覺矣。廣泗熟嫻軍旅，與訥親並爲練達政事之大臣，乃自逞其私，罔恤國事。今朕明正其罪，以彰國憲。」下軍機大臣會刑部議罪，當失誤軍機律斬。十二月，斬廣泗。後十日，諭並誅訥親。

論曰：爲三軍擇將，豈易言哉？查郎阿臨邊未遇敵，按殺成斌、勳。世謂與查廩有連爲修怨，甚矣其枉也！傅爾丹中敵間，師徒撓敗，世宗特寬之；高宗時復起，至與岳鍾琪同視，何其倖歟！若馬爾賽之畏縮，慶復之欺誑，讁當其罪。廣泗傾鍾琪，劾照，知訥親不可撼，乃坐視其敗，以忮殺其身，雖有勞不能逭。吁，可畏哉！

清史稿卷二百九十八

列傳八十五

噶爾弼 法喇　査克丹 欽拜　常賚　哈元生 子尚德　董芳

査弼納 達福　定壽　素圖

噶爾弼，納喇氏，滿洲鑲紅旗人。父額爾德赫，爲敬謹親王尼堪長史，屢從征伐。順治十六年，署護軍統領。偕安南將軍達素等師下廈門，擊鄭成功。額爾德赫將右翼，獲其將周序。命署鎭海將軍。康熙元年，還京，尋卒。雍正間，以噶爾弼疏乞補謚，謚果毅。

噶爾弼，初授前鋒參領，累遷鑲紅旗護軍統領。準噶爾策妄阿喇布坦遣策零敦多卜襲據西藏，康熙五十八年，命噶爾弼馳赴四川佐總督年羹堯治軍事。噶爾弼詗知策零敦多卜與其副三濟不睦，謂其隙可乘，疏請招策零敦多卜降。五十九年二月，上命平逆將軍延信自青海入西藏，而授噶爾弼定西將軍，偕都統武格將四川、雲南兵出拉里。策零敦多卜自將拒延信，而遣其黨春丕勒宰桑將二千六百人自章米爾戎拒噶爾弼。噶爾弼取間道至莫珠貢喀，集皮船渡河，直趨西藏，八月，克之。噶爾弼集西藏大小第巴、頭目及諸寺喇嘛宣上指安撫，封達賴喇嘛倉庫，遣兵守隘，截準噶爾糧道，擒斬策零敦多卜所署置總管喇嘛五。策零敦多卜爲延信所破，遁走。西藏平。

捷聞，上諭曰：「噶爾弼等遵朕指行師絕域，各自奮勵，撫定唐古特人民，命優敍。」延信留駐西藏，六十年，以病召還，命噶爾弼佩定西將軍往代。噶爾弼至瀘定橋，託病不行。年羹堯以聞，命奪官，逗遛不敢詣京師，論斬。雍正元年，世宗貰其罪，賜都統銜從軍。迭署固原提督、布隆吉爾副將軍，授鑲紅旗漢軍都統。三年，擢奉天將軍。五年，疏言：「奉天金、銀、銅、鉛諸鑛，雖開採有禁，而竊掘尚多。惟盃犀湖產鐵，爲民間農器所需。遼陽黃波羅峪、開原打金廠，請視錦州大悲嶺例，永禁開採。」下部議行。旋卒。

法喇，那木都魯氏，滿洲正白旗人。父敦泰，從達素擊鄭成功，戰死。母喜塔臘氏，守節撫孤。法喇，初授筆帖式。康熙十三年，以護軍從討吳三桂，自廣東下雲南。三十五年，以署驍騎參領從征噶爾丹，累擢鑲白旗蒙古都統、護軍統領。

準噶爾策妄阿喇布坦遣其族兄策零敦多卜攻西藏，四川提督康泰率師次黃勝關，兵譁潰。上命法喇馳赴四川佐年羹堯治軍事，並按提督標兵譁潰狀。法喇察知泰偏信守備汪文藻尅餉，請斬文藻及倡亂兵以徇，上從之，並奪泰官。五十七年，策零敦多卜戕拉藏汗，幽達賴喇嘛，遂據有其地。法喇遣員外郎巴特瑪等赴裏塘傳諭，又令前鋒參領伍林葩、化林協副將趙宏基將滿、漢兵五百與之偕。疏言：「西藏資茶養生，應令松潘禁茶出口。裏塘、巴塘番寨所需，當開具戶口，定數買運。」下所司議行。五十八年，命法喇出駐打箭爐，令副將岳鍾琪率師徇裏塘，番酋達瓦喇扎木巴、第巴塞卜騰阿珠不從命，縛送法喇軍，斬以徇。進次巴塘，第巴喀木布等請降，命法喇進駐巴塘。五十九年，年羹堯請授噶爾弼定西將軍，率師入西藏，令法喇還駐打箭爐。

六十年，還京師。尋以護軍有自戕者，不以實奏，坐奪官。六十一年，與千叟宴，賜復原銜。雍正十三年，卒。

查克丹，博爾濟吉特氏，滿洲正黃旗人，奉義公恩格德爾曾孫。自官學生襲三等阿達哈哈番，授頭等侍衞。累遷正黃旗護軍統領、鑲藍旗蒙古都統。雍正三年，署甘州將軍。準噶爾使至，守備馬德仁等供應失時，查克丹疏劾，並陳花馬池至甘州驛馬疲羸狀，命總督年羹堯嚴察。四年，還京師，授正黃旗滿洲都統。五年，命率番代兵出北路。九年，振武將軍順承郡王錫保出北路討準噶爾，命查克丹參贊軍務，授內大臣。十年，準噶爾將小策零敦多卜入邊，掠喀爾喀諸部。查克丹偕額駙策棱等赴奔博圖山，敵越察罕廋爾入掠杭愛山，師逐之，至額爾德尼昭，大戰破敵。查克丹督兵奮擊，敵自推河遁走；復追至察罕托輝，斬馘殆盡。以功進二等阿達哈哈番。錫保代傅爾丹爲靖邊大將軍，仍以查克丹參贊軍務。十三年，還京師，調正紅旗蒙古都統。乾隆四年，以病再疏乞休，命致仕。十一年，卒，賜祭葬，諡敏恪。

欽拜，瓜爾佳氏，滿洲鑲紅旗人。曾祖羅璧，勞薩弟也，偕來歸。有功，授一等阿達哈哈番，以兼襲兄子程尼世職，合爲一等公。欽拜改襲一等伯，授頭等侍衞。累遷正黃旗蒙古副都統。雍正元年，授兵部侍郎。四年，以引見失儀，上詰責，巧辯，奪官，戍軍臺。九年，召還，復官。撫遠大將軍馬爾賽出北路討噶爾丹，命欽拜將右衞兵以從，參贊軍務，授內大臣，駐扎克拜達里克。十年，振武將軍順承郡王錫保駐察罕廋爾，奏請移欽拜相佐。上諭曰：「馬爾賽治事甚不愜朕意，扎克拜達里克軍中恃欽拜一人，當仍留北路。」準噶爾將小策零敦多卜等自推河走，欽拜等力請追擊，馬爾賽聽敵過，師乃出。既至博木喀喇，令欽拜將七百人進，不及敵而還。欽拜等疏聞，上誅馬爾賽。尋署綏遠將軍。十一年，復署建勳將軍。平郡王福彭代爲定邊大將軍，命軍事諮於欽拜。乾隆元年，還京師。出爲青州將軍。還，在內大臣上行走。十二年，卒，賜祭葬，諡肅敏。

常賚，納喇氏，滿洲鑲白旗人，鎮安將軍瑪奇子。事世宗雍邸。雍正元年，授工部員外郎，遷郎中。二年，調戶部。三年，授廣東布政使。四年，擢福建巡撫。廣東巡撫楊文乾言福建倉庫虧空，上命文乾清理，卽移常賚署廣東巡撫。疏言：「廣東地卑苦，夏秋潦漲，廣州、肇慶二府尤甚。請以廣州通判管南海、三水隄工，肇慶通判管高要、高明、四會隄工，歲冬督隄長修築，定保固賞罰。水漲護防，仍以鴨埠、魚簝諸稅充用。」尋赴福建。六年，調雲南。

常賚在廣東，盜竊奏摺匣鎖鑰，令工私製；將軍標兵匿盜，徇不治；電白、從化盜發，隱不奏；又與將軍石禮哈等訐文乾。上諭曰：「常賚朕藩邸微員，以其謹愼，擢至巡撫。乃盜失摺匣鑰匿不奏，尙得謂無欺乎？且與石禮哈等黨同伐異，其罪不可貸！奪官，赴廣東待鞫。」論斬，上推瑪奇下雲南舊功，特赦之，令從尙書查弼納往陝西治餉。八年，授刑部侍郎，署寧夏將軍。九年，授鎮安將軍，將肅、甘、涼三州兵五千人自爲一隊，備聲援。尋授西路副將軍。

十年，準噶爾侵哈密，常賚與都統良敦、總兵張存孝將滿、漢兵三千二百，駐無克克嶺禦之。旋授內大臣。從大將軍岳鍾琪移軍穆壘，復從護大將軍張廣泗移軍巴爾庫爾。十一年冬，署大將軍查郎阿奏方冬雪深，請分兵駐防，廣泗將萬人駐北山，常賚將九千人駐南山。十三年，命統綠旗兵萬人駐巴爾庫爾，提督顏清如、尚書馬會伯爲副。準噶爾乞和，乾隆元年，率兵還京師。五年，以疾致仕，予半俸。十一年，卒，賜祭葬。

哈元生，直隸河間人。康熙間入伍，授把總。累遷建昌路都司。坐失察私木過關，奪官。雍正二年，命引見，發直隸以守備用，補撫標右營守備。貴州威寧總兵石禮哈請以元生從剿仲家苗，有勞，三年，補威寧鎭中軍游擊。烏蒙土知府祿萬鍾侵東川，鎭雄土知府隴慶侯助爲亂。鄂爾泰檄元生會四川兵討賊，賊據險拒戰，元生冒矢石奮攻克之。鄂爾泰上其功，上獎元生取仲家苗、克烏蒙能効力，命以副將、參將題用，尋授尋霑營參將。

六年，米貼苗婦陸氏爲亂，鄂爾泰令元生往剿，破險設伏，擣其巢，獲陸氏。率師赴阿驢，破雷波土司，以其助陸氏劫糧也。賚白金四千。遷元江副將。師還，阿驢夷目從，坐事，元生鞭之，其人大譟，圍元生。元生率游擊卜萬年等與戰兩晝夜，賊敗卻，元生督兵奪據赤衣臺。鶴麗總兵張耀祖赴援，元生出小溜筒江，搜斬餘賊，阿驢人空寨遁。拉金、者呢諸寨助爲亂，並討平之。鄂爾泰具以聞，上諭曰：「野夷性反覆，卽無鞭責事，亦未必帖然。元生効力多，功過相當。置不議。」

七年，調黎平副將，擢安籠總兵。八年，烏蒙復爲亂，鄂爾泰令元生督兵出威寧，破賊數萬，射殪其渠黑寡、暮末，連躪賊壘八十里，遂克烏蒙。賜孔雀翎及冠服，賚白金萬。九年，擢雲南提督。上以元生母逾八十，予封誥。尋調貴州。十年，召詣京師，入對，解御衣以賜，命在辦理軍機處行走。旋令回籍省親。

貴州九股苗爲亂，命還貴州督剿。遭母喪，賜祭，令在任守制。率兵攻九股苗，獲悍苗百餘，俘斬甚衆，餘悉請降。十二月，進新闢苗疆圖志，命巡撫元展成勘訂。十三年，古州苗爲亂，擾黄平，元生遣兵擊之，總督尹繼善奏調湖廣、廣西兵會剿。上授元生爲揚威將軍，統兵進討，而以湖廣提督董芳爲之副。尋遣尚書張照爲撫定苗疆大臣，元生與之忤。乃議劃施秉以上爲上游，用雲南、貴州兵，隸元生；施秉以下爲下游，用湖廣、廣西兵，隸芳。元生與芳議界，詳逮村莊道路，文移辨論，日久師無功。經略張廣泗至，劾元生徒事招撫，奪官逮京師，坐貽誤軍機論斬。乾隆元年，上命貸其死，賜副將銜，赴西路軍營効力。三年，卒，上深惜之，加總兵銜，賜祭葬。

子尚德，初從元生至雲南，入伍，授千總。烏蒙既克，齎疏奏捷，上命以游擊題補，補雲南鶴麗右營游擊，遷奇兵營參將。乾隆元年，廣泗奏尚德奉檄從征，因父獲譴，黽勉自効。擢貴州清江協副將，調定廣協。三年，討平定番州屬姑盧寨苗。以父憂歸，起湖南辰州副將。遷總兵，歷宜昌、涼州、臨元、古州諸鎭。十三年，討大金川，命從軍。尋爲總督張允隨劾擾民虐兵，坐奪官。二十二年，賜副將銜，赴西路軍營効力。以送羊赴軍多斃，奪官責償，遣回籍。卒。

董芳，陝西咸寧人。初入伍，隸督標。中式武舉，補千總。雍正二年，師征青海，從副都統達鼐等追獲丹津琿台吉及其孥，並羅卜藏丹津女兄。四年，超授三等侍衞，出爲直隸正定鎭標游擊，累遷雲南臨元鎭總兵。十一年，思茅土酋刁興國等爲亂，芳與提督蔡成貴等率師討之，擒興國及助亂土目楊昌祿等，斬三千六百餘人，降四萬二千六百餘人。總督高其倬留芳搜餘黨，悉平之。十二年，擢湖廣提督。

十三年，貴州九股苗爲亂，授雲南提督哈元生揚威將軍，芳副將軍，率師討之。尋命尙書張照總理撫定苗疆，亂未定，高宗卽位，授張廣泗爲經略，視師。廣泗劾芳駐軍八弓，依附張照，與元生互訐，師集數月，勦撫初無端緒。奪芳官，逮京師。乾隆元年，王大臣會鞫，擬發邊遠充軍，上命寬之，以副將發雲南。遭父憂，服除，署劍川協副將。擢總兵，歷楚姚、昭通二鎭。遭母憂，十三年，召赴京師，賜孔雀翎。

命從征大金川，卽授四川重慶總兵。經略訥親檄芳助總兵莽阿納等攻克普瞻左梁及阿利山梁碉卡。又從提督岳鍾琪攻木耳金岡，奪土卡三、水卡一。十四年，大金川事定，芳赴鎭，疏陳考察營汛，修補器械，並以地當黔、楚要衝，密訪啯嚕邪教，復發存庫米折借濟貧兵，上命諸事盡心料理。尋調建昌鎭。敍平大金川功，加左都督。十五年，西藏朱爾墨特、那木扎爾謀叛，既誅，其黨羅布藏扎什等爲亂，總督策楞、提督岳鍾琪師入藏，命芳督兵策應。十九年，調松潘鎭，擢貴州提督。二十二年，卒。

查弼納，完顏氏，滿洲正黃旗人。祖愛音布，事世祖爲戶部理事官，考滿，授拖沙喇哈番。以其孫觀音保襲，恩詔進三等阿達哈哈番。查弼納，觀音保弟也，襲世職，管佐領。康熙四十七年，授吏部郎中，三遷兵部侍郎。六十一年，授江南江西總督。雍正元年，臺灣朱一貴餘黨温上貴糾江西棚民掠萬載、新昌。亂定，大學士白潢、尙書張廷玉並疏議安輯棚民，下查弼納詳議。查弼納奏：「江西界連福建、湖廣、廣東諸省，地曠山深，民無力開墾，招流民藝麻種靛。以其棚居，名曰『棚民』。安業日久，驅令回籍，必且生事。當編保甲，千戶以上，駐將吏稽察。編册後，續到流移，不得容隱。其讀書向學及有膂力者，得入籍應試。」下部議行。二年，奏言私鹽責所在州縣嚴捕，停駐防兵巡緝。又奏言太湖跨數郡爲盜藪，請移參將駐洞庭東山，周村、鐵橋、鮎魚口、馬跡山、黿山、東山、鳳山、吳溜設汛駐兵。又奏言江南賦重事繁，請改六安、太倉、潁、泗、廬、邳、海、通諸州爲直隸州，蘇、松、常三府增設元和、震澤、昭文、新陽、寶山、鎭洋、奉賢、金山、福泉、南滙、陽湖、金匱、荆溪諸縣。

上既譴廉親王允禩，以貝勒蘇努、尙書隆科多等結黨亂政，詢查弼納。詔八至，查弼納不以實奏。四年，召詣京師，上親詰之，猶堅執不肯言。命奪官，下王大臣會鞫，乃具言蘇努與阿靈阿、揆敍、鄂倫岱、阿爾松阿結黨，欲戴允禩致大位，及隆科多交結揆敍、阿靈阿狀。王大臣擬查弼納罪斬，上諭曰：「查弼納本後進，畏附權勢。朕昨言及聖祖，查弼納痛哭不止，尙有良心，可免其罪。」尋授內務府總管、鑲紅旗漢軍都統，擢吏部尙書，協理兵部。五年，以濫保郎中舒伸，降級。旋授兵部尙書。

七年，師征準噶爾，靖邊大將軍傅爾丹出北路，寧遠大將軍岳鍾琪出西路，查弼納赴肅州督西路軍需。八年，召入覲，授副將軍，佐傅爾丹出北路。九年六月，噶爾丹策零大舉入犯，傅爾丹中敵間，欲及敵未集先發，查弼納亦頗信之。師進，查弼納偕傅爾丹督兵繼之，至庫列圖嶺，入谷遇敵伏，師敗績。移軍和通呼爾哈諾爾，師大潰。查弼納與傅爾丹及副將軍巴賽收餘兵四千，設營護輜重，且戰且行，渡哈爾噶納河。敵追至，查弼納躍馬舞刀潰圍出，與傅爾丹相失，慮以陷帥得罪，曰：「吾罪當死，蒙恩倖得生。頒白之年，豈可復對獄吏？」遂復入陣，死。巴賽亦求傅爾丹不得，趨敵力戰死。巴賽，鄭親王濟爾哈朗孫也，敵旌其黃帶以示師。參贊馬爾薩至紅石巖遇敵，中鎗死。

達福，瓜爾佳氏，滿洲鑲黃旗人，鼇拜孫也。康熙五十二年，聖祖追錄鼇拜戰功，賜一等阿思哈尼哈番。達福襲職，管佐領。累擢正藍旗滿洲副都統。雍正五年，世宗以鼇拜功多，復一等公，仍以達福襲，授散秩大臣、前鋒統領。七年，師將出，上召廷臣議，達福力諫。上問故，達福曰：「噶爾丹策零狡黠，能得諸酋心為捍禦。主少則諫易，將強則制專。我數千里轉餉，攻彼効死之士，臣未見其可。」辭益堅，上曰：「今使汝副傅爾丹以行，汝尚敢辭？」達福乃叩首出。師至邊，傅爾丹令達福將二千人駐庫卜克爾。九年，傅爾丹出師，使達福偕定壽領第一隊，及移軍和通呼爾哈諾爾，晝夜力戰，殺敵千餘。敵益大集，軍方移，達福殿，敵三萬餘環攻之，力戰，復殺敵千餘，沒於陣。

定壽，赫舍里氏，滿洲正黃旗人。初襲三等阿達哈哈番世職，授三等侍衞。累遷正黃旗蒙古副都統。康熙五十六年，以傅爾丹為振武將軍，出阿爾泰討策妄阿喇布坦，定壽將盛京、吉林兵千人當前鋒，屢破賊博囉布爾哈蘇、烏魯木齊。雍正二年，授鑲黃旗蒙古都統。策妄阿喇布坦使乞和，定壽率兵還駐巴爾庫爾。部議阿爾泰當駐軍，授定壽阿爾泰駐防將軍。尋改命穆克登，而令定壽以都統銜參贊軍務。四年，率兵往扎布罕，召偕穆克登還京師。定壽奏留察罕蒐勒軍中自効。七年，大將軍傅爾丹自北路出師，命定壽仍以都統銜爲軍營前鋒統領。八年，傅爾丹令定壽以二千人駐伊克斯諾爾，護阿濟必濟卡倫。九年，傅爾丹將出師，集諸將議，定壽曰：「噶爾丹策零聞我師至，斂兵觀變，是有謀也。不可信俘言輕進。」傅爾丹責其懦，侍郎永國、副都統覺羅海蘭皆持不可，弗聽，師遂行。以定壽領第一隊，至扎克賽河，獲準噶爾兵二千餘；及至庫列圖嶺，攻不克，將移軍和通呼爾哈諾爾。呼爾哈諾爾，華言大澤也。定壽詰傅爾丹曰：「違衆陷師，誰執其咎？」傅爾丹默不語，定壽曰：「言在先，敢辭死乎？」軍甫移，敵大至，定壽督兵奮擊，所向披靡，乘勝入敵陣，風驟起，雨雹並至，師大敗。敵圍定壽數重，定壽中鳥鎗，猶力戰，相持竟夜。敵欲生致之，拔刀自刭，死於陣。副都統西爾賴令索倫兵赴援，兵潰，亦自殺。

素圖，富察氏，滿洲正黃旗人，費雅斯哈孫，素丹子也。素圖初名福列，襲二等阿達哈哈番，改名。授護軍參領。康熙五十四年，策妄阿喇布坦侵哈密，素圖與都統新泰率烏拉兵屯阿爾泰。五十九年，從征西將軍祁里德出布勒罕，深入，斬敵伏四百餘。次鏗爾河，其宰桑色布騰據山拒，素圖督兵奮擊，大破之，色布騰以二千人降。六十年，移軍巴爾庫爾，赴吐魯番督築城屯田。雍正元年，從副將軍阿喇納駐布隆吉爾。二年，準噶爾犯邊，偕總兵孫繼宗擊之，敵敗走，乃城布隆吉爾。復從副都統達鼐逐羅卜藏丹津至花海子，獲台吉丹津及其妻子，並招降台吉噶斯等。上以方冬冰凍草枯，師奮勇遠征，下詔褒勉。擢寧夏左翼副都統。時素丹爲寧夏將軍，年已老，上命素圖協理將軍。尋命率西安滿洲兵二千從傅爾丹出北路，授參贊大臣。及庫列圖嶺之戰，素圖與副都統岱豪殺敵四百餘。移軍和通呼爾哈諾爾，素圖與定壽及副都統常祿等據山梁之東，敵大至，素圖、常祿與歸化城副都統馬爾齊力禦之，沒於陣。侍郎永國、副都統覺羅海蘭、岱豪帳中自經死。

時諸將惟副都統德祿、承保從傅爾丹得出。伯都訥副都統塔爾岱中鎗穿脛，蒙古醫蒙以羊皮，三日始蘇。上令還伯都訥，塔爾岱言：「願從軍剿賊雪恥。若負罪而還，何顏見七十有七之老母？」上深嘉之，並賜塔爾岱及其母各白金千。參贊都統陳泰屯科布多河岸，聞敵至，退駐扎布韓，上命斬之。議卹查弼納、馬爾薩、素圖、覺羅海蘭，皆授拜他喇布勒哈番兼拖沙喇哈番；達福、岱豪、西彌賴、常祿、定壽、永國授拜他喇布勒哈番；餘並授拖沙喇哈番。查弼納、達福、定壽、素圖舊有世職，查弼納合爲三等阿達哈哈番，定壽、素圖皆合爲三等阿思哈尼哈番，達福以其孫別襲巴賽，追封簡親王，見鄭親王濟爾哈朗傳。

論曰：西藏之師，噶爾弼深入奮戰，而功獨歸主將，番代遠戍，怏怏不欲行，殆以此歟？查克丹與額爾德尼昭之戰，常賚佐巴爾庫爾之師，元生、芳屢定亂苗，而元生尤著，卒以牽制坐使遷延。查弼納斆歷已久，晚乃從軍，和通腦兒之敗，一軍盡覆，而主將獨逭重誅，抑又何也？

清史稿卷二百九十九

列傳八十六

馬會伯 從兄際伯 際伯弟見伯 覿伯 路振揚 韓良輔 弟良卿 子勳
楊天縱 王郡 宋愛

馬會伯，陝西寧夏人。康熙三十九年一甲一名武進士，授頭等侍衞。四十五年，授直隸昌平參將，累遷雲南永北總兵。五十九年，師入西藏，命會伯與總兵趙坤率綠旗兵會都統法喇從征。西藏定，敍功，加左都督。雍正元年，入覲，世宗書榜賚焉，曰「有儒將風」，並賜貂冠、孔雀翎。其從弟覿伯，以山西大同總兵率師駐山丹衞，命會伯代鎮，賜白金五百。二年，還鎮永北。

三年，擢貴州提督，疏言：「貴州土瘠兵貧，臣捐穀千石，所屬四營將備捐千石，貯以濟兵。來歲續捐增貯。」上善之。初，廣順屬長寨仲苗最悍，總督高其倬奏移兵設汛。是歲，建營房，仲苗出阻。會伯會總兵石禮哈率兵捕治，得其酋阿革、阿紀及川販爲主謀者李奇，悉誅之，餘衆詣軍前聽命。會伯復赴宗角、者貢、谷隆關、羊城埡諸地督建營房，得旨嘉獎。

四年，調甘肅，未至，又調署四川，旋授四川巡撫。五年，疏劾按察使程如絲營私網利，遣侍郎黃炳按鞫得實，論罪如律。會伯疏言：「四川巡撫舊有稅規耗銀三萬九千有奇，令併入正項。富順鹽規一萬有奇，令改增引課。仍留丁糧、鹽、茶耗規等一萬七千有奇，爲巡撫養廉及犒賞之用。」報聞。又疏請清察隱糧，爭控田地，按名丈量。四川清丈自此起。

調湖北，疏請整飭庶獄，重校刻洗寃錄，頒發州縣，議如所請。七年，命往肅州督西路軍需，並權肅州總兵。上諭之曰：「此任朕屢經斟酌，用滿員，恐與岳鍾琪掣肘；用文吏，則能諳軍機實心任事者甚少。委託於汝，愼毋負任用！」尋擢兵部尚書，仍督兵需，並領肅州總兵如故。八年，上責會伯貽誤，奪職，仍署總兵効力。乾隆元年，卒。

際伯，會伯從兄。初入伍，從勇略將軍趙良棟討吳三桂，復略陽，敗敵陽平關。下四川，奪小關山，克建昌，遂定雲南。敍功，授千總，累加參將銜。又從振武將軍孫思克征噶爾丹，破敵昭莫多。敍功，加副將銜。康熙三十六年，授寧夏鎭標前營游擊。從總兵殷化行擊噶爾丹，至洪敦羅阿濟爾罕。累遷四川建昌總兵。遭母喪，巡撫能泰請留任，上命在任守制。四十六年，入覲，調西寧，賜孔雀翎、鞍馬。五十年，授四川提督。卒，贈右都督，賜祭葬，謚襄毅。

見伯，際伯弟。康熙三十年武進士。洪敦羅阿濟爾罕之役，見伯在行。敍功，授守備。累遷山西太原總兵。上西巡，賜貂褂、蟒袍。母喪，並命在任守制。上復西巡，賜孔雀翎。上命弁兵內通曉文義者得應武鄉會試，見伯疏言武經七書註解互異，請敕儒臣選定。下部議駁，上諭曰：「見伯此奏亦是。武經七書文義駁雜，朕曾躬歷行間，知用兵之道，七書所言，安可盡用耶？」命再議，乃議武試論二：一以論語、孟子命題，一以孫子、吳子、司馬法命題。見伯並請祭孔子，副將以下皆陪祭，上特允之。旋調天津。五十八年，擢陝西固原提督。五十九年，上命貝子延信爲平逆將軍，率兵定西藏，以見伯參贊軍務，屢破敵。師還，次打箭爐，卒，賜祭葬。

覿伯，見伯弟。康熙四十二年武進士，選三等侍衞，授巡捕南營參將。累遷大同總兵。策妄阿喇布坦侵哈密，覿伯率師出駐推河。雍正元年，入覲，賜孔雀翎。命移軍駐山丹衞。二年，還鎮。三年，上諭之曰：「爾前入見，朕命爾受巡撫諾岷敎導。近聞爾等俱聽年羹堯指揮，此甚非是。嗣後諸事，當商諸署巡撫伊都立。」尋追議在軍時因事與將軍爭競，奪官，命轄鄂爾坤、圖拉屯田。五年，獻瑞麥，一莖十五穗。上諭曰：「今歲各省產嘉禾，覿伯復獻瑞麥。帝王本不以祥瑞爲尚，恐有司借端粉飾，致旱潦不以上聞。雍正五年以後，各省產嘉禾，停其進獻。」乾隆元年，卒。

路振揚，陝西長安人。初入伍，拔補把總。累遷漢中副將。康熙五十一年，擢四川松潘總兵。五十六年，策妄阿喇布坦侵西藏，命四川提督康泰率兵往青海禦之。至黃勝關柏木橋，兵譁潰，振揚往鎭撫。事定，以振揚署提督。疏言：「松潘迤南雜谷土司種繁俗悍，土司良爾吉子班第爾吉，臣密令防隘，頗稱勤順，請襲職，並予賞賚。又加渴瓦寺安撫土司桑郎溫愷募衆運糧，漳臘營轄旗命上下包坐司土兵習戰鬭、諳邊情，臣令備兵候調，咸知踴躍，亦請予賞賚。」皆如所請。雍正元年，調重慶總兵。

四年，遷陝西固原提督。疏言：「國家設祿以養廉，立法以懲貪。例定以財行賕，及說事過錢人，審實計贓同科。罪未發而自首者免罪，猶徵正贓。竊思官吏營私，彼此容隱，不易敗露，或有告發，猶必互相掩飾。臣請開自首之路，凡上司保題屬吏，並大計軍政卓異，薦舉人員，以財行賕，彼此皆應治罪。如受者自首，免追贓及應得之罪。如與者自首，則照原贓倍追給主，亦免應得之罪。或說事過錢人自首，免罪給賞。如是，庶彼此皆存顧慮，未事則畏懼不敢爲，既事則爭首惟恐後。是或除貪之一法。」奏入，上嘉之，曰：「向聞振揚操守廉潔，今覽此奏，非一塵不染者不敢言也。」下部議行，並命優敍。六年，上念振揚老，召詣京師，授兵部尙書。振揚以病固辭，上疑其戀外任，懷怨望，命停俸，旋改鑾儀使。八年，署直隸古北口提督。九年，上以古北口、宣化、大同沿邊要地當增兵，獨石口西至殺虎口當增兵，並修邊牆。敕御史舒喜、天津總兵補熙會振揚詳勘。振揚等奏請改設副將以下官，增兵千四百有奇，於各鎭營抽撥；邊牆傾圮，用木栅鹿角堵塞：從之。乾隆元年，回鑾儀使任。旋卒，賜祭葬。

韓良輔，字翼公，陝西甘州人。父成，字君輔，康熙中官重慶總兵。在任十七年，有威惠，民德之。卒，祀名宦祠，葬合州，遂入籍重慶。

良輔，多力有膽氣，年十五，卽隨父殺賊。補縣學生員，棄去肄武。康熙二十九年，中式武舉第一。三十年，成一甲三名武進士，選一等侍衞。出爲陝西延綏游擊，遷宜君參將。境多盜，有爲之主者，捕得必連坐。又多虎，造虎槍，教士卒刺虎法，殺虎百餘，患遂息。遷神木副將，調直隸大名，又移石匣。五十九年，率古北口兵五百赴西寧軍前聽調遣。雍正元年，遷天津總兵，賜孔雀翎。

授廣西提督。廣西多山林，宜籐牌挑刀。良輔令步兵弓箭輭弱者皆改肄牌刀，並增製軍械，買馬以壯易羸。二年，署廣西巡撫。奏言：「廣西土曠人稀，多棄地，其故有六：山谿險峻，猺、獞雜處，田距村遠，穀熟慮盜割，一也；民樸愚，但取濱江及山水自然之利，不知陂渠塘堰可資蓄洩，二也；不得高卑宜植糧種，三也；不知耕耨，四也；所出祇米穀，納賦必用銀，且徭隨糧起，恐貽後累，五也；良懦墾熟，豪猾勢佔，六也。宜選大員督率守令，度地居民，立茅舍，貸牛種，興陂渠塘堰，嚴冒佔之禁，寬催科之期，使民知有利無害，皆奮興從事，邊徼可成樂土。」上命李紱爲巡撫，令良輔協同料理。三年，良輔以天河三疃猺、獞時出劫掠，檄柳慶副將孫士魁率兵捕治，並曉以利害，上疃莫旺東等、中疃賈貴翁、下疃覃明甲等皆出降。師還，復撫定宜山屬那隘、三岔諸寨。

四年，復署巡撫。遭嫡母喪，命在任守制。五年，實授巡撫。疏言：「廣西撫、提、鎭三標歲需兵糧七萬六千石有奇，各屬額徵糧數，有無多寡不同。撥運供支，有司既苦繁費，兵士又虞乏食。請酌水道遠近，糧額多少，勻給撥運；並多徵折色，以給舟楫不通之地。」下部議行。上命紱以侍郎奉使，與良輔赴貴州安籠，與總督鄂爾泰議分界，事畢，還廣西。坐前官提督時奉議土民羅文剛抗阻設汛，未早捕治，奪官。七年，卒。

良輔既以兵略顯，子弟多肄武。季弟良卿、長子勷尤知名。

良卿，字省月。康熙五十一年武進士，授侍衞。出爲陝西西寧守備，再遷莊浪參將。師討謝爾蘇部土番，從涼州總兵楊盡信擊敵碁子山，功多，賜孔雀翎，賚白金千。累遷寧夏中衞副將、廣西碣石總兵，移肅州。乾隆五年，擢甘肅提督。卒，賜祭葬，謚勤毅。

勳，字建侯。年十九，中式武舉。康熙五十六年，祖成請効力，命在內廷行走。五十九年，師征西藏，勳隨良輔赴噶斯應援。雍正元年，授三等侍衞。出爲貴州威寧游擊，未赴，改鎭遠。五年，從提督楊天縱擊仲苗，遷雲南鎭雄參將。八年，烏蒙倮爲亂，擾鎭雄、永善。總督鄂爾泰令分兵三道進攻，令提督張耀祖、總兵哈元生各出一路，而以勳將四百人出鎭雄奎鄉，進次莫都都，倮數千出拒，力戰一晝夜，殺二百餘，破寨四。翌日，倮復犯奎鄉，勳擊之。戰三日，殺二千餘，盡焚其寨。時元生已克烏蒙，倮屯魯甸，拒大關以守。耀祖軍次東川不進，鄂爾泰復檄勳自鎭雄夾攻，循途搜斬，破寨百餘。克發烏關，至黃水河，環攻敵壘，大破之，克大關、小關。鎭雄、永善相繼下。捷聞，上諭曰：「參將韓勳，領兵四百，破賊數千。以寡敵衆，鼓三軍之氣，喪賊人之膽，較諸路爲獨先。」命優敍。超擢貴州安籠總兵。

九年，移古州，討定稿平苗。十三年，疏言：「古州苗寨接壤郡縣，請視湖廣例，得與內地兵、民聯姻。庶彼此感喻，習知禮義，可底善良。」從之。淸江諸苗犯王嶺汛，勳率兵擊之，苗退踞台拱，勢猶熾，率副將王濤截擊，破烏公、八妹諸寨，進屯朗洞。乾隆元年，從經略張廣泗進攻牛皮大箐，自朗洞旋師，途燬二十餘寨。三年，按治定番州姑盧等寨苗。四年，疏言：「古州西北地名滾縱，臨容江，接牛皮大箐，實爲要隘，當設兵防守。」允其請。六年，粵瑤挾黎平黑洞苗入境焚劫，擊走之，擒其首惡石金元等，置之法。擢貴州提督。八年，卒，贈右都督，賜祭葬，謚果壯。

楊天縱，字景聖，陝西渭南人。年十七，父母相繼沒，遂入伍。嘗從勇略將軍趙良棟下雲南，冒矢石，負重創。補四川提標把總，遷巂邊營千總。康熙三十九年，打箭爐西藏營官喋吧昌側集烈爲亂，天縱從提督唐希順討之，易服入敵中數往返，希順用其言爲攻取計。四十年，攻二道水、磨岡、磨西面諸地，爭先摧敵，克打箭爐。敍功，加游擊銜，授浙江處州都司。三遷署山東沂州副將。

五十七年，授貴州定廣副將，入覲，上命加總兵銜，留沂州任。山東鹽梟勢張甚，天縱按行各汛，行至費縣，聞有聲自遠至，勢且數百人。正夕，天縱令從騎伏路旁，俟其近，驟出擊之，皆驚潰。逐之，及於杜子村，擒其渠，俘數百。又擊之於蒙陰、於泰安，餘衆悉解散。五十九年，調廣東雷州副將，山東巡撫李樹德以沂州險要，請仍留任，許之，加都督僉事。

雍正元年，遷雲南臨元總兵。魯魁倮夷方景明等恃衆據險，恆出掠。天縱偕布政使李衞率兵捕治，悉殲焉。四年，授貴州提督。五年，疏言：「各省考察軍政，所劾多千總、把總，至一二十員不等。千把總雖微員，有防汛、護餉、解逃、捕盜之責，如有偸惰，應不時斥革，何待此時？蓋緣提鎭以是塞責，且有所劾卽有所擢，祇圖可得錙銖。上負君恩，下屈末弁。請敕提鎭，嗣後千把總有劣員，卽時斥革。」上韙之，諭兵部著爲令。

總督鄂爾泰討平長寨仲苗，環其地東西南皆生苗，獷悍不受約束，內地仲苗以爲逋逃藪。天縱從鄂爾泰招撫，遣參將劉成謨率熟苗頭人推誠勸諭，生苗有求見，令薙髮，予以衣冠酒食，使轉相化導。受撫者百四十八寨、五千六百餘口。敍功，予拖沙喇哈番世職。

巡撫張廣泗清理苗疆，丹江苗糾衆抗拒，天縱遣兵助剿，疏言：「舊存大礮過重，餘礮力不及遠。臣以己意製礮，大者曰靖蠻大礮，能及數里；小者曰過山鳥，攻遠便捷。選兵送廣泗行營聽用，並調安籠、安南、大定、黔西、長寨諸營兵攜礮赴凱里一路，分布進攻。」上嘉天縱料理合宜。七年，疏劾前署巡撫祖秉圭「不諳事機，廣泗未至日，在教場閱操，言將盡剿諸苗，以致頑苗抗拒，勞師動衆。臣不敢隱諱」。上諭曰：「生苗必經此懲創，方可久安。朕以祖秉圭不勝任，已予罷退。此類情事，焉能逃朕鑒察耶？」九年，以老致仕，加太子太保。十年，請改籍四川成都。旋卒，賜祭葬，謚襄壯。

王郡，陝西乾州人。康熙三十年，陝西饑，就食福建，以李姓入伍，補臺灣鎭標把總，遷延平城守千總。六十年，臺灣民朱一貴爲亂，總督滿保檄郡赴援。自廈門渡海，一晝夜至淡水，佐守備陳策固守，與策安集民、番。師至諸羅，往會，從克臺灣。二歲中四遷。雍正元年，擢浙江嚴州副將，奏復姓。尋又遷江西南贛總兵。六年，調臺灣。九年，上以郡在臺灣，三年任滿，例當調內地，命總督劉世明選代郡者。世明舉海壇總兵呂瑞麟，令赴臺灣就郡諮度兵民風土，乃調郡潮州。

十年，擢福建提督。臺灣北路社番爲亂，瑞麟與臺灣道劉象愷往剿，郡赴臺灣鎭撫。南路亂渠吳福生等竊發，郡率兵於虎頭山、赤山、碑頭諸地逐捕，擒福生，餘黨悉平，加都督同知。尋北路大甲西、沙轆、牛罵諸社番殺掠兵民，郡自鹿仔港偵知阿束一社有北崙、西崙、東崙、惡馬諸地，爲亂番所聚，令游擊邱有章、李科等攻西崙，參將李蔭樾、游擊林黃彩等攻東崙、惡馬，而游擊黃貴，守備蔡彬、蔡棨等攻北崙。亂番設伏拒我師，督兵奮擊，悉討平之，加左都督。

十一年，調水師提督。十二年，疏言：「廈門環海，地少人多，需米不貲。加以營兵赴糴，難免匱乏。水師提督公廨舊有官房，魚池賃於民，歲得息五千餘。請買穀貸於兵，俟穀熟買補，數年內可得數萬石。孤島兵民，庶無虞艱食。」上諭曰：「郡將應得租息籌濟兵食，甚可嘉也。」命議敍。尋入覲，途次遘疾，遣太醫診視，賜藥餌。二子：守乾、守坤隨侍，召入見，賜守乾守備銜，守坤戶部主事。乾隆元年，復入覲，賜鞍馬、弓矢。時部議許民間得製鳥槍防盜，郡言：「臺灣遠在海表，番、漢雜處。禁例一開，恐火器充斥。小則侵界擾番，大則偶遇水旱，羣不逞藉以爲亂。臺灣民居多平衍，山箐中皆生番，各險要皆置兵戍守。民間不需鳥槍，懇仍舊例禁止。」從之。十一年，請老，加太子少保，食全俸。二十一年，卒於家，賜祭葬，諡勤慤。守乾官至南昌總兵。

宋愛，字體仁，陝西靖遠人。父可進，雍正初，以京營參將從撫遠大將軍年羹堯討羅卜藏丹津。敵攻鎮海堡，遣赴援，擊殺六百餘人，敵敗走。敵又攻西寧南川口，圍申中堡，復遣赴援，堡兵出夾擊，敵敗走，擢副將。從提督岳鍾琪攻郭隆寺，燬寨七，焚其屋宇七十餘所。旋與鍾琪分道深入，定青海。擢涼州總兵，授三等阿達哈哈番世職。復從鍾琪攻謝爾蘇土番，戰桌子山，圍之七晝夜，一日數接戰。可進受重創，奮進破其巢，遂討平之，擢甘州提督。

愛，雍正元年武進士，授三等侍衞。二年，命省可進軍中。桌子山之戰，愛從可進奮戰有功。河南河北鎮總兵紀成斌請以愛授河南開封都司，上疑成斌受羹堯指，允其請，卽令愛傳諭詰成斌。成斌奏：「開封都司，省會重地，去年劓桌子山，親見愛奮不顧身，極有膽氣。且代可進料理營務，頗有才幹。知其能勝任，故冒昧陳請。臣實未受何人囑託，即可進亦不過同在軍中相識，素無交情。」上諭之曰：「朕原不過揣度之辭。近年年羹堯握兵柄，若爾等蔑國恩，重私誼，甚非朕保全功臣之意。今既無別故，意在爲地得人，朕甚嘉賞。」再遷浙江紹興副將，命署總兵，歷南陽、永州、天津、定海諸鎭。

乾隆六年，擢襄陽總兵。七年，調安籠。十年，貴州總督張廣泗奏言：「古州係新闢苗疆，諸鎭中惟愛詳愼周密，年力正壯，請以調補。」上從之。丁母憂，命暫署，服闋後眞除。十八年，擢貴州提督。前提督丁士傑奏言古州苗因公役使不從，恐激成驕抗，諭將吏彈壓。愛奏：「古州苗於應備夫役，一呼卽至，初未見遲延。所屬新疆苗民，亦不至驕抗。苗性難馴，惟在有司善於約束。平時不煩苛，有事不姑息。務使懷德，兼知畏法。」上褒勉之。十九年，總督碩色劾愛馬政廢弛，又爲故鎭遠總兵吳三傑匄資治喪。會愛卒，寢其奏。

論曰：雍正間文武多通用，高其位以提督遷授大學士爲最著。會伯、振揚皆長兵部，然會伯未上官，振揚不久改右班，其績仍在專閫。良輔爲疆吏，卓卓有建白，家世出將，與會伯略同。天縱、郡、愛等弭亂綏氓，因事有功。年羹堯部將如宋可進、黃喜林、武正安、周瑛、王嵩、馬忠孝，岳鍾琪部將如紀成斌、曹勷、張元佐，皆相從轉戰，惟可進以有子愛，名字猶可見，他皆不具始末。成斌、勷且以微罪死，是亦重可哀已！

清史稿卷三百

列傳八十七

沈起元　何師儉　唐繼祖　馬維翰　余甸　王葉滋　劉而位

沈起元，字子大，江南太倉人。康熙六十年進士，選庶吉士，改吏部主事。擢員外郎，以知府發福建用。總督高其倬令權福州，調興化。時世宗聞福建倉穀虧空，遣廣東巡撫楊文乾等往按，被劾者半，受代者爭爲煩苛，起元獨持平。莆田民因訟互鬭，其倬恐釀亂，令捕治。起元責兩人而釋其餘，報曰：「罪在主者，餘不足問也。」尋攝海關，裁陋規萬餘金。巡撫常安有奴在關，以索費困商船。起元聞，立督收稅如額，令商船行，白常安斥奴。自是人皆奉法。其倬奏開南洋，報可。已，復令商出洋者，必戚里具狀，限期返，踰者連坐。起元曰：「人之生死，貨之利鈍，皆無常，戚里豈能預料？且始不聽出洋則已，今聽之，商造船集貨費不貲，奈何忽撓以結狀？若令商自具狀，過三年不歸，勿聽回籍，不猶愈乎？」其倬從之。

調臺灣。臺灣田一甲準十一畝有奇，賦三則：上則一甲穀八石，中則六石，下則四石，視內地數倍。然多隱占，民不甚困。時方清丈，占者不得匿。其倬欲使臺灣賦悉視內地下則，恐不及額致部詰。起元令著籍者仍舊額，丈出者視內地下則。俟隱占旣清，更減舊額重者均於新額，賦不虧而民無累。起元在福州，以辨寃獄忤按察使潘體豐，體豐中以他事，鐫四級，遂告歸。

高宗卽位，起江西驛鹽道副使。乾隆二年，擢河南按察使。會久雨，被災者四十餘縣，饑民四走，或議禁之。起元謂：「民飢且死，奈何止其他徙？」令安置未被水諸縣，給以糧，遂無出河南境者。巡撫雅爾圖檄府縣修書院，以起元總其事，乃教羣士省身克己之學。立章善坊，書孝子、悌弟、義夫、貞婦名，採訪事實，爲章善錄版行，一時風動。

七年，遷直隸布政使。大旱議賑，總督高斌欲十一月始行，起元力請先普賑一月，俟戶口查竣，再分別加賑。有倡言賑戶不賑口者，起元曰：「一戶數口，止賑一二，是且殺七八人矣！」檄各屬似此者罪之。戶部尙書海望奏淸理直隸旗地，有司違限，旨飭責。斌將劾數州縣應命，起元不可，曰：「旗地非旦夕可淸，州縣方賑災，何暇及此？獨劾起元可也！」乃止。九年，內轉光祿寺卿。十三年，移疾歸。

起元自少敦厲廉恥，晚歲杜門誦先儒書。臨沒，言：「平生學無眞得。年來靜中自檢，仰不愧，俯不怍，或庶幾焉！」

何師儉，字桐叔，浙江山陰人。以納貲，於康熙六十年選授兵部員外郎。奉職勤懇，常數月不出署。雍正元年，遷廣西右江道僉事，部請留任一年，世宗命以升銜留任，賜人葠、貂皮。師儉以執法卻重賄，忤要人，因誣以避瘴故留部。侍郎李紱昌言曰：「今部曹不名一錢，才者尤勞瘁，苟得郡，爭趨之，況監司耶？」期滿，復請留，加按察司副使銜。司疏奏皆出其手，他司事難治者亦時委之。

三年，出爲江南驛鹽道副使，上召對，勉以操守，復賜人葠、貂皮，許上疏言事。四年，調廣東糧驛道副使。歲大祲，師儉以存留米五萬石給餉，飭所屬緩徵。或疑專擅獲咎，師儉曰：「請而後行，民已苦箠楚矣！」總督孔毓珣與巡撫楊文乾不相能，以師儉署鹽法道，欲引以爲助。文乾疑爲毓珣黨，令買銅，將以賠累困之。明年，文乾入覲，上示以毓珣彈事，亦及師儉，乃知師儉非阿毓珣者。令署按察使，毓珣又疑師儉暱文乾。及文乾卒，劾師儉違禁開礦，侵蝕銅價。逾年，署巡撫傅泰會鞫，事始白。上知其無罪，命往陝西佐治軍需。

師儉在兵部，諳悉諸邊形勢扼塞、戰守機宜、芻餉緩急。至涼州，每集議，指畫如素習，總督查郎阿深重之。署涼莊道參政。師過涼州，檄至肅州支餉。兩路遙遠，師儉即以涼州所蓄給之，師行無乏。一日羽書數過，師儉策必調取生兵，峙餱以待。已而果然。肅州師將行，飛檄令截取公私贏馬，官民皇皇。師儉曰：「在道官商皆赴肅者，若官頓於途，貨棄於地，非軍前所宜。進剿未有定期，何如聽其至肅，釋所載而後供役？軍前得人與貨，亦省芻茭解送之煩，是獲兩利也。檄雖嚴，吾自當之。」於是官商皆安，軍事亦無誤。

尋調補西安鹽驛道副使。關中旱，詔以湖廣米十萬石自商州龍駒寨運陝西。師儉董其役，未半，大雨谿漲，贏馬少，不足供轉輸。商於山中無頓積所，水次隘，運艘不齊。師儉以秋穀將登，請止運，民亦不饑。軍中馬缺，檄取驛馬。師儉謂：「置郵傳命，如人身血脈，不能一日廢。」拒不可，事竟寢。

擢按察使，數平疑獄。吏有故入人罪者，必按如法，雖貴勢賢親不徇縱。十三年，以目疾乞休。高宗即位，赦詔至，時目已失明，令吏誦案牘，諦聽，得邀赦典者，立出之而後上陳。留兩月，畢其事始歸。後卒於家，陝西祀名宦。

唐繼祖，字序皇，江南江都人。康熙六十年進士，選庶吉士。雍正元年，散館，授編修，轉禮部員外郎。五年，考選浙江道御史。七年，授工科給事中。命察八旗虧帑，律侵挪皆不赦，犯者貧，羈獄二三十年不結。繼祖爲核減開除，奏請豁免，積牘一清。命巡西城，回民聚居，頑獷不法，嚴治之，有犯必懲，悉斂戢。建倉東便門外，多發冢墓，毀祠宇，繼祖陳其不便，改地營建，冢墓祠宇並修復。南漕愆期，命赴淮安巡視。繼祖馳至，不更張成法，惟選幹吏催督，懲其疲惰。兩閱月，糧艘悉抵通州。條上漕務利病，下部議行。

七年，命往湖南讞獄，並巡察湖南、湖北兩省，裹糧出，有餽觴酒豆肉，皆却之，令行禁止。與巡撫趙申喬同按永順苗變獄，羣情帖服，苗疆以安。湖南捕役多通盜，奏請捕役爲盜，加重治罪，報可，入新例。八年，擢通政司參議。九年，擢鴻臚寺卿。尋命以本銜署河南按察使，旋授湖北按察使。繼祖在兩湖久，熟知吏民情僞。楚俗刁健，黠吏與姦豪通，伺官喜怒，訟益難治。繼祖閉諸胥於一室，不令與外通，訟風衰減。雩監利女子冤獄，按鍾祥民變，皆爲時所稱。世宗馭吏嚴，內外大僚凜凜，救過不暇。繼祖一意展舒，所陳奏無不允。上欲大用之，出巡察，賜以摺匣，許奏事，曰：「朕於督撫賢者始賜摺匣，汝宜好爲之！」調江西，未之任，以疾乞歸。病愈將出，遽卒。

馬維翰，字墨麟，浙江海鹽人。康熙六十年進士。雍正元年，授吏部主事。甫視事，杖姦胥，銓政清肅。轉員外郎，考選陝西道御史，遷工科給事中，監督倉場，所至有聲。六年，命赴四川清丈田畝，時同奉使者四。維翰分赴建昌道屬，具有條理，糧浮於田者必請減，逾年事竣。御史吳濤在川東丈田不實，以維翰助之。至則發其弊，遂以維翰代任。巡撫憲德薦可大用。八年，留補建昌道副使，疏陳二事：四川俗好訟，州縣斷獄苟簡，案牘不具，姦民輒翻控，淆亂是非，請設幕職以襄治理；又民鮮土著，多結草屋，輕於遷徙，焚劫輒致災，請發官款造磚甓，勸民多建瓦屋。上斥其非政要，以其疏示憲德，謂：「汝薦可大用者乃若此！」然維翰勇於任事，相度要害，改黎州千戶所設清溪縣。烏蒙苗亂，出師會勦，維翰治軍需，供糗糧芻茭，鑿雪通道，與廝卒同甘苦。論勦撫悉中機宜，事乃定。涼山地震數百里，勘災散賑，民感之。鑛廠擾蠻，起爲亂，方進勦。維翰力陳營兵不戢及各廠病蠻狀，請罷廠撤兵，撫各番，止誅其魁。

在川七年，不阿上官。旋被搆，維翰揭部請解職赴質。時親王總部事，特威重，捽使免冠。維翰以手按冠抗聲曰：「奉旨不免冠！」譙問故，則又抗聲曰：「旨解職，非革職也！」部乃疏請奪官。事旋白。乾隆二年，起授江南常鎭道參議。丁父憂，歸，卒於家。

余甸，字田生，福建福清人。康熙四十五年進士。居鄉勵名節，巡撫張伯行重之，延主鼇峯書院。授四川江津知縣，民投牒者，片言立決遣，訟爲之簡。日與諸生誦說文藝，疏解性理。所徵賦即儲庫，不入私室。時青海用兵，巡撫年羹堯督餉，多額外急徵，檄再三至，甸不應。乃使僕持檄告諭，自朝至晡，甸不出，使者譁。甸坐堂皇，命反接，將杖之，丞簿力爲請，久之乃釋其縛。越日，使者索檄，甸曰：「汝還報，我閉門待劾，檄已達京師矣。」羹堯亦置之。行取吏部主事，時尚書張鵬翮、侍郎湯右曾皆以幹濟名，甸遇當爭辯者，侃侃無所撓。主選三年，權要富人請託多格不行。將告歸，條文書已駁議未奏者十餘事，曰：「此皆作姦巧法易爲所蒙，必上聞，吾乃去。」父憂免喪，猶廬墓。

以河道總督陳鵬年疏薦，擢山東兗寧道。釐工剔弊，一祛積習，甚得士民心。鵬年卒，齊蘇勒爲河督，以工事劾甸，行河至濟寧，士民羣聚乞還甸。齊蘇勒疏陳，召入見。雍正二年四月，授山東按察使。擕二僕，買驢之官，務崇禮教，輕刑罰，政化大行。十一月，召詣京師。三年，擢順天府丞。

甸歷官盡革陋規，爲按察使，愍囚不能自衣食，取鹽商歲饋三之一以資給之。兼完囹圄，修學宮、書院，委有司出入注籍。既去官，上命內閣學士繆沅清察山東鹽政諸弊，舉是劾甸，奪官，歸。甸用唐人詩語爲人書楹帖，其人有怨家，訐於有司，以爲怨望。有司以甸所書也，幷下甸於獄。事白，遽卒。

王葉滋，字槐青，江南華亭人。弱冠，補諸生。浙江巡撫朱軾辟佐幕，器其才。雍正元年，重開明史館，軾薦之，引見稱旨，命入館纂修。舉順天鄉試。福敏督湖廣，世宗命葉滋往贊其幕。五年，應禮部試，甫畢，上召見，問湖廣吏治、民生利弊，奏對甚悉，趣馳傳還湖廣。榜發中式，未與殿試，賜二甲進士，卽授常德知府。常德例，知府至，行戶更新照，規費四千金，葉滋革其例。境數被水災，請帑增築花貓新陂隄堰，豁被水荒田額糧，民德之。辰州關木稅爲利藪，時議移關常德，葉滋恐累民，拒之，請仍舊制。行法不避豪貴，興學造士，薦舉優行諸生陳悌爲武平知縣，貴金馬爲上蔡知縣，劉樵爲清平知縣，並爲良吏。

署岳州、辰州二府，攝岳常道副使。久之，授辰沅靖道副使。時苗疆初闢，淸林箐，增汛堠，規模肅然。所屬綏寧、城步與黔疆犬牙錯。嘗率數騎，持酒肉鹽菸，循行苗砦。羣苗迎拜，謂「上官親我」。召諸頭人集校場，賜花紅銀牌，宣上德意，勸以禮義。因偕總兵閱兵耀軍容，羣苗帖服。署按察使，調糧儲道，舊有漕費，悉歸公用。値貴州苗亂，師進剿，葉滋駐辰州治軍需，剋期辦。綏寧苗蠢動，爲貴州苗應。葉滋條上剿撫事，悉中窾要。大吏令駐綏寧指揮，積勞疾作，卒於山中。

葉滋初以文學受知，及官於外，所至有聲績。卒時年僅五十五，世咸惜之。

劉而位，字爾爵，山西汾陽人。康熙五十二年舉人，授河南安陽知縣。有兄弟爭產搆訟十餘年者，爲據理剖解，至淚下，皆叩頭求罷，案牘遂稀。雍正中，遷福建泉州知府，再遷興泉道參議。鹽政竄斂，商居奇索高直，民苦淡食，不獲已，增價以市。既而鹽不足，民惡其壟斷，聚而毆之。海舶私梟動逾千百，往捕則持械拒，大獄迭興，羅織牽連，數歲不息。而位創議裁引革商，歲額課稅歸竈完納，如農完賦，任人轉運，聽其所之，則諸弊可革而國賦不乏。巡撫趙國麟心韙之，格於例不行。未幾，引疾歸。乾隆三年，起官四川鹽茶道副使。蜀鹽產於井，課由井納，民便之。雍正中有請設引招商增課者，四川鹽政自此壞。商無餘貲，運不足額，民持錢不得鹽，而井鹽滯積不售，因以致訌。而位欲事釐剔，大吏畏難不可，力爭，愈嫉之。改松茂道，調永寧道參議。居常鬱鬱，不得行其志，惟與諸生講學。尋卒於官。

而位生平服膺王守仁，曰：「尊所聞，行所知，須不流於弊。尊陽明而不知其流弊，非善學陽明；尊朱子而不知其流弊，亦非善學朱子。」蓋謂王氏高明，弊在躐等；朱子格物，弊恐拘而不化。著省克引、劉氏家訓，爲學者所稱。

論曰：起元深於經術，當朝政尚嚴，能持以平恕。師儉以勤敏，繼祖以明肅，並見重於時。維翰有幹局，甸尤能澤以儒效。葉滋撫循苗疆，未竟其用。而位議變鹽法，亦不得申其志，而但以學術名。國家重視監司，所以擴循良之績，儲封疆之選，若諸人者，可謂無忝矣。